神話と天皇

大山誠一

平凡社

目次

はじめに　7

第Ⅰ部　天皇制

第1章　伊勢と出雲……16

下から祭る神社と上から祭る神社／伊勢神宮についての記紀の説明／斎王／出雲大社についての記紀の説明／オホナムチは実在の神／ここまでの結論／なぜ伊勢と出雲なのか／〝よそ者〟という概念／これまでの学説について

第2章　天皇制…35

1　天皇制とは何か　35

天皇制をたどると奈良時代／政治権力がない／大王とは別もの／いわゆる外戚政策／神話による天皇の神格化／藤原不比等の構想だった

2　天皇制の成立　46

成立は六八一年／律令の編纂／草壁立太子と歴史書の編纂／藤原不比等／『懐風藻』葛野王伝／難波連大形／忌部首子首

第Ⅱ部　記紀神話の解明

第3章　記紀神話の構造と問題点……74

天皇制の唯一の根拠／神話の内容と記紀の相違／神話の論理／王朝交代の神話／上山春平氏の神祇革命／皇室の祭る神／問題はタケミカヅチと春日神社／鎌足とタケミカヅチと鹿島神社／文献史学の立場／宇合の常陸赴任／鹿島神社／忌部子首の場合／藤原宇合の場合／ヲハバリという神／すべて〝よそ者〟の意味

第4章　天孫降臨神話……109

1　天孫降臨神話の成立　109
神話は天皇制の正当化／編者たちの歴史認識／直面した困難／律令と神話の役割分担／〝神〟の創出／〝神〟の誕生／天孫降臨神話の構想／藤原不比等のプロジェクト

2　プロジェクトX　121
草壁挽歌の構造／草壁挽歌の問題点／日女の命の誕生／天皇の神格化

3　プロジェクトY　133
二系統の天孫降臨神話／アマテラス系の神話／降臨地をめぐる問題／猿田彦

4　プロジェクトZ　146
タカミムスヒ系の神話／タカミムスヒは藤原不比等／タカミムスヒ系神話の問題点

5　『古事記』の降臨神話　153
『古事記』の降臨神話の問題点／『古事記』の降臨神話の矛盾／基本はアマテラス系／元明朝の修正／『古事記』神話の最終責任者／長屋王

第5章　出雲神話……166

1　出雲神話の構造　166
出雲神話とは何か／出雲神話の範囲とその概要／出雲神話の成立年代／オホナムチの神話の成立年代／スサノヲの神話の成立年代／『出雲国風土記』／『出雲国造神賀詞』

2　出雲神話の構想　190
ここまでの結論／オホナムチの原像／スサノヲの原像／出雲神話成立の諸段階／変化の意味と作者

3　紀伊国のスサノヲ　208
蘇我王権と伊太祁曾神社／紀伊大神が登場した時代背景／伊勢と大倭の大神／土佐大神／紀伊大神の登場／紀伊国の諸勢力／イタケルの作者

4　平群子首の使命　235
紀臣の中央進出／紀臣と吉士集団／紀臣と平群臣／平群子首／
不比等の思惑と『日本書紀』の基本理念／中臣大島の鎌足像／鎌足と武内宿禰／
津田説の誤謬／岸俊男説／平群子首の武内宿禰像／『古事記』の武内宿禰像／
天皇制のビジュアル化

年表　272

参考文献　280

あとがき　283

はじめに

長いあいだ日本の歴史を考えてきて、どうしてこういう社会、文化の国になったのか、複雑な思いがある。と同時に、奇跡的にすばらしいことなのだとも思う。そこで、この国がこうなったいきさつを考えるのであるが、何といっても決定的だったのは島国であること、そしてその気候・風土であろう。大陸と半島との微妙な位置関係が特に重要である。しかし、それはもちろん所与の条件にすぎず、日本人自身が自覚的に築いてきたものではない。では、日本人は、この島国のなかで何を感じ、何を考え、何をしてきたのであろうか。いったい、日本とは、また日本人とは何なのだろうか。多くの日本人が、それについていろいろ思いをめぐらしてきたに違いない。人さまざまであるとは思うが、私自身は、歴史研究者という立場で考えると、やはり天皇制というものがどうしても気になる。歴史上、個々の天皇が特別な行動や発言をすることはほとんどなかったと思う。個人としての天皇の存在感はきわめて乏しいのである。その点は諸外国の王や皇帝とまったく異なっている。ところが、いつの時代も、歴史上のさまざまな人物も集団も、その存在感の薄い天皇の周辺を離れようとしなかった。天皇の存在を気にしながら行動していたのである。その意味では不思議な存在感があったといえる。政治ばかりではない。社会・経済・文化などどの分野においてもそうだったのである。もちろん、いまもである。

天皇を中心とする政治システムを天皇制と称した場合、この天皇制の正体はいったい何なのか。いったいいつ成立したのか。こういうことがやはり気になるのである。図書館に行かなくとも、私自身の書棚を見るだけでも、天皇ないし天皇制について論じた書物は少なくない。しかし、どれも真面目に論じてはいないように感じる。真面目とか不真面目とかの問題ではなく、本気かどうかということなのかもしれない。正面から天皇制とは何かを論ずることなく、ただ、形骸化した儀式を論じたり、ゲーム感覚で皇位継承を論ずる人が大部分である。古代史の研究者なら、少なくとも、天皇制がいつどのように成立したのかを明らかにする責務があるのではないか。その際、七世紀末頃までは「天皇」という称号は未成立で「大王」と称されていたのだから、両者を区別しなければいけないはずである。ところが、なぜか多くの研究者は、大王と天皇とを単なる名称の変更にすぎないとして、内実は一貫したものと考えているようである。これは明らかに万世一系という呪縛にとらわれたためであるが、その虚構性はとっくに解明されているはずである。

これでよいはずはない。これでは、天皇制の正体も、その成立の事情も解明されるはずがない。実は、こういうことを考えはじめたのはかなり昔のことである。しかし、本格的に天皇制について論じてみようと考えたのはさほど昔ではない。しかも、それがそう簡単ではない。先に、天皇の存在感は乏しいが、それでいていつも中心にいて注目されていると述べたが、このとらえどころのなさが問題なのである。具体的にどこから論ずるべきかがわからない。こういう場合、天皇制を構成する要素のうちから何か具体的なテーマをとり出し、それについて考察し、その上にさらにそういった研究を積み重ねてゆくというのが正道であろう。私自身について、具体的に述べてみよう。

いろいろあるが、明確にこういう問題意識をもって正面から論じた最初は一九九六年に発表した「聖徳太子研究の再検討」である。ここでは、天皇制を構成する重要な要素として聖徳太子をとり上げ、これに関連するすべての史料が百年以上ものちに捏造されたものであることを示し、その結果として聖徳太子という人物像の虚構性を論じたのである。百年以上ものちに、というのは、具体的には『日本書紀』のことで、聖徳太子という人物像は『日本書紀』のなかで誕生し、その後、さまざまに増幅していったのである。『隋書』倭国伝では、倭王は、蛮夷にして道理を知らないとされたが、『日本書紀』のなかでは、聖徳太子は、儒・仏・道三教の聖人にして日本の行く末を示す中国的聖天子として描かれている。白村江《はくすきのえ》の戦いののち中断していた遣唐使が八世紀初頭に再開され、その結果もたらされた最新の知識で中国的聖天子像を作り、百年も前の時代に登場させたのだから比類のない聖人に決まっている。『日本書紀』編纂の中心人物であった藤原不比等《ふひと》らは、これにより天皇制を正当化しようとしたのである。

この聖徳太子虚構論は、今日ではすでに常識となっていると思う。もちろん、いまなお「聖徳太子はいた」という発言がないとはいえないが、学問的な根拠が示されることはない。しかし、聖徳太子の実在性を否定するだけでは天皇制を論じたことにはならない。聖徳太子は天皇制の構成要素の一つにすぎず、天皇制の全体像はなお漠としているからである。

そこで、これに続いて論じたのが二〇〇九年の『天孫降臨の夢――藤原不比等のプロジェクト』である。これは、記紀神話のうち天皇の正当性の根拠とされる天孫降臨神話をとり上げたもので、結論を簡単に述べれば次のようなものである。
壬申《じんしん》の乱ののち、天武朝の政治は停滞していたが、天武十年（六八一）、藤原不比等が草壁皇子《くさかべのみこ》の擁立を画策しつつ新たな改革に着手する。草壁は持統三年（六八九）に即位することなく早世するが、不比等はその後も草壁直系の軽《かる》皇子（文武）、首《おびと》皇子（聖武）をつぎつぎに擁立し、これらの天皇を利用して自らの覇権を確立していった。その草壁・軽・首の三人を擁立する過程を神話として描いたのが天孫降臨神話であったというものである。

このうち、壬申の乱後の天武朝の評価が教科書と違うといわれそうである。壬申の乱で勝利した天武天皇が専制権力を確立し、中央集権的な改革を断行したというのが、普通の教科書的な理解だからである。しかし、本当はまったく違う。天武には政治力はなく、その政権はまともに機能していなかったのである。拙著をお読みいただければわかるが、天武朝の政治改革というのは藤原不比等が政治の表面に登場する天武十年以後のことであり、その政治改革は、すべて藤原氏の支配に結びついていたのである。

端的にいって、藤原不比等が、すでに政治能力を失った王族のなかから草壁系の皇子だけをとり出し、これを神話によって神格化し、その上で外戚政策により婿としてとり込んで太政官の覇権を握った。それが古代における天皇制の成立であった。結局、藤原氏の外戚政策に尽きる。のちに、平安時代になって成立する摂関政治は、不比等の政治理念の究極の目標だったのである。ただ、不比等が、法的に、制度的に、思想的に、すべてにわたって慎重かつ合法的にことを運んだので、彼の子孫たちが、摂関家という皇室の上に君臨する権威を確立するまで、さらに百年以上もかかることになったのである。

ともかく、天皇制を考える場合、その中心にいたのが藤原不比等であり、その実現の場が『日本書紀』の編纂事業であったことは確かなようである。

そこで本書の課題であるが、天皇制の解明のためには、さらに、天孫降臨神話研究の続編が必要と考えた。なぜかといえば、天皇の神格化を正確に理解するためには、天孫降臨神話の前提となる神話を解明する必要がある。なぜ、天孫降臨神話が有効だったのか、神話レベルでの論理的な説明がなければなるまい。その神話こそ、出雲神話と国譲り神話である。本書では、そのことを、まず、念頭においている。

その上で、さらに考えるべきことがある。神話の流布の仕方である。不比等らが、神話を創作したとして、それは今日の出版物のような形で広く流布したわけではない。『日本書紀』はもちろん『古事記』も高度な漢文で書かれている。これを入手できる人は限られていただろうし、自在に読み解く人となればごくわずかだったはずである。とすれば、神話を下級官人や一般民衆にまで浸透させるには別の仕掛けが必要となったはずである。

では、どうするか。というより、神話の作者たちがどうしたかである。その答えはすでに神話の内容そのものとその後の為政者たちの努力の跡を分析することによって得られるはずである。簡単にいうと、人びとが、できあがった神話を天上世界の架空の物語と感じるのではなく、より身近なものとして実感できなければいけない。そうでなくては、武力を背景とした中国皇帝とは違う日本の天皇の神性を理解できないであろう。そこのところを不比等らはどう考えたのかである。

このことを、もう少し具体的に考えてみよう。いま、記紀神話を見ると、ストーリーとは別に、作者たちの思惑のようなものを感じる。それは、登場する神々が著しく限られていることである。元来、どの氏族も祖先神というものをもっていたか、あるいはもとうとしていたはずである。ところが、記紀神話にはそういう一般の氏族たちの祖先神は登場しない。登場するのは、必要に応じて観念的に作られた神を除けば、ほとんどが皇室の祖先と中臣《なかとみ》・忌部《いみべ》などの特殊霊媒者、およびその関連氏族の祖だけである。このことは、天皇の神格化は国家の機密事項として、皇室と特殊霊媒者集団だけが関与しうる特異な物語であったことを示している。しかし、それでは、多くの人びとの理解を得ることは難しい。つまり、天皇の神格化は高度な国家機密でありながら、その結論は広く周知させねばならない。神話により天皇を神格化するだけでなく、それをあまねく一般民衆にまで浸透させねばならない。ここにも大きな課題があったはずである。

そこで、考え出されたのが神話のビジュアル化である。まず、神話それ自体に工夫を凝らす。神話に登場する神々を現実の国土の上で活躍させるのである。たとえば、特定の場所や地域を神話の舞台とするのである。国土の各地が神話の舞台となれば、神話は多くの人びとに共有されることになる。われわれは、記紀の神話のなかに、そういう仕掛けがふんだんに施されていることを知っている。その上さらにである。神話のなかで生まれた神々が、実際に国土のどこかで祭られることになれば、人びとは神話をより現実のものと感じることになろう。その結果、神話のなかで生まれた神々が各地で祭られることになった。まさしく、その代表が伊勢（内宮《ないくう》）と出雲、あるいは鹿島・香取・宗像《むなかた》といった神々だったのである。

以上は、神話の作者たちの思惑を、私が勝手に忖度《そんたく》したものであるが、この場合、一つ、重大な問題が残されている。というのは、現実の国土を神話の舞台とするといっても、それぞれの土地にはその住人がおり、そこにはさまざまな歴史があったはずである。大和の王権とも複雑な関係があったかもしれない。それらを無視しては、逆に説得力を失うことになりかねない。だから、現実の国土を舞台とする場合には、神話の作者たちは、それぞれの土地の歴史的背景を考慮し、それを効果的に利用しながら神話を練り上げねばならなかったはずである。その結果、いまや、日本人は、記紀神話が日本列島各地の神々が参加して、あたかもひとりでに生まれてきたように感じるようになった。天皇という存在も神々とともに太古の昔からいつのまにかあったように感じているのではないか。

本当はまったく違う。事実は、中央の権力者とそのブレーンたちが密室で作った国家機密であった。いまのところ、神話のビジュアル化という不比等らの企みは成功しているように見える。しかし、そろそろ、天皇制とその根拠の記紀神話について、学問的にその正体を明らかにする時が来たのではないだろうか。

第Ⅰ部　天皇制

第1章　伊勢と出雲

下から祭る神社と上から祭る神社

伊勢神宮と出雲大社といえば、日本全国八百万《やおよろず》の神々のうち、その頂点に位置することを疑う日本人はいないであろう。それほどに著名な神社であるから、その成立の事情などは自明と思いたいが、実はまったくわかっていない。それどころか、この二つの神社についてよくよく考えてみると、どちらも、神社というには大きな謎というか疑問があるような気がするのである。

問題なのは、神社というものの概念である。神社といっても多種多様であろうが、ここでは、大きく、下から祭るものと上から祭るものとに分けてみたいと思う。下から祭るものというのは通常の神社で、多くは単純に「片野神社」とか「渋川神社」（どちらも河内国）、あるいはより丁寧に「飛鳥坐《あすかにます》神社」というように特定の地名を名乗った神社である。これらはその土地の住民たちが古くからさまざまな願いを託して祭ってきた神社で、そこで祭られている神も、無理に分類すれば、山や川、あるいは樹木や岩といった自然そのものであったり、人びとの生活に応じて農業・漁業・狩猟・林業・養蚕など生業の神であったり、祖先や過去の功労者であったりするにしても、すべてその土地の人びとの生活に根ざしており、その土地の住人によって祭られているのが特徴である。

これに対し、上から祭るものというのは、土地の住民とは関係なく、国家が、自らの権力を正当化するために祭る神社のことである。簡単にいえば、国家の都合で祭る神社ということであるが、この場合、その土地の住民とは直接の関係がないことが特徴である。わかりやすい例でいえば、明治のはじめ、国のために殉じた軍人らを祭るために作られた靖国神社（当初の呼称は東京招魂社）、また、大正時代に、明治天皇を祭るために作られた明治神宮などであるが、これらは、国家の意向によって作られ、その土地の住民とは無関係であることは自明であろう。

靖国神社の場合、国のために殉じた人びとを祭るというのであるが、国家の都合による解釈にすぎない。むしろ、国のために不本意な死を強要された人たちが多かったはずである。それを勝手に英霊と称して祭る政治家たちは、今後もこのような死を国民に強要するつもりなのであろうか。国家の側が、英霊と認めるすべてであるから、元来、祭られた土地とは無縁に決まっている。それ以前に、明治以後は主に戦没者を英霊と称しているようであるが、本来、英霊の語にはそのような意味はないはずである。国家がかっこよくそう称しただけであろう。死者の霊なら、柳田国男のいうように故郷の山に帰るものであろう。東京のどまんなかに帰るはずがあるまい。

明治神宮の場合は、明治天皇が亡くなったのち、その遺徳を讃えるために作られたものと思われるが、そういう目的であるなら、顕彰のための何らかの施設、たとえば立派な石碑とか、遺物が多ければ記念館のようなものでもよかったのではないか。霊を弔うという意味なら中国的な宗廟や仏教的な霊廟、インドのタージマハールのような特殊な墓でもよかったであろう。しかし、結果的には神社となった。おそらく、天皇を神とする近代天皇制からの要請だったのであろう。この場合も、天皇をことさらに神に仕立てようとする国家の都合で構想されたのであり、もちろん、土地の住人とは無関係である。

つまり、祭り方が下からと上からとでは、神社といっても、その性格に根本的な違いがあることを理解しておかねばならないのである。その場合、本来、日本人が神と考えるものは下から祭る神、人びとが生活の場で意識し、その土地の神として祭るものであったことはいうまでもあるまい。だとすれば、靖国神社や明治神宮などのように上から祭る神社は、厳密には「神社」というものではなく、一種の政治的なモニュメントとして区別すべきではなかろうか。

伊勢神宮についての記紀の説明

では、伊勢神宮と出雲大社の場合はどうだろうか。その成立の事情について、記紀の記述により考えてみたい。

まず、伊勢神宮であるが、内宮《ないくう》の祭神はいうまでもなく皇室の祖のアマテラスである。しかし、皇室は伊勢の出身ではないし、ましてや伊勢神宮のある度会《わたらい》郡とはもともと何の関係もない。なぜ、この地に祭られたのか、明確な理由は見当たらない。

『日本書紀』によれば、アマテラスは、もともとは倭大国魂神《やまとのおほくにたま》と一緒に天皇の大殿《おおとの》に祭られていたが、崇神天皇の時代に疾疫《しつえき》など災害が続いたので、この二神の威を恐れ、アマテラスを豊鍬入姫《とよすきいりびめ》に託して倭（大和）の笠縫邑《かさぬひのむら》に遷《うつ》し、倭大国魂神を渟名城入姫《ぬなきのいりびめ》に託し祭らせたという。二神を宮中の外に出したということである。ここで「アマテラス」というのは、天孫降臨神話で、アマテラスが降臨する皇孫に与えた自らの分身としての宝鏡のことである。崇神といえば、神武以下九代が実在の天皇とはいえないのに対し、事実上の初代の天皇とされているが、この部分は神話の延長上といってよい。続いて、次の垂仁天皇の時代に、倭姫《やまとひめ》がアマテラスを先導して大和の菟田《うだ》から近江・美濃を経て伊勢国にいたった時、アマテラスがこの国に住みたいと思うといったので五十鈴《いすず》川のほとりに斎宮《いつきのみや》を建てたとされている。これがのちの伊勢の内宮ということになる。しかし、これは単なる作り話で何の説明にもなっていない。ただ、この説明だけでも、アマテラスが伊勢の地とは無関係であったこと、つまりは〝よそ者〟だったことは確かといえよう。

ところで、以上の説明は『日本書紀』だけのもので、『古事記』にはいっさい記されていない。『日本書紀』と『古事記』は併行して編纂された書のはずであるがかなりの相違があり、ここもその一つなのである。ただ、『古事記』にも崇神朝に疫病流行の話があり、そこでは三輪山の神である大物主《おおものぬし》をその神の子孫である意富多々泥古《おほたたねこ》に祭らせることにより解決したとされている。実は、この大物主を祭る話は『日本書紀』にもあるから『日本書紀』はアマテラスと大物主の話を併記していることになる。その場合、本来は疫病流行の時に大物主を祭ったという説話が先にあり、それに付会して内宮の成立の話を創作したと考えるのが妥当であろう。

では、『古事記』は伊勢神宮の成立をどのように説明しているのかというと、天孫降臨神話のなかで、アマテラスから授かった宝鏡を、降臨したニニギが直接伊須受能宮《いすずのみや》に祭ったとされている。その伊須受能宮が伊勢の内宮である。つまり、内宮の成立が天孫降臨神話のなかに組み込まれているのである。

しかし、ニニギが降臨したのは竺紫《つくし》の日向《ひむか》であるから、文字どおりお門違いの説明だったことになる。

このように考えてくれば、この段階でいえることは、伊勢の地が皇室とは本来無縁であり、アマテラスを祭る内宮は、いわば政治的モニュメントとして、国家すなわち王権が上から祭った神だったということになろう。問題は、なぜ伊勢の地が選ばれたのかであるが、これについては、結局、記紀は納得のいく説明をしていないことになる。不可解千万というべきであるが、実は、ここに大きな謎が隠されているのである。

斎王

アマテラスが〝よそ者〟だったということを端的に示す証拠がある。斎王《さいおう》（斎宮）の存在である。斎王とは、伊勢神宮に仕えるために都から派遣された未婚の皇族女性を指すが、これこそ、伊勢神宮を祭る主体が、皇室および国家であったことを示すものといってよいであろう。ただし、斎王の制度については不明な部分が多く、特に、成立の経緯はほとんど解明されていないのであるが、国家の側が、祭神のアマテラスに対して特別の配慮をしていたことは間違いないであろう。その意味で、やはり、伊勢神宮は上から祭った神だったのである。もちろん、伊勢神宮には、禰宜《ねぎ》・内人《うちびと》・物忌《ものいみ》などという名称の多数の神職がいるのであるが、これらは皇室とは無縁の現地の豪族たちであり、単に任務として神社の運営に参加しているだけだったと思われる。

加えて、伊勢神宮が国家の手によって人為的に作られた神社であることを直接実感するのは、上空から見た社殿の向きである。普通、日本人の感覚では、神の霊は山や巨岩や巨木などの自然に寄りつくものと考えて、その方向を意識して神社を建てるものである。ところが、伊勢神宮だけは自然の地形とはまったく関係なく、正確に南北を指しているのである。現在でもそうだが、創建当時は鬱蒼とした森に包まれていたことであろう。正確な方位を計測するのは相当困難だったのではなかろうか。正確な南北といえば、飛鳥寺や藤原京、平城京の条坊を思い浮かべるが、自然地形を無視した伊勢神宮も、太古の昔に作られたものではなく、そういう比較的新しい時代の産物だったはずである。

ただし、以上に述べたことは、伊勢神宮といっても、アマテラスを祭る内宮についてである。周知のように、伊勢神宮には内宮とは別に外宮《げくう》がある。外宮の祭神は豊受《とようけ》大神といい、アマテラスのための食事を作る神とされている。しかし、これは、内宮にアマテラスを祭るようになってからの呼称で、本来、この外宮は度会宮《わたらひのみや》とも呼ばれ、この地の大豪族の度会氏が、磯部という漁民集団を率いて宮川の河口近くに古くから祭ってきた神社なのである。度会氏は、百船《ももふね》の度会といわれるように、伊勢湾の内外の海上交通を支配する豪族であった。だから、本来の伊勢大神というのはこの外宮のことなのである。アマテラスを祭る内宮は、本来の伊勢大神である度会宮を利用し、それに国家が人為的に架上させる形で作った神社だったと思われるのである。この、内宮と外宮の関係については、本書でも随時論ずるつもりであるが、詳しくは別に論ずるつもりである。

出雲大社についての記紀の説明

次に、出雲大社であるが、その成立の由来は、記紀、特に『古事記』のいわゆる出雲神話に詳しく記されている。

　はじまりは、アマテラスに乱暴をはたらいたスサノヲが高天原《たかまのはら》を追放されて地上に降り立ったところ、そこが出雲だったというものである。ただし、なぜ出雲だったのかという説明は記紀にはいっさいない。その後、スサノヲはヤマタノヲロチを退治して英雄となり、助けたクシナダヒメと結婚する。『日本書紀』では、そこにオホナムチが生まれるが、『古事記』は、オホナムチの系譜を大幅に引き延ばしスサノヲの六世の孫としている。その後、スサノヲは根の国に向かうが、息子のオホナムチはたくましく成長しさまざまな試練を乗り越えて葦原中国《あしはらなかつくに》と称される日本の国土の支配者となる。『古事記』はその様子を詳しく描いており、いわば出雲神話の主要部分といえるが、『日本書紀』はこれをほとんど省略している。ここでも、『日本書紀』と『古事記』の相違は大きい。というより、『日本書紀』は出雲神話に対して著しく冷淡であったようである。『古事記』では、そこで支配者となったオホナムチが根の国のスサノヲから〝大国主（オホクニヌシ）〟という呼称を与えられている。「オホ」は「大」、「ナ」は「土地」あるいは「国」、「ムチ」は「貴い」という意味で「主」とも同じ。だから、大国主は和語のオホナムチを漢語で表記したものだったのである。また、のちに成立する『出雲国風土記』では、オホナムチを尊んで「天の下造りましし大神大穴持命《おほなもちのみこと》（所造天下大神大穴持命）」と称している。天下であるから国土のすべてである。その支配者という意味である。

　ともかく、オホナムチ（大国主）は葦原中国の支配者になった。ところが、これを天上の高天原から見たアマテラスが、この葦原中国を息子のオシホミミのために欲しくなり、使者を送るがオホナムチ（大国主）は従わない。まあ、当然である。そこで、武神のタケミカヅチとフツヌシを派遣し、ついに十握《とつか》の剣で脅して大国主から葦原中国を奪うことになる。これが、いわゆる国譲り神話である。

譲るというより強奪である。その後、アマテラスは大国主から奪った葦原中国に息子のオシホミミを降臨させようとするが、途中でニニギが生まれたので交代し、ついに孫のニニギが地上に降り立つことになる。これが、いわゆる天孫降臨神話である。

では、オホナムチ（大国主）のほうはどうなったのか。『日本書紀』の記述はわかりにくいから『古事記』によると、タケミカヅチの刃物に屈して国土を譲ることになったオホナムチであるが、実はこの時、殊勝にも、交換条件として住まいとなる立派な神殿を要求したのである。その結果建立されたのが出雲大社だったというわけである。つまり、出雲大社は国譲りの代償として建立されたものだったのである。では、ここから何がわかるのか。

まず、スサノヲは、高天原を追放されて出雲に降り立ったとされていることから、アマテラスと同様、神話のなかで作られた神であることがわかる。罪を得て高天原から追放されたということからアマテラスとの立場の違いが明示されている。つまり、スサノヲははじめから負のイメージをもって登場し、物語の上で、出雲神話の本当の主人公であるオホナムチ（大国主）の登場を準備しつつ、その行く末の国譲りをも暗示するという役割をはたしているのである。物語上、そういう役割を与えられて創作されたのである。

次に、そのオホナムチ（大国主）であるが、こちらは最終的には国譲りを強要される宿命にありながら、その間、さまざまな試練を乗り越え、雄々しくかつたくましく葦原中国に君臨した英雄として描かれている。この部分は『日本書紀』にはなく、『古事記』にのみ記されている。これは、すでに成立していた物語を『日本書紀』があえて省略したのか、それとも『古事記』の編者が新しく創作したのか難しいところである。多分、後者であろう。このこともまた本書のテーマの一つである。

オホナムチは実在の神

では、オホナムチ（大国主）とは何ものか。葦原中国の支配者ということは、いい換えれば日本の支配者、つまり大王を意味するはずである。国譲りというのは、葦原中国の支配権がオホナムチ（大国主）から皇室に移ったということである。それは、端的にいえば王朝交代であろう。そういう歴史的事実を背景にしたものではないか。とすれば、アマテラスやスサノヲのように物語から生まれた架空の神のはずがあるまい。といって、出雲のどこかで祭られていた形跡もない。ところが、よくよく考えてみると、いい方はおかしいが、この神は実在するのである。奈良県の吉野町に大名持神社、御所《ご》市《せ》に大穴持神社があり、社名はオホナムチを意味している。ともに、大和の葛城《かつらぎ》地方に属する神社で、特に、葛城の奥つ城《き》に位置する吉野町の大名持神社は、貞観元年（八五九）に正一位を授けられた大和国最高位の神である。ちなみに、著名な三輪の大物主神はその時、従一位であった。

もっとも、オホナムチという社名の神社があるというだけで出雲と結びつけるのは唐突ではないかという意見があるかもしれない。しかし、オホナムチが本来は大和の神であることは確かなのである。というのは、まだ『日本書紀』が編纂過程にあった霊亀二年（七一六）に、はじめて出雲国造が朝廷に参上して『出雲国造神賀詞《かむよごと》』を奏上したが、その賀詞のなかで、出雲国造が祭るオホナムチの大神は自らは出雲の杵築《きづき》宮（出雲大社）にいるが、大和に自分の分身の神々を派遣して天皇をお守りしている。その分身の神々とは三輪の大物主、葛城のアヂスキタカヒコネ、うなての事代主《ことしろぬし》、そして飛鳥のカヤナルミの神々であると述べている。つまりオホナムチと、大物主など大和の神々とは一体のものと称しているのである。これは、記紀の出雲神話を補完するために考案されたものと思われるが、オホナムチが本来は出雲の神ではなく大和の葛城地方の神であったという十分な根拠になるのではなかろうか。

ともかく、本来は葛城の神であったオホナムチが、出雲に祭られることになった。その神殿として建立されたのが出雲大社だった。やはり、出雲大社も、伊勢神宮の場合と同じく祭られた神は〝よそ者〟だったのである。

実は、出雲大社にはより深刻な問題がある。伊勢神宮の場合、アマテラスを祭るのは中央から派遣された斎王だったことは先に述べたが、出雲大社の場合、何と、祭る人そのものが存在しないのである。いわば、神主不在の神社なのである。というのは、元来、出雲には、宍道湖《しんじ》をはさんで東に意宇《おう》郡（松江市周辺）、西に出雲郡・神門《かむど》郡（出雲市周辺）があり、それぞれに有力な勢力が存在し、古くから対立していたが、六世紀後半頃までには東の意宇郡の勢力が勝利したと考えられている。この結果、奈良時代には、意宇郡の勢力は、意宇郡の郡司でありつつ出雲国全体の支配者という意味で出雲国造ともなったのである。ところが、出雲大社は西の出雲郡にある。しかし、その地の勢力はすでに衰退していたから、出雲大社の管理は東の意宇郡司兼出雲国造に任されたのである。ところが、その意宇郡司には古くから祭ってきた神社があった。意宇郡にある熊野神社である。つまり、意宇郡司は、伝統的には熊野神社を祭りながら、出雲大社をも仮に管理することになったのである。それは、国家の委託ということであったと思われる。

結局、出雲大社は出雲郡の人びととはもともと無縁で、祭られたオホナムチ（大国主）は本来は大和の葛城地方の神だった。その上、常駐の神主もおらず、意宇郡司が仮に管理していたのである。平安時代の初頭の延暦十七年（七九八）に、意宇郡司と出雲国造が分離され、出雲国造は出雲大社のほうに移ることになるが、創建当初から奈良時代までの間は、こういう状況だったのである。

そこで、国家との関係を考えてみると、出雲大社はかなり微妙な立場にあったと思われる。スサノヲはアマテラスの弟だが高天原を追放されており、オホナムチ（大国主）はその子ないし子孫とされているが実は大和の葛城の神であり、かつ天下を造った神ともいわれている。簡単にいうと、皇室とは密接な関係をもちつつも、アマテラスとは対極にある存在ということになろう。もちろん、スサノヲもオホナムチも〝よそ者〟であることは確かであるから、この神社を上から祭る神社と考えることはできそうであるが、伊勢神宮のように、国家とストレートにつながっておらず、管理も出雲国造に委託されているというところに性格の不分明さがあるのである。

それどころか、スサノヲがなぜ出雲に降り立ったのか、なぜ出雲神話は出雲が舞台となったのか、それすら謎のままなのである。

ここまでの結論

伊勢と出雲について、主として記紀の記述をもとに整理してきたのであるが、ここまでの結論は次のようなものである。

アマテラスとスサノヲはもともと伊勢や出雲で祭られていた神ではない。記紀の神話の物語のなかで生まれた、いわば架空の神である。また、大国主の呼称をもち出雲大社に祭られたオホナムチも本来は大和の葛城の神であった。ということは、伊勢と出雲の地から見た場合、これらの神々は、みな〝よそ者〟だったことになる。この〝よそ者〟の神を国家の都合で上から祭ったのが伊勢の内宮と出雲大社だったのである。だから、厳密には神社ではなく政治的なモニュメントというべきものであった。

以上であるが、これを私流にいい換えれば次のようになる。

実は、私自身は、当面、天皇制の解明を目標としている。しかし、天皇制は難しい。とらえどころがないからである。一般に、王権の一種と考える人が多いが、普通の王権なら、その根拠は軍事力や経済力、さらにはそれを動かす人脈などのはずであるが、天皇にはそういうものはなさそうである。だから、王権とはいえない。その代わりにあるのが記紀神話である。これもまた複雑ではあるが、天皇の尊厳というかタテマエ上の支配権があるとして、その唯一の根拠となっていることは確かである。その記紀神話のなかで作られた神であるアマテラスとスサノヲ、それに葛城の神であったオホナムチをスサノヲの子として、これらを祭る神社を作った。それが伊勢の内宮と出雲大社であった。これは、天皇を神格化する神話をビジュアル化し、民衆に普及させようという意図のもとに作られたものであった。

この私の理解は、いまのところ仮説にすぎないかもしれない。やはり、伊勢と出雲は太古からその地にあったのだという人もいるかもしれない。ならば、この私の仮説を検証し、さらに事実を掘り下げてみよう。

なぜ伊勢と出雲なのか

当面の焦点は伊勢と出雲であるが、その解明のためには、具体的にどのような論点を設定する必要があるのか考えてみよう。

まず、二つの神社とも国家が上から祭ったということであったが、それは国家の側が伊勢と出雲を必要としたということである。しかし問題は、なぜ伊勢と出雲だったのかということである。ところが、この点に関しては、『古事記』も『日本書紀』もいっさい語ろうとしない。神話のなかで直接語らなくとも、自ずと明らかということならそれでもよいが、そういうことでもない。

繰り返すが、記紀神話は、天皇の正当性の唯一の根拠であった。その物語のなかで、アマテラスが伊勢に祭られ、スサノヲが降り立ったところが出雲だったという。のちに、その出雲にオホナムチが祭られることになる。アマテラスは皇室の祖であり、オホナムチはかつて葦原中国の支配者だったとされている。伊勢と出雲が選ばれたということは、この上もなく重大なことだったはずである。神話のストーリー全体が天皇制のために作られているとすれば、このことは天皇制の根幹にかかわることだったはずである。ここにこそ、天皇制そのものの根拠があり、その根拠が失われれば、天皇の正当性も揺らぐことになるのではないか。何気なく見すごしてきたかもしれないが、これは重大な問題のはずである。

ところが、これに関して、『古事記』も『日本書紀』も、頑《かたく》なに語ろうとしない。なぜ、伊勢と出雲だったのか。何かある。そう考えるべきであろう。

もしかして、そこに、当時の国家権力の秘められた謎が隠されていたのではないか。その証拠に、誰も知らないではないか。本当に、これまで、誰も、知ろうとしなかったのだろうか。もちろん、記紀が編纂された当時は、それを知っている人がいたに違いない。しかし、秘すれば花、国家の最高機密として封印されてきたのではないか。それを秘することによってこそ国家は保たれる。国家とは天皇制のことである。

現実の問題として、伊勢神宮と出雲大社の創建は国家の大事業だったはずである。にもかかわらず、その意味は秘せられていた。靖国神社や明治神宮を作るというような単純なことではなかったのであろう。それを明かせば、国家の存立が怪しくなる。それを封印するために二つの神社が必要だったのではないか。『古事記』の序文に、編纂にあたって守るべきは「邦家の経緯」「王化の鴻基」であるといっている。ともに天皇の尊厳のことである。それを守るために、伊勢と出雲の謎を封印したのだろうか。

では、この謎を解かねばなるまい。どうすればよいか。

国家つまり王権の側が上から祭ったということであるが、この場合、国家と伊勢・出雲の両方から検討する必要があろう。

まず、国家の側の事情であるが、これは自明といってよい。古代のある時期に、結論的には七世紀の末に天皇制が成立し、その正当化のために記紀神話が構想された。その記紀神話のビジュアル化のために伊勢と出雲が必要となったということである。この最後の部分が謎だったのである。なぜ、伊勢と出雲だったのか。

もちろん、国家が、何の根拠もなく伊勢と出雲を選ぶことはありえない。当然、選ぶ理由があったはずである。スサノヲが気まぐれに出雲に降り立ったわけではあるまい。国家と伊勢・出雲とを結びつける何かがあったはずである。一般論として、中央と地方はさまざまな思惑をもって交流していたはずだから、伊勢と出雲に即してそれを解明するということである。

そこで、本書で考えた手順を示しておくことにする。目次を説明するだけではあるが、以下のとおりである。

第Ⅰ部では、出発点としての天皇制の成立を論ずる。天皇制とは何か。それは、いつどのような状況のなかで成立したのかである。

第Ⅱ部では、天皇制の正当性の根拠としての神話の構造を解明する。今回は、神話の一部ではなく、天孫降臨神話、出雲神話、国譲り神話からなる記紀神話の全体像を扱うことにする。

以上の手順がすべて成功すれば、伊勢と出雲の謎は解けるはずである。かなり遠い道のりとなりそうではあるが。

〝よそ者〟という概念

伊勢と出雲の謎を解く道筋はできたとしよう。ただ、これから本論に入る前に、本書全体の趣旨とも関連する事柄を若干述べておきたい。

まず、すでにたびたび用いてきた〝よそ者〟という概念についてである。先に、アマテラス、スサノヲ、オホナムチら神話の主人公が残らず〝よそ者〟だったと述べておいた。しかし、それだけではないのである。

天孫降臨神話の主人公はアマテラスの孫のニニギであるが、その降臨先が問題である。『古事記』も『日本書紀』の諸説も、竺紫の日向の高千穂までは一致している。『日本書紀』の本文ではさらに吾田長屋笠沙《あたのながやのかささ》之碕《のみさき》となっている。笠沙之碕とは、実は鹿児島県の薩摩半島の先端、野間岬のことである。いまでも笠沙の地名が残っている。実は、記紀が編纂されていた当時、日向の国は薩摩と大隅を含んでいたのである。本当は、天孫降臨神話にかかわる地名はすべて薩摩国だったのであるが、その後、薩摩と大隅が日向から独立し、現在の宮崎県の部分だけが日向として残ったので、日向神話というと宮崎県のことと誤解することになったのである。宮崎県は、実際には、天孫降臨神話とは無関係だったのである。

問題はその野間岬で、七世紀末の段階では、この地はまだ大和の文化圏には入っていなかった。この地の住人は、中央政府から阿多隼人《あたのはやと》と呼ばれることになるが、天武十一年（六八二）に方物《くにつもの》（土地の産物）を貢じ、大隅隼人と阿多隼人が相撲をとったというのが史料上の初見である。それ以前には、大和の朝廷とは交流がなかったのである。そうすると、ニニギが天降った地は日本の外側だったことになる。ということは、そこの住人から見ても、大和の文化圏から見ても、お互いに〝よそ者〟だったことになる。それどころか、『古事記』をはじめ『日本書紀』のいくつかの説では、高千穂のクジフルタケ（久士布流多気）に降臨したとされているが、これは明らかに伽耶《かや》神話の模倣である。『三国遺事』所収の「伽耶国記」には、皇天の命ずるところ伽耶の始祖の首露《しゅろ》が亀旨峰《きしほう》に降臨したとされている、その亀旨峰のことである。別に、日本の皇室が朝鮮半島からということではないが、伽耶の神話を部分的に模倣したことは事実である。その結果、現在の釜山《プサン》の郊外にある亀旨峰の地名が日本の神話に残ってしまったのである。

ともかく、記紀神話の主人公は〝よそ者〟ばかりだったことになるが、〝よそ者〟には、まだ続きがある。ニニギの子が海幸・山幸で、山幸の孫が神武ということになる。ここまでは、野間岬にいたはずである。神武からは人代であるが、事実上神話の延長と考えてよいだろう。その神武が、野間岬を船出して大和に向かうことになる。しかし、大和に近づいてみると、そこには多くの先住民がおり、必死の抵抗を繰り広げる。これに対して、神武は策略を駆使して侵入を試みるがなかなか成功しない。もちろん物語だから最終的には成功し、ついに畝傍《うねび》山の麓で即位することになる。しかし、もともと大和にいた人たちと神武一行とではどちらが本当の日本人なのだろうか。ともかく、この神武即位の日がいわゆる紀元節というか今日の建国記念の日らしい。もちろん、この場合の神武も、大和の先住民から見れば〝よそ者〟だったことは明らかであろう。〝よそ者〟中心の物語だから、記紀神話の舞台として大和が登場することはなかったのである。

つまり、神話の主人公はすべてが〝よそ者〟だったということであるが、これは何を意味するのだろうか。皇室の由来を描くのに、なぜ、大和を舞台にしなかったのか。このことは、当時の為政者たちにとって肯定的に評価できることだったのか、それとも、何か秘められた思惑があったのだろうか。実はこのことが、アマテラスを伊勢に祭り、オホナムチを出雲に祭ったことと密接に関係していそうなのである。

これまでの学説について

これまで触れないできたが、もちろん、伊勢と出雲に関しては膨大な研究史がある。ただ、残念ながら、私の考え方とかみ合うものはないようである。ただ一つ、上山春平氏の研究を除いてであるが。二、三の例をあげよう。たとえば、伊勢に関して、大和王権の東方経営の拠点だったという説がある。しかし、その東方経営とは具体的に何を指しているのかはっきりしない。東方経営になぜ皇祖のアマテラスを祭る必要があるのかも不明である。それに、東方以外には祭る必要がなかったのだろうか。そもそも、皇祖というのは、記紀が編纂された当時の王家の祖ということである。その王家はいつ成立したとされているのか不明のままの議論である。やはり、これも、万世一系という迷信にとらわれた俗説といわざるをえまい。というより、先に見た国譲り神話は王朝交代を意味していたではないか。とすれば、記紀神話そのものが万世一系と矛盾していることになる。

同じく伊勢神宮に関して、アマテラスは太陽神だから、伊勢の地の太陽信仰がもとになって成立したという説もある。しかし、太陽信仰など世界中どこにでもある。よく考えてみればわかるはずであるが、アマテラスの本質は太陽神ということではない。皇祖神である。皇祖の価値を高めるために太陽信仰を利用しているだけである。もし、伊勢の太陽信仰からアマテラスが誕生したのなら、皇室は伊勢の出身でなければならないではないか。

はっきりいって、天孫降臨神話というのは、高天原から皇孫が降りてきたという話ではない。事実は逆で、当時の天皇の系譜を無理やり高天原まで引き上げて太陽（アマテラス）に結びつけ、その正当性を主張したということである。記紀の編纂作業のなかで太陽信仰を利用しただけで、伊勢の太陽信仰など無関係なのである。

伊勢神宮の成立は、伊勢に皇祖を祭るという具体的な行為なのだから、その行為の根拠を問題とすべきで、東方経営とか太陽信仰といった曖昧な概念により説明すべきではあるまい。

出雲神話に関しては、大国主が葦原中国の支配者であったということをそのまま真に受けて、出雲の勢力が強大であったから出雲神話が生まれたとする考え方がある。しかし、仮に、巨大古墳の築造を一定の農業生産力を背景にしたものと考えた場合、畿内には、墳丘が五〇〇メートルに近い大仙《だいせん》陵《りょう》古墳や誉田山《こんだやま》古墳をはじめ、一〇〇メートル以上の古墳ならそれこそ百以上ある。これに対して、出雲には一〇〇メートルを超える古墳は一つもない。九〇メートルクラスが東部の松江市と西部の出雲市に一つずつあるだけである。そこから想定される生産力は、畿内は出雲の千倍を超えるであろう。仮に、出雲の南の吉備地方と比べても、吉備には三〇〇メートルを超える造山《つくりやま》古墳をはじめ巨大古墳は数多い。その生産力は、やはり出雲の数百倍であろう。だから、出雲に、強大な勢力があったなどというのは論外なのである。

では、どう考えるべきかというと、あくまでも記紀の編纂事業のなかで考えなければならない。当時の大和の王権にとって出雲がどのような意味をもっていたのか。具体的には、政治・経済・文化・交通などさまざまな側面から王権との歴史的関係を問題とすべきなのである。

第2章　天皇制

1　天皇制とは何か

天皇制をたどると奈良時代

古代のある時期に天皇制という政治システムが成立し、それを正当化するために記紀の神話が構想された。その記紀神話を民衆にまで流布させるためにビジュアル化がはかられ、神話の主人公であったアマテラスやオホナムチを祭る神社が作られた。このように考えてくれば、当面の課題である、伊勢神宮と出雲大社の成立をめぐる問題の原点にあるのが天皇制であることは明らかである。そこで、その天皇制とは何か、いつどのようにして成立したのか、について考えることにしよう。

天皇制は今日まで千年以上も続く政治システムであるから強靭そうに見えるが、実は、歴史上の一人ひとりの天皇はみなひよわで消え入りそうに見える。ところがそれでいて、どのような有為転変があっても、新しい時代が来るといつもその中央にいる。そういう不思議な存在である。

古代史は、この天皇制がいつ成立したのかを解明しなければならない。その際、利用できる史料としては、まとまったものは『日本書紀』だけである。ところが、これがまた度しがたい書である。冒頭の神話が象徴するように、天皇制を正当化するためのものであることは確かであるが、全体としてはそれ以上の書である。編纂当時の為政者たちが、自らの国家秩序を限りなく古く、太古までさかのぼらせて正当化しようとした。そのために過去の歴史を自分たちの先祖の歴史であったかのように捏造した。しかも、その際、それをあたかも真実と見せかけるために、記事のなかに現実の地名や過去の著名な人物を登場させたのである。もちろん、個々の記事自体は新しく創作というか捏造されたものが多かったと思われるが、そういうさまざまな作為が錯綜し、真偽入り乱れた混沌とした書になってしまったのである。

しかし、すべてが虚偽では歴史にはならない。少なくとも、編纂者自身が、作為の主体としての自らの存在を否定することはできない。外国史料を無視するわけにはいかない。というより、『日本書紀』を貫く時間感覚を支えているのは朝鮮、とりわけ百済《くだら》の史料であるし、中国史料も重要だった。だから、捏造とはいっても結構難しかったはずである。そこに救いがある。学問の可能性がある。

『日本書紀』を研究の素材とする場合に必要なことは、こういう何重もの作為を腑分けし、まず、真実のかけらを確保することである。その上で、編纂者たちの作為の意図を見抜くことである。その作為の意図が、現実にどのような物語として組み立てられたのか、そのような物語を創造し執筆した人物は誰か、こういうことを慎重に検証していけば、度しがたい『日本書紀』であっても、その背後に隠されている真実を明らかにすることができるかもしれない。重要なのは、『日本書紀』の外側に立った視点を確立することである。そして『日本書紀』をつねに疑うことである。学問は懐疑からはじまるのだから。

ついでに、『古事記』についても一言しておこう。『古事記』の場合は、編纂事業の規模が小さいことから、全面的に過去の歴史を創造しようという意図はなかったと考えてよい。描かれた記事は、神話とその延長上にある王族たちの説話が大部分である。ところが、それが『日本書紀』とはかなりの相違がある。その理由であるが、多分、同時に進行している『日本書紀』の編纂作業から何かを守ろうとしていたのではないか。実際、『日本書紀』には、編者たちの氏族的利害と天皇に対するオーバーな神格化が目立ちすぎる。要するにイデオロギー過剰なのである。性急に、天皇制とそれを支える新しい秩序を作ろうとしている。これに対して『古事記』は、氏族的利害から離れ、古い大王の時代を呼び戻しつつ、新たにはじまる天皇制につなげようとしていたように見える。しかし、この立場は、文学的ではあるが、各氏族の支持は期待できず、また、天皇の利用価値を高めようと手ぐすねを引いている勢力の意向にも沿うものではなかったのではないか。

ともかく、『日本書紀』も『古事記』も、伊勢も出雲も、天皇制のためのものであった。では、天皇制とは何か、また、いつ成立したのか。

天皇制は今日まで続いているが、それをさかのぼると奈良時代までは確実である。奈良時代というのは、制度的には七〇一年に成立した大宝律令の時代であった。実は、それ以前の国制には不分明な点が多く、天皇がどのような存在だったかを知ることは難しいのである。これに対し、大宝令の場合は、その内容はかなり復元されており、さらに、その施行状況も『続日本紀』に比較的詳しく残されており、『類聚三代格』などに基本的な諸法令も残されている。加えて、文学作品とはいえ『万葉集』

『風土記』『懐風藻』といったさまざまな文献もある。だから、これらによって奈良時代の天皇という存在はかなりな程度、解明しうるのである。

その天皇制の特徴は、次の三点にまとめることができる。

政治権力がない

特徴の第一は、大宝令においては、機構上、政治権力の実質は有力貴族の合議の場である太政官にあり、天皇は、その国家意思決定の場から排除されていることである。その結果、天皇は事実上、政治権力をもたないことになる。これは重大な問題である。なぜ、天皇が合議に参加していないのか。本来なら合議を主宰するはずと考えるのが常識であろう。そうなのである、天皇制とは非常識なシステムなのである。この点を冷静に確認しておくことこそ研究の出発点でなければならない。

もともと、大宝令も含めて古代の律令制は中国の唐の制度の模倣である。だから、丸写しに近い条文も少なくない。その場合、中国の皇帝に対応するのが日本の天皇であることは自明であろう。ところが、両者は、その実質がまったく異なっている。もちろん、形式上、ともに至高の存在とされていることは同じであるが、両者の政策決定へのかかわり方がまったく異なっているのである。

そこで、両者を比較してみよう。中国の皇帝の場合、王朝の初代の人物は、固有の人脈と軍事力を背景に前王朝を征服し、新たに専制君主として全人民の支配者となった人物であり、歴代皇帝はその子孫である。皇帝の権力は武力を背景にした唯一絶対というべき強大なもので、皇帝の意思は国家意思そのものということができる。その支配も、全人民を統治するためのシステムとして官僚と軍隊を整備しつつも、それとは別に、皇帝に固有の、いわば私的な軍事的・経済的基盤をも有している。今日流にいえば、公私混同のオーナー社長のようなものであるが、世界史上、どの王朝もそういうものである。皇帝は、国家を超越した存在だったのである。もちろん、皇帝を排除して国政を審議する太政官などというものはあるはずもない。

ところが日本の場合、大宝令においては、国政の中心にあるのは明らかに太政官である。この太政官は、太政大臣、左右大臣と大納言（定員は四人）からなる有力貴族の合議体であり、のちに中納言と参議が加わっている。「太政」の語は「国家の政治」を意味しており、太政官は国政の最高機関であった。その太政官の直接の管轄下に八省からなる中央官制と全国の地方行政があったのである。これに対し、天皇には固有の人的・軍事的・経済的な、つまり権力的な基盤がなかった。天皇が大王と呼ばれていた古い時代には、その時代の大王家も一つの豪族として国家から独立した家政機関を所有していたはずであるが、律令制下においては、皇室の家政機関は中務省と宮内省という二つの省に編成され、太政官の管理下におかれていたのである。これにより天皇は、中国の皇帝のような、国家から自立した存在ではなくなってしまっていた。オーナー社長の中国皇帝とはまったく異なっているといえよう。天皇のあり方に対しては、戦前において天皇機関説があり、戦後は象徴天皇という評価がなされているが、すでに大宝令の段階でそれに近いものとなっていたのである。われわれ日本人は、長い間、こういう皇室のあり方に慣れてしまっているが、世界史の普遍的な王権から見ると、きわめて奇異なあり方といわねばならない。

ただし、天皇が発する詔勅は国家の最高意思を意味し、太政官符の発布に際しても、原則として天皇に奏上し裁可を経ることになっていた。もちろん、一定以上の官僚の位階・官職の叙任権も天皇にあった。少なくとも法制度の形式の上では、天皇の至高性は明確であったといえる。だから、その点を強調して、日本の天皇も中国の皇帝と同じく専制君主であると考える研究者もいる。しかし、現実の政策決定の場は、官僚機構を管轄する太政官であった。天皇は太政官の外側におり、しかも、政策を遂行する実務官人たちとの恒常的な接点は存在しなかった。詔勅の発布といっても、現実には、太政官の決定を追認する以上の行為は不可能だったのである。

それゆえ、天皇制を冷静に観察すれば、天皇は至高の存在でありながら、法の運用過程において、国家意思の決定のシステムから明確かつ巧妙に排除されていたということになろう。はっきりいえば、天皇は、国家の統治機構の外側におかれていたのである。もっとも、個々の天皇が、直接政治の場で発言したように見える場合もある。しかし、それもよく見ると、貴族間の対立の調停者のような立場であった。天皇は、個人としては藤原氏を中心とする貴族たちの一員でもあったからである。ともかく、天皇はつねに現実の政治の場から疎外されていた。そのことが、長い日本の歴史のなかで、世俗的な政治権力の変遷とは一線を画する形で天皇制が存続してきた理由だったのではなかろうか。

大王とは別もの

ところで、歴史をさかのぼれば、七世紀頃までの大王（外国文献では倭王）は決して無力だったわけではない。五世紀の『宋書』倭国伝では、倭王は中国南朝に対する上表文のなかで次のように述べている。

昔より祖禰《そでい》みずから甲冑《かっちゅう》をつらぬき、山川を跋渉《ばっしょう》して寧処《ねいしょ》に遑《いとま》あらず。東は毛人《もうじん》を征すること五十五国。西は衆夷《しゅうい》を服すること六十六国。渡りて海北を平《たい》ぐること九十五国。

この文章は強大な武力をもった大王の姿を彷彿させる。事実、この時代には大王の権力を象徴する巨大な前方後円墳がつぎつぎに築造されている。

また、七世紀前半に編纂された『隋書』倭国伝によれば、六〇〇年に倭国から派遣された使者は次のように述べている。

倭王は天《あめ》を以て兄と為し、日《ひ》を以て弟と為す。天、未だ明けざる時に出でて政《まつりごと》を聴《き》き、跏趺《かふ》して坐し、日出づれば便《すなわ》ち理務《りむ》を停《とど》めて云く、我が弟に委《ゆだ》ねん。

こう述べたのち、さらに、次のようにも述べている。

王の妻は雞彌《きみ》と号し、後宮に女六七百人有り。太子を名づけて利歌彌多弗利と為す。

この倭王が誰かということはいまは問わないとしても、ともかく、政治の中心におり、絶大な権力をもっていたことは間違いないであろう。そういう大王の時代があったのである。

ところが、天皇制の時代になってからは権力を失っている。いったい、何が起こったのだろうか。しかも、その天皇制が、今日まで千数百年も続いているのである。世界史上でも稀有なことである。

いわゆる外戚政策

特徴の第二は外戚政策である。先に見たように、政治の実質が太政官にあったとすれば、現実の政治過程で重要なのは、太政官を構成する有力貴族たちの力関係ということになる。ところが、現実の政治過程を見ると、そこでは、天皇との親近性、特に姻戚関係が決定的な意味をもっていたことがわかる。娘を後宮に入れ、生まれた子を即位させるという、いわゆる外戚関係であるが、驚くべきことに、そういう関係は、天皇制成立以来一貫して藤原氏が握っていたのである。その最初が、藤原不比等が草壁皇子を擁立し、その後、不比等の娘の宮子《みやこ》が草壁の子にあたる軽皇子（のちの文武）の妃となったことにはじまる。以来、藤原氏は、天皇との外戚という律令制の秩序を超越した権威を手に入れ、これにより太政官の合議を牛耳りつづけることになったのである。

しかし、ここで問題が生ずる。先に私は、天皇は政治権力をもたないと述べておいた。とすると、藤原氏は、無力な天皇の外戚となることによって権力を掌握したことになるが、そこに論理矛盾はないのか。

しかし、これについて私は次のように考えている。天皇には、元来、法制度の上では、詔勅を発する権限とか、貴族層に対する位階・官職の叙任権などの権限が備わっていた。にもかかわらず無力だったのは、天皇が実際の統治機構から切り離されており、そういう権限を行使する主体たりえなかったからである。だから、いくら絶大な権限であっても、それは名目だけのいわば潜在的な権限にすぎなかった。ところが、藤原氏が外戚となり、天皇の後ろ盾となれば話は別である。簡単にいえば、外戚関係で天皇と藤原氏が一体となることにより、天皇の潜在的な権限が藤原氏の手によって顕在化することになったのである。その場合、天皇自身は権力としての実体を失っているから、当然にも、天皇の権限は藤原氏が代行することになる。それこそが、藤原氏の権力の源泉だったのである。

つまり、天皇の潜在的な権限を、天皇の外戚となった藤原氏が利用して権力を掌握する。これこそが天皇制の本質だったということである。天皇制というのは、実は、天皇のためのものではなく、藤原氏のためのものだったのである。なお、このように考えると、藤原氏を外戚と呼ぶのも若干の違和感がある。皇室という存在が確固としたものであるなら、その外戚となって権力の末席に連なるということはある。ところが、日本の皇室には実体がないのである。代々、藤原氏の娘に子供を産ませ、その子が次の天皇になる。権力の実体として君臨しているのは藤原氏である。ということなら、天皇は藤原氏の婿にすぎないことになる。しかし、一応、こういう留保を付した上で、いま

系図1　草壁系の系図

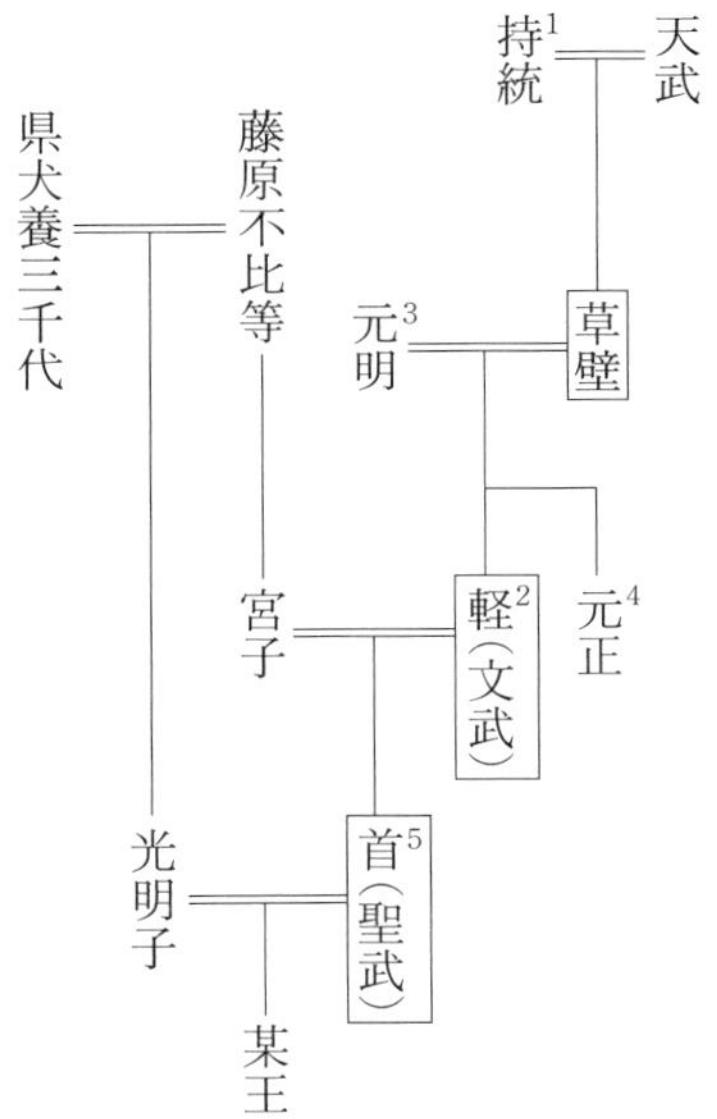

（数字は即位順）

は、外戚政策と称しておくことにしたい。

ところで、以上のように考えてくると、平安時代に成立した摂関政治こそ、天皇制の典型的ないし究極的な姿であることに気づくであろう。わかりやすくいえば、天皇制というのは、形式的には天皇を中心とした政治秩序といえるが、実質は天皇を利用した藤原氏のためのものであった。だから、摂関政治において実質的権力として世襲されていたのは摂関あるいは藤原氏の〝氏《うじ》の長者〟の地位であって天皇ではなかったのである。天皇は、〝氏の長者〟の地位を得る手段として、その都度利用され、不要になれば容易に交代させられた。いわば、使い捨てにされたのである。だから、摂政を天皇が幼少時の代行であるとか、関白を天皇の補佐役のように考えるのは、本当は正しくない。天皇制は、実質上、藤原氏を中心とした政治システムだったからである。

神話による天皇の神格化

さて、これまで、天皇は政治権力をもたないが、法制度の形式上あるいは潜在的な権限はあり、それを藤原氏が代わって行使したと述べた。しかも、その法制度は、実は中国法の形式的模倣にすぎず、古い大王の時代に由来するものではない。これでは天皇という存在自体に本来的な価値が備わっているとはいえなくなる。となると、外戚政策そのものも説得力を失うことになるのではないか、という疑問が生ずるであろう。

そこで、第三に、天皇という存在に、政治権力とは異なる、むしろ権力の根源となるような価値をもたせることが必要となる。そういうものとして考えられるのは、政治権力とは異質の一種宗教的な権威ないし尊厳であろう。天皇を神に近づける、つまり神格化である。もし、天皇が生まれながらに神に等しいということになれば、目前の権力はもたなくとも、中国法からの借りものの権限であっても、そんなことは問題ではない。神としての権威と尊厳に抗《あらが》うものはなく、その権威は、外戚としての藤原氏の権力を十分に保証することになる。まさしく、そのために構想されたのが記紀の神話、特に高天原・天孫降臨・万世一系の神話だったのである。天皇は高天原に光り輝く太陽、つまりアマテラスの血を引く子孫であり、藤原氏の娘が代々、その神の子を産みつづけるということになれば、藤原氏自身も神格化されることになる。それゆえ、天皇制の第三の特徴として、記紀神話による天皇の神格化をあげることができるのである。

結局、ここにおいても、記紀神話すらも、実は天皇自身のためではなく、むしろ藤原氏のために構想されたものだったことになる。それゆえ、天皇制という政治システムは、そもそもの構想段階から、藤原氏による相当複雑な仕掛けが施されていた。そのことを十分自覚して扱わねばならないのである。

藤原不比等の構想だった

ともかくも、天皇制の特徴は以上の三点であった。もう一度まとめておけば次のとおりである。第一に、国政の中心は太政官にあり、天皇は実質的権力をもたない。第二に、藤原氏は外戚政策により天皇と特別な関係を築き、それにより天皇が潜在的に有する法制度上の権限を掌握して太政官における覇権を確立した。そして第三に、神話により天皇を神格化し、それにより藤原氏の外戚政策をも正当化したというものである。ここで重要なことは、一見して明らかなごとく、これらの三つの特徴がバラバラのものではなく、相互に分かちがたく結びつき、三位一体となって、結果として藤原氏の権力を正当化する構造になっていたことである。そして、この天皇制の原理は、さまざまな変遷はあってもその後長く今日まで存続しているのである。

結局、天皇制の目的は藤原氏の覇権だった。だから、それを藤原氏の政治哲学と称してもよい。とすれば、この天皇制を構想した人物も自ずと明らかであろう。藤原氏にして、外戚政策をはじめた人物。藤原不比等である。彼こそ、大宝令編纂の中心人物であり、若くして草壁皇子の舎人《とねり》となり、皇子を擁して新たな時代を模索し、皇子は早世したが、今度は持統を中継ぎに利用しつつ草壁の遺児軽皇子の擁立に奔走し、軽（文武）の即位と同時に娘の宮子をその夫人として外戚政策を確立した人物である。そして、晩年には、宮子が産んだ首《おびと》皇子の即位への道を開き、娘の光明子《こうみょうし》をその首の妃とすることによって外戚政策を完成させている。その間、天皇の神格化のために記紀神話をも構想している。まことに、天皇制は、藤原不比等によって作られたのである。

2　天皇制の成立

成立は六八一年

天皇制の成立はいつか。実は、不比等らの構想が明確となり、国家レベルでその実現に向かって明確に歩みはじめたのは天武十年（六八一）のことであった。『日本書紀』の天武十年条には次のような記事がある。

（天武十年）二月の庚子の朔甲子、天皇・皇后、共に大極殿に居《ま》しまして、親王・諸王及び諸臣を喚《め》して、詔して曰はく、「(a)朕、今より更《また》律令を定め、法式《のり》を改めむと欲《おも》ふ。故、倶《とも》に是の事を修めよ。然も頓《にはか》に是のみを務《まつりごと》に就《な》さば、公事《おほやけわざ》欠くこと有らむ。人を分けて行ふべし」とのたまふ。(b)是の日に、草壁皇子尊《みこと》を立てて、皇太子とす。因りて万機《よろづのまつりごと》を摂《ふさねをさ》めしめたまふ。（三月）丙戌に、天皇、大極殿に御して、(c)川嶋皇子・忍壁皇子・広瀬王・竹田王・桑田王・三野王・大錦下上毛野君三千・小錦中忌部連首・小錦下阿曇連稲敷・難波連大形・大山上中臣連大嶋・大山下平群臣子首に詔して、帝紀及び上古の諸事を記し定めしめたまふ。大嶋・子首、親《みづか》ら筆を執りて以て録す。

簡単にいえば、天武十年の二月二十五日に、(a)律令の編纂が命じられ、その同日に、(b)草壁皇子が皇太子となり、そして三月の十七日に、(c)歴史書の編纂が命じられたということであるが、実は、文中で傍線を引いた(a)、(b)、(c)、三つの記事が、先に見た天皇制の三つの特徴に対応しているのである。以下、簡単に説明しておこう。

(a)は、律令の制定を命じたものである。直接には八年後の持統三年（六八九）六月に諸司に頒布した令一部二十二巻、すなわち飛鳥《あすか》浄御原令《きよみはらりょう》を指しているが、この令はまったく伝わっておらず、編纂者も内容も知ることができない。しかし、その次に編纂された大宝令は大宝元年（七〇一）の完成であり、その間わずか十年あまりにすぎず、また『続日本紀』大宝元年八月条に「大略、浄御原朝廷を以て准正とす」と見えることからも、大宝令と浄御原令とは内容的に近いことが推測される。とすれば、藤原不比等が浄御原令段階で編纂メンバーの一員となり、その経験を踏まえて大宝令編纂の事実上の責任者となったと考えることができるのではないか。そして、先に述べたとおり、その大宝令において、国政の中心が太政官にあり、天皇は国家意思の決定の場にいないこと。さらに、天皇の公私両面の生活を支えるはずの家政機関も、太政官に直属する中務省と宮内省に編成されており、ここにおいて、天皇は、自立した権力の基盤を失っているのである。これこそ、天皇が実権をもたないという、先に見た天皇制の特徴の第一に相当するものということができよう。

(b)は、草壁皇子を皇太子とするという記事であるが、その当時、不比等が草壁の舎人であったことは確かで、その後の政治過程を考えれば、この立太子の背後に、不比等の政治力を想定することは十分可能である。ただ、この当時は浄御原令以前であるから、皇太子制はまだ成立していなかった可能性が高い。しかし、それでも、草壁が事実上の皇位後継者となったこと自体は認めてよいであろう。また、草壁本人は、持統三年に亡くなるが、以後、不比等の巧妙かつ絶大な政治力により、草壁直系の子孫が皇位を継ぐことになり、その結果、藤原氏の外戚政策が実現することになる。とすれば、やはりこの草壁立太子の記事をもって、藤原氏の外戚政策の原点、あるいは事実上の出発点と見なしてよいであろう。先の天皇制の特徴の第二に相当しているといえよう。

(c)は、歴史書の編纂を命じた記事である。これが、結果として『日本書紀』となることは自明であろう。そして、その冒頭部分に、歴史書としては異例に長大な神話が描かれており、それにより天皇の神格化がなされたのである。すなわち、天皇制の特徴の第三である。

つまりは、先に見た天皇制の三つの特徴が、この天武十年の(a)、(b)、(c)の詔に対応しているのである。それゆえ、この三つの詔により、藤原不比等が構想した政治理念としての天皇制がついに実現に向けて前進することになったということができよう。それは、表面的には草壁を初代とする新王朝の設立の宣言であったが、実質は、草壁を利用した不比等の政権掌握の宣言であった。ここにおいて、私は、日本の歴史の時代区分として、天武十年からを天皇制の時代、それ以前を天皇制以前あるいは大王の時代と称することにしたい。

律令の編纂

天武十年の(a)、(b)、(c)の三つの詔が、天皇制の実現のためのものであったことは明らかである。では、これら三つの詔は、その後、どのようにして実現されたのであろうか。もちろん、その中心に藤原不比等がいたであろうことはもはや明らかとしても、さらに、どのような人物が関与したのであろうか。これらの事柄を、具体的に考えてみたい。

まず、(a)の律令の編纂であるが、もちろん、それは国家秩序の基本を定めることを意味している。支配階級の編成原理、そして人民支配のシステム、そういう国家秩序のすべてが定められている法典である。だから、その編纂は国家的な大事業であった。従事したメンバーでは、史料上の制約により、飛鳥浄御原令段階のそれは特定できないが、大宝令の編纂に従事した人物は、『続日本紀』文武四年(七〇〇)六月甲午条に律令撰定の功により禄を賜ったとして次の十九人の名が記されている。

刑部親王・藤原朝臣不比等・粟田朝臣真人・下毛野朝臣古麻呂・伊岐連博得・伊余部連馬養・薩弘恪・土部宿禰甥・坂合部宿禰唐・白猪史骨・黄文連備・田辺史百枝・道君首名・狭井宿禰尺麻呂・鍛造大角・額田部連林・田辺史首名・山口伊美伎大麻呂・調伊美伎老人

これを見るに、刑部親王を名誉職的な存在として除外すれば、ほかのメンバーには次のような特徴がある。その第一は、中央の有力貴族の出身者が藤原不比等ひとりだけということである。石川（蘇我）、石上（物部）、大伴、阿倍といった有力氏族はいっさい含まれていない。ライバルとなるような人物をあらかじめ排除したか、あるいは、純粋に実務的な人物を集めたためかもしれないが、不比等の存在感の大きさは確かである。第二は、渡来人が半数を占めることである。傍線を付した八人であるが、なかでも田辺史《たなべのふびと》姓が二人いることが注目される。周知のように、『尊卑分脈』に不比等の養育者として田辺史大隅の名が見えるからである。不比等は、さまざまなルートにより優秀な渡来人たちを集めたのであろう。また、薩弘恪《さつこうかく》の場合は、百済滅亡時の戦役で捕虜となり日本に送られてきた唐人で、最新の唐の知識を伝えたに違いない。そして、第三に、ほかの大部分が畿内の中小豪族と地方豪族たちであること。身分は高くはないが、文人としての学識と才能は豊かなものたちである。粟田《あはたの》真人《まひと》は大宝二年の遣唐使として著名であるし、伊余部《いよべの》馬養《うまかひ》は、『釈日本紀』所引の「丹後国風土記」では浦嶋子伝説の筆者とされている。おそらく、それは『日本書紀』編纂の一環であったと思われる。さらに注目されるのは下毛野君古《しもつけののきみこ》麻呂《まろ》で、大宝令編纂の事実上の責任者とされる人物である。実は、不比等には東国人脈のようなものがあったと思われる。下毛野君氏は上毛野君《かみつけののきみ》氏と同族で、先の天武十年に歴史書編纂を命じた詔のなかに上毛野君三千《みちぢ》の名があり、持統五年（六九一）に墓記の提出を命じられた十八氏の一つにもなっている。このように東国、特に上毛野君一族が重視されたのであるが、これは、古くから上毛野君氏が政治・経済・軍事など、どの分野でも東日本最大の勢力を有していたこと。また、かなり早くから近隣の鹿島・香取に中臣氏の影響が及んでいたこと。後年、常陸《ひたち》の鹿島神社のタケミカヅチ、下総《しもつふさ》の香取神社のフツヌシが藤原氏の氏神として奈良の春日神社に迎えられたことは周知のところであろう。それに加えて、七世紀後半には朝鮮半島から多くの渡来人が東国に入植したことも無視できない。文武四年とされる下毛野国の「那須国造碑」に唐の永昌年号が記されているのはその一端と言え、おそらく下毛野君古麻呂とも無縁ではないであろう。そして、さらに注目すべきは、不比等の母が上毛野君一族の車持《くるまもちのきみ》君氏であったことである。群馬県高崎市郊外には五世紀頃とされる三ツ寺遺跡があるが、これは古代の豪族の館跡としては日本最大のものである。近くには保戸田古墳群もある。かつては上毛野君一族の中心的存在であったが、六世紀初頭の榛名山の噴火により大きな打撃を受け、畿内に進出したのである。『新撰姓氏録』摂津国皇別に車持公とあるのがそれであろう。おそらく、摂津国の三島あたりだったのであろう。こういうさまざまな要素が重なり東国人脈が重視されたと思われる。

このように見てくれば、大宝律令の編纂が、藤原不比等が主導する国家事業であったことは明らかと思われ、同時に彼の権力の基盤の一端も見えてきたのではなかろうか。

ただし、ここまでは、律令法一般の話である。それは確かに大きな国家事業には違いないが、先の優秀なメンバーをもってすれば、さほどの困難はなかったであろう。中国法という手本があり、それを日本の国情に合わせながら模倣すればよかったからである。

しかし、不比等の真の関心はその先にある。中国では、皇帝は唯一絶対である。皇帝の意志が国家の意志であり、それが示されれば法となる。その法を実現するのが官僚である。これに対し、不比等が構想していた天皇は、そのような権力をもたない。代わりに、神話による神格化が予定されているだけである。この何とも不明瞭な天皇という存在を利用して藤原氏の覇権が成立する。こういう天皇を律令のなかに位置づけねばならない。具体的にいえば、律令編纂を通じて中国の皇帝を特殊な日本の天皇におき換えねばならない。難しいのはこの作業である。これは、まさに国家機密であったに違いない。

不比等は、それを次のように考えたのではないか。

まず、中国皇帝の権力の実質を、日本令では天皇ではなく太政官におき換える。さらに、形式上至高の存在である天皇と実務官僚との接点を奪い、天皇と太政官との連絡は少納言を含む侍従らに任せることにする。これにより、天皇は至高のまま現実の政治権力から切り離され、実質上無力になる。あとは、法令発布などの際の手続きに協力してもらうことにすればよい。今日的にいえば〝国事行為〟である。ただし、これをあからさまに法文化することもはばかられる。それでは、天皇の至高性に傷がつくからである。そこで、現実には中国の皇帝のように見えて、それでいて施行過程では無力となるように仕組むことになる。天皇に関する日本令の規定が不明瞭なのはそういう事情による。そのため、この日本令の不明瞭さを理解できず、現実の政治過程を知りながら、なお、天皇が本当は専制君主だと誤解している研究者もいるわけである。これもまた、不比等の深謀遠慮のなせるわざというべきであろうか。

とはいえ、このような政治システムを、不比等の段階で突如構想したと考えることも現実的ではないだろう。かつて、『宋書』や『隋書』の倭国伝に記された倭王はみなそれなりに偉大な権力者だったはずである。ところが天皇制の時代になると無力となっている。どうしてそんなことになったのか。これほど極端な変化が、不比等らの政治的思惑により急に生じたとは思えない。それを必然化する歴史的背景があったはずである。おそらく、不比等はそういう時代の変化を的確につかみ、それを利用して自らの政治理念の実現に結びつけたのであろう。その歴史的背景とは、いわば天皇制前史ということであるが、これについてはただいま執筆中の続編で述べることにしたい。

草壁立太子と歴史書の編纂

次に、(b)の草壁立太子と(c)の歴史書の編纂について考える。立太子とは皇位の継承を意味する。歴史書の編纂といっても、ここで念頭においているのは天皇を神格化するための神話の構想のことである。実は、立太子と神話の構想は一体の関係にあった。

というのは、神話は、権力をもたない天皇にとって唯一の存在の根拠といってよい。しかし、高天原から天孫が降臨するという神話は誰が見ても荒唐無稽、架空の物語にすぎない。幻想といってもよい。その幻想の世界と現実の天皇を結びつける論理が万世一系の皇位継承である。現実の天皇を無限にたどれば神話の世界に到達する。そのためには、絶対に一系の血筋でなければならない。途切れてはならない。結局、天皇制の根拠は、つき詰めれば天孫降臨神話と万世一系の皇位継承ということになる。とすれば、神話の創造と万世一系の運用、これこそが最高の国家機密ということになる。当然、これに関与する人物は限定される。神話は単なる昔話ではない。皇室が高天原に由来するという証明である。万世一系による立太子によって、天皇は繰り返し神と結ばれる。だから、立太子と神話は一体のものだったのである。

では、この最高の国家機密に協力したのは誰か。もちろん、中心に藤原不比等。そして、私はさらに難波大形《なにはのおほかた》と忌部子首《いみべのこびと》をあげることができると思う。

そこで、以下、これら三人の人物像を紹介しておくことにしたい。

藤原不比等

藤原不比等については、いわずもがなという気がしないでもないが、今後のこともあり、最小限度の知識を共有するという意味で、彼の履歴を簡単にひもといてみたい。

藤原不比等は、斉明四年（六五八）に中臣鎌足の次男として生まれた（生年については斉明五年説もある）。父の中臣鎌足は、中大兄王とともに蘇我入鹿を滅ぼした乙巳《いつし》の変、その後にはじまる大化改新の中心人物として名高く、死の前日にあたる六六九年十月十五日には、時の天智天皇から大織冠と藤原姓を賜ったとされている。日本史上、もっとも有名な人物のひとりといっても過言ではない。しかし、今日の段階で考えてみると、乙巳の変をめぐるエピソードは、たとえば中大兄王と中臣鎌足が偶然蹴鞠の場で出会ったという話は、新羅の金春秋（武烈王）と金庾信（五九五－六七三）との間にも同工異曲の物語が伝わっている。年代的に見て、『日本書紀』のほうが模倣したものと思われる。また、大化改新も、肝腎の改新の詔の文章がずっとのちの大宝令を多く利用しており、どこまでが事実か判断が難しい。その当時、重要な政治改革が進行していたこと自体は確かであるが、これに関する『日本書紀』の記述の信憑性は低く、中大兄と中臣鎌足がその中心にいたというのも確かではないのである。なぜなら、鎌足は内臣《うちつおみ》として改新政府の中枢にいたと記されているが、実は、内臣というのは、左右大臣のような正規の官職ではなく、ただ帷幄《いあく》にあって大事に参画する近侍の寵臣《ちょうしん》を指す普通名詞という（坂本、一九三八）。この場合、皇太子中大兄の側近ということであろうが、これでは、鎌足が改新政府のどのような地位にあったのか不明となる。さらに、鎌足が、天智天皇から藤原の姓を賜ったというのも事実ではありえない。当時は姓《せい》という制度が確立していなかったからである。姓の制度は、六七〇年の庚午年籍《こうごねんじゃく》と六八四年の八色《やくさ》の姓《かばね》を経て成立するからである。そもそも、その当時の都は近江であり、飛鳥の地名である藤原の呼称は不自然である。『日本書紀』の編纂が進行していた当時、藤原宮の造営も進んでいた。だから、その時代の発想である。藤原姓の本当の初代は不比等であったはずである。

このように見てくると、中臣鎌足という人物の実像はほとんど不明ということになってしまう。だから、不比等という人物の登場を考える場合、どの程度、父鎌足の威光によるものなのかは難しいのである。

とはいえ、父がいたから子がいるのであろう。不比等は、八歳の時に兄貞慧《じょうえ》に死なれ、十二歳の時に父も失っている。孤独となった彼を養ったのは河内・摂津に本拠地を有する百済系渡来人の田辺史大隅という人物で、不比等の本来の名である「史《ふひと》」は田辺史の姓《かばね》に由来している。十五歳の時に起こった壬申の乱では、一族に敗れた近江朝の右大臣中臣金《なかとみのかね》がおり、養父の田辺大隅の近親と思われる田辺小隅も近江朝の将軍として活躍している。『尊卑分脈』によると「公、避く所の事あり。すなはち山科の田辺史大隅の家に養ふ」とあるのは、都の飛鳥を離れて、かつての近江京に接した山科に逼塞した乱後の苦境を示すものと考えられている。

しかし、元来、不比等の父中臣鎌足と天武との間には固い友情があったようである。藤原仲麻呂の撰とされる『藤原家伝』の上巻(『大織冠伝』)には、次のようなエピソードが記されている。天智天皇が近江に遷都したのち、群臣を浜楼に召して酒宴を催したおり、宴たけなわの最中、突然、大海人皇子が長槍をもって敷き板を刺し貫くという事件が起こった。天皇は、怒って大海人皇子を殺そうとしたが、鎌足が固く諌めて止めた。以来、鎌足と大海人皇子は親密な仲となったという。作り話ではあろうが、両者の間に友情があったことは事実であろう。加えて、天武の妃には、不比等の姉妹にあたる氷上郎《ひかみのいらつめ》と五百重郎《いほへのいらつめ》がいる。こういった事情もあり、不比等は、二十歳になる天武六年(六七七)頃に官人として出仕し、その後まもなく「東大寺献物帳」(正倉院文書)に見える黒作懸佩刀《くろつくりかけはきのかたな》の由緒書などから判断して、草壁皇子の舎人となったと考えられる。その由緒書によれば、この黒作懸佩刀は草壁皇子がつねに身につけていたものであるが、ある日、藤原不比等に賜った。その後、文武天皇が即位した時に不比等が献上し、文武天皇が亡くなった時に再び不比等に賜り、不比等が亡くなった日に聖武天皇に献上されたということである。その後、聖武が亡くなったのち、光明皇后から東大寺の盧舎那仏に献納されたというものであるが、草壁がつねに身につけていたということから見て、彼の分身のような刀であったことは確かで、これにより、草壁と不比等の緊密な関係が知られるのである。

このことは、見方を変えれば、不比等が草壁の母の皇后（持統、当時の名は鸕野讃良皇女《うののさららのひめみこ》）の側近となったことを意味しているが、問題は、それがどのような経緯によるかである。私見では、持統・草壁母子の養育氏族が鍵を握っていると考えるが、これについては後述の難波大形のところで述べることにする。

不比等が出仕した当時、天武朝の政治は沈滞し、大化改新（改革がどの程度事実かは問題があるが仮にそう呼ぶとして）以来の改革は実質的に中断状況にあった。しかし、不比等の出仕後まもなくの天武八年（六七九）の五月に天皇・皇后および草壁・大津・高市《たけち》・河島・忍壁《おさかべ》・芝基《しき》の六人の皇子たちが吉野に幸し、ここで千年ののちまでもの無事を誓い合ったという。一般に吉野の盟約と呼ばれている。その結果は明瞭であった。皇后の持統が天皇に次ぐ特別な存在となり、草壁の次期皇位も事実上決定したと考えてよい。ここに、将来の草壁擁立を見据えた持統・草壁・不比等を中心とする新しい権力核が誕生することになった。とすれば、この吉野の盟約を画策したものこそ藤原不比等と考えてよいであろう。その後の歴史がそれを証明しているからである。

まもなく、停滞していた天武朝の政治が大きく改革に転じる。天武十年（六八一）二月に律令編纂と草壁立太子、三月に歴史書の編纂が命じられ、本格的な中央集権国家への道を歩むことになった。これこそが、藤原不比等主導の天皇制の実現への端緒であり、それは不比等および彼の子孫の覇権を意味していたのである。

しかし、歴史に紆余曲折はつきものである。六八六年に天武が亡くなり、ただちに草壁が即位すると思いきや、何と、その草壁も即位しないまま六八九年三月に没する。二八歳であった。ただ、七歳になる息子の軽皇子（のちの文武）がいたため、急遽、祖母の持統が即位することになった。当時、高市皇子をはじめ天武の皇子たちが八人もいたのに、持統が無事に即位できたのは、やはり不比等の政治力によるものと思われる。ともかく、持統朝になって、不比等は、持統のブレーンにして草壁の遺児軽皇子の保護者となり、その存在感はますます高まったと思われる。しかも、六九四年頃には、軽の乳母であった県犬養三千代《あがたいぬかいのみちよ》とも婚姻関係が生じ、軽は完全に不比等の掌中に握られることになった。

そして六九七年、軽皇子が十五歳になると、持統の譲位を受けて即位する。文武天皇である。すると不比等は、すかさず娘の宮子を文武の妃とし、七〇一年には首皇子《おびと》が誕生する。以後、不比等は孫の首の即位に向けて全力を傾けることになる。もちろん、それは、孫に対する愛情だけではない。首の即位によって、自己の権力を固めるためであった。

しかし、何事も思いどおりにはゆかないものである。七〇七年、またも、わずか二五歳で文武が早世したのである。不比等にとっても大きな危機であった。そして、これを、文武の母の阿閇《あへ》内親王（元明）、七一五年からは姉の氷高《ひだか》内親王（元正）の即位によって乗り切ろうとしたのであるが、実は、ここに大きな軋轢《あつれき》が生じることになり、その軋轢は、長屋王の変、疫病流行、武智麻呂以下四卿の死といった長い血みどろの奈良朝政治史に引き継がれることになる。

では、その軌轢とはどのようなものだったのか。注目すべき史料がある。『懐風藻』葛野王《かどののおう》伝である。それによれば、持統十年（六九六）、太政大臣高市皇子が亡くなったのち、持統女帝は王公卿士を禁中に召して日嗣《ひつぎ》を立てようとしたが、群臣らはおのおの私好をはさんで衆議紛紜《ふんうん》という状況であった。その時、葛野王が立って、皇位は「若《も》し兄弟相及ぼさば則ち乱此より興らむ」、すでに「聖嗣自然《おのづから》に定まれり」といい、これに異を唱えようとした弓削《ゆげ》皇子を叱責して黙らせた。これにより皇嗣が定まったので、持統女帝はこれを嘉《よ》みして、葛野王を正四位、式部卿としたという。

この史料について、私はかつて史実を伝えたものと考えていた。太政大臣として皇太子的な地位にあった高市の死を受け、弓削皇子らはほかの兄弟の立太子を要求した。これに対し、葛野王は持統や不比等らの意向を汲んで草壁の遺児の軽皇子の立太子を主張し、それもあって軽の立太子が実現したと理解したからである。しかし、こういう理解は正しくはなかったようである。『懐風藻』の記述は微妙で、葛野王の発言内容も必ずしも明瞭ではないし、それ以前に、『懐風藻』の書き方自体が史実をねじ曲げたものだったからである。

まず、持統を天皇ではなく皇太后としている。即位を認めていないのである。さらに、日嗣を定める禁中の会議も、高市の死により開かれたとされている。しかし、事実は、高市の死は持統十年の七月十日、軽は翌十一年の二月に立太子、八月一日に持統の譲位により即位したのである。つまり、『懐風藻』は天武の正統な後継者を高市としているのである。ところが、事実は天武から草壁のはずが、草壁の早世により持統が中継して軽へというものであった。皇位継承の問題は、高市の死ではなく、持統の譲位からであった。その場合、持統の譲位は軽の即位と一体のはずで、それは、まさしく秘中の秘である。そのための会議が禁中で開かれるはずはあるまい。あったとすれば事後報告にすぎないであろう。

では、なぜ、『懐風藻』は無理な作り話をしたのだろうか。私は、この屈折した書き方の背後に『懐風藻』の独特の主張があったのではないかと思う。『懐風藻』が、藤原氏のために滅ぼされた長屋王を追慕する書であり、しばしば撰者に擬せられる淡海三船《あふみのみふね》は、反権力的な文人として少なからず不遇であった。葛野王はその三船の祖父である。しかも、その父は壬申の乱で敗れた大友皇子であった。難しい立場の葛野王が、持統や不比等らに身を屈して協力したとは思いたくない。そこで、「聖嗣自然に定まれり」の中身を曖昧にしたまま、直系相続というなら、本当の日嗣は高市から長屋王へのはずではなかったか、軽ではなかったはずだと主張しているのではないか。撰者を三船としてよいなら、こう考えるのが自然なのではなかろうか。

さて、話をもとに戻そう。草壁、文武が若くして亡くなってしまった。不比等が構想した天皇制とは、草壁を起点として万世一系がはじまることになっていた。これが崩壊すれば、不比等の天皇制も崩壊する。絶対に守らねばならない。草壁から軽へ、そして首へである。そのために持統、元明、元正と不自然な中継ぎの女帝を用意したのである。しかし、『懐風藻』の葛野王伝の記述には問題があるものの、不比等に反対する勢力が存在したことは事実であった。それを根拠に『懐風藻』も書かれているのである。長屋王という存在。もう二十年以上も前になるが、私は、不比等と長屋王との確執をテーマに一書を著したことがあるが（大山、一九九三）、実にこの二人の対立は、両者が死んだのちも長く尾を引いていたのである。

ともかく、草壁早世以後の皇位の継承は、女帝（持統）・幼帝（文武）・女帝（元明）・女帝（元正）という最初から皇位というものの重みを無視したものであった。不比等による皇位の私物化といってもよい。過去の大王の時代から見れば、およそ考えがたい事態であった。そのため多くの軋轢が生じたのである。

しかし、こういう持統・草壁の直系に限った皇位の継承が、藤原不比等の強いリーダーシップによって実現したという事実。また逆に、その不比等の絶大な権力が、実は、その不安定な皇位との密接な関係によって保証されていたという事実。こういう特異な政治状況のなかで、日本の古代国家が制度的完成期を迎え、同時に、国家の支配理念ともいうべき天皇制が明確な姿を現しつつあったという事実。これらは、日本古代の政治秩序を考える時、もっとも留意すべきことであろう。

難波連大形

古代国家の建設に関し、藤原不比等のはたした役割がきわめて大きいことは確かであるが、もちろん、彼ひとりでなしえたはずがない。当然にも、彼を支えた多くの人脈があったはずである。このうち、草壁立太子による王権の確保という点に関し、重要な役割をはたしてきたのが淀川下流域の諸豪族であった。以下、地図1を参照しながら論じてみたい。

この地域は、淀川と大和川が流入して瀬戸内海に注いでいるが、その河口付近には上流からもたらされた大量の土砂が堆積し、長い砂州を形成していた。そのため、砂州の内側は広大な海（湖）となり、その周辺には湿地が広がっていた。その海は河内湖あるいは難波海《なにはのうみ》とか草香江《くさかえ》と呼ばれている。ところが、五世紀のある時期にこの地域の開発が進むことになる。上町《うへまち》台地の先端の砂州の一部が開削され、のちに難波堀江《なにはのほりえ》と呼ばれる水路が開かれ、その結果、難波海の水位が低下することになった。同時に、茨田堤《まむたのつつみ》も築かれ、淀川の流れも制御されるようになった。その結果、淀川下流域に広大な干拓地が出現することになり、多くの人びとが集まることになった。淀川上流の近江や山城、あるいは東国からも人びとがやってきたと思われる。加えて、大量の渡来人も集住するようになった。特に、難波堀江の内側は優れた港となったので、ここが難波津という古代の海上交通の中心となった。

さて、ここに集住した人びとであるが、必要な限りにとどめるが、まず、重要なのは継体大王の一族である。彼は近江国高島郡出身で淀川北岸の三島に進出し、六世紀初頭に新たな王朝を開くことになる。その後、大和に入り磐余《いはれ》を宮都とするが、彼の政治基盤は一貫して淀川流域にあったのではないかと思う。継体朝の最大の事件は、筑紫君磐井《つくしのきみいはゐ》との戦争であったが、もちろんここから巨大な水軍が出撃したのである。筑紫津という地名がいまも残っている。彼の陵墓とされる今城塚《いましろづか》もこの地に築かれている。

ところが、その今城塚の地は摂津国島上郡児屋《こや》郷であるが、こここそ中臣氏の本拠地であった。中臣氏の祖神の天児屋命《アメノコヤネ》の名はこの郷名に由来するし、その地に継体の陵墓が築かれたのだから、継体とも密接な関係があったことは想像にかたくない。中臣氏の本来の職能は卜占《ぼくせん》であった。これは鹿の骨や亀の甲を焼いて神意を占う霊媒師のことである。時には、神意と称して王権の運命を決める決断を促すこともあったはずである。

実は、中臣氏も本来は近江国伊香《いかご》郡の出身である。この地に伊香具《いかご》神社があり、氏の始祖の烏賊津《いかつ》

地図１　古墳時代の淀川下流域の地図

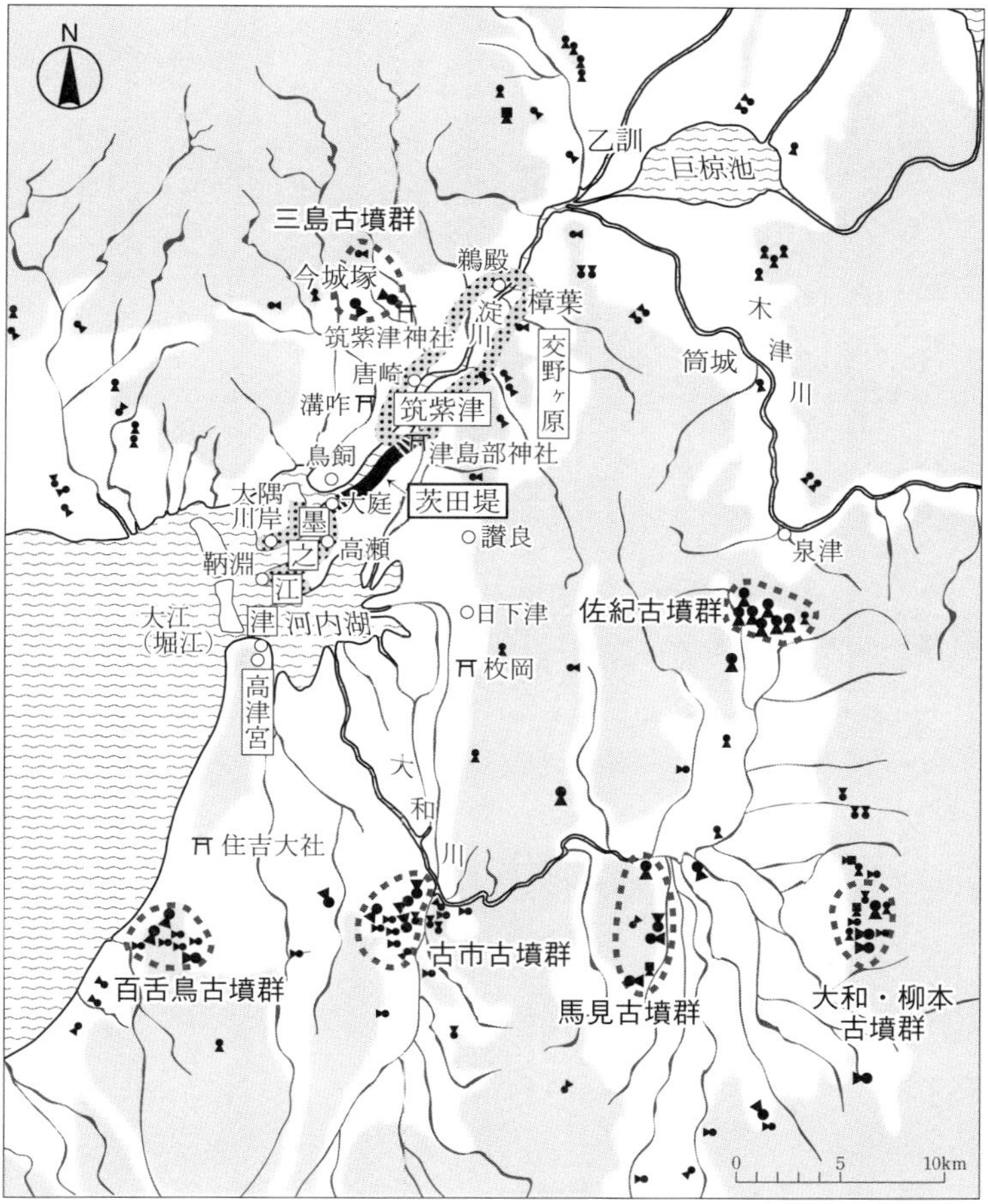

（『三島と古代淀川水運』高槻市立今城塚古代歴史館、Ⅰ・Ⅱ所収、森田克行氏作成の地図を合成）

使主《おみ》（雷臣とも書く）の名はこの地名に由来している。継体の故地の高島郡ともほど近く琵琶湖北端で東西に向かいあった地にあった。古くからの盟友関係にあったのではなかろうか。

これに対し、淀川の南岸の河内北部には渡来人の入植が大規模に進んでいた。はじめは秦氏《はた》が中心であったと思われるが、五世紀後半以後、干拓が進むにつれ、新しい渡来人が入植した。広大な干拓地が出現したこともあり、大規模な河内馬飼《うまかひ》の集団が成立したようである。馬飼とは、馬を増殖させ、調教し、さらに金属製の多数の馬具を製造し、軍事や交通に絶大な役割をはたした集団であった。その有する技術は今日的にいえば理系のもので、文系の記録を業とする史部（フミヒト）集団とならんで王権を支える二本の柱というべきものであった。『日本書紀』には、継体を直接擁立した人物として河内馬飼首荒籠《あらこ》の名が見えるが、それほどに大きな勢力となっていたのである。この巨大な河内馬飼集団の一角に讃良《さらら》馬飼と鸕野《うの》馬飼という氏族があった。讃良は郡名。鸕野はそこの地名である。おそらく、この二つの馬飼集団こそ、鸕野讃良皇女すなわちのちの持統女帝の養育母体であったと思われる。さらに、地図を見れば明らかなごとく、この河内の馬飼集団と中臣氏とは淀川をはさんだ至近の地にあり、歴史的にも継体擁立以来、親密な関係にあったと考えられるのである。

その讃良郡の南に草香（日下）という地名があり、難波海に面して草香津（日下津）という港があった。そこを本拠としていたのが草香部《くさかべの》（日下部・草壁とも書く）吉士《きし》という渡来人である。彼らは、難波堀江が開削され、そこに難波津という良港が出現するとそこに拠点を移し、朝鮮諸国、主に新羅《しらぎ》との外交で活躍するようになった。一方、中臣氏も淀川を渡り、日下に接する枚岡《ひらおか》の地にも拠点をもつことになった。のちに、天児屋命を祭る枚岡神社ができ、奈良時代後半、平城京に藤原氏の氏神として春日神社が成立するが、祭神の一つの天児屋命はここから遷されたものである。つまり、草香部吉士集団と中臣氏も居地を接していたのである。

さて、その集団のなかに草香部吉士大形《おほかた》という人物がいた。実は、この人物こそ藤原不比等の側近であったと思われる。

天武十年（六八一）正月七日、元日の朝賀を受けて、宮中では親王・諸王・諸臣らを招いた宴が催され、酒が振舞われ歌舞も供されていた。その時、末席にいたと思われる草香部吉士大形が小錦下《しょうきんげ》の位と難波連《むらじ》の姓《せい》を賜ったのである。姓という制度は厳密には成立していなかったが、すでに準備が進んでおり、これは先行的に与えられたものである。

ここで注目すべきは、大形の旧姓の草香部吉士である。古代では、皇族の皇子の名は養育氏族の名によることが少なくなかったが、この当時、草香部という地名を名乗るもので有力な人物はほかにいない。とすれば、大形は、まさしく草壁皇子の養育者だったのではないか。時あたかも、この年、皇子は二十歳になった。それを記念するかのごとく難波連の賜姓に与《あずか》ったのである。さらに、翌二月二五日に(a)の律令編纂の詔が発せられ、その日に(b)の草壁皇子の立太子が実現する。「万機を摂《ふさねをさ》めしめたまふ」とある。将来の即位が約束されたことになる。難波連大形もまた不比等の側近としての活躍がはじまることになったのである。

このように見てくると、淀川をはさんで北岸の摂津の三島に継体大王家や中臣氏、それに先に藤原不比等の母方として紹介した車持公（君）も、そして、南岸の河内北部には讃良馬飼・鸕野馬飼を含む巨大な河内馬飼集団や外交に活躍した草香部吉士らがいたのである。彼らが、少なくとも継体朝成立以来の長い交友関係にあったことも想像にかたくあるまい。不比等も持統・草壁母子もその養育者たちも、そういう人間関係のなかにいたのである。不比等は、こういう人脈を利用して持統・草壁母子をしっかりと掌握していたのであろう。決して、おそるおそる持統にとり入って側近となったのではなかったのである。

　難波大形についてもう少し述べておくと、天武十年三月十七日に、(c)の歴史書編纂の詔が出されると、大形はその編纂メンバーのひとりとなった。渡来人の代表という意味もあったのではないか。実質上『日本書紀』の編纂であったが、大形は、そこで縦横無尽に活躍したようである。確認できるのは、主に、彼の先祖が活躍するさまざまな記事を捏造したことであった。

　たとえば、都怒我阿羅斯等《つぬがあらしと》や浦嶋子の伝説、安康による大草香《おほくさか》皇子殺害、雄略による市辺押磐《いちのべのおしは》皇子の殺害とそれに続くオケ（億計）・ヲケ（弘計）の逃走劇、滅亡した任那《みまな》に代わって新羅が調を納めたという任那の調などさまざまである。しかも、これらはすべて事実ではなく作り話である。その全部または一部に、つまり大部分に難波連大形が関与したのである。また、物部守屋と蘇我馬子の戦争に際し、厩戸《うまやと》皇子が四天王寺の建立を発願したとされているが、その四天王寺は難波津にあった草香部吉士の氏寺で、厩戸皇子とは無関係のものであった。それより傑作なのは、欽明紀や敏達紀には、崇仏・排仏の争いのなかで、排仏派が、飛鳥で奪った仏像を遠い難波堀江まで捨てに行くという話がある。途中の溝にでも捨てればよさそうなものである。いうまでもなく、難波堀江が草香部吉士の本拠地だったから作られた話であろう。ただ、これらの話は複合的で、ほかの編纂メンバーとのかかわりもあり、どこまでが大形の創作かは厳密には特定できない。しかし、不比等の側近としての手腕というか、傍若無人の活躍ぶりは鮮やかというか目に余るものであった（中村、一九六二）。

忌部首子首

賜姓というのは、姓《せい》という制度が成立していなければありえない。では、いつ、姓という制度が成立したのだろうか。国家秩序が完成に近づいてくると、徴税のためには戸籍の作成が必須であり、官僚制が整備されれば官人たちの署名が必要になる。こういう場合、姓は絶対に必要である。

今日の研究では、古代の姓は「ウジナ（氏名）＋カバネ（姓）」のことである。たとえば、大伴宿禰家持なら、大伴がウジナ、宿禰がカバネである。それが、原則として死ぬまで変わらず、代々父系で継承されるようになった場合、姓の成立と考えられている（加藤、一九七二）。その画期としては、「ウジナ」のほうは六七〇年の庚午年籍を基準とするというのが定説である。庚午年籍は全国的な造籍だったのだから、少なくとも一般庶民の姓はここで成立したと考えてよいであろう。ただし、中央の貴族たちの場合は、「カバネ」の問題があり、ちょっと複雑であった。渡来人を含め、古くからさまざまな「カバネ」が使われていたが、これらが整理され、画一化されたのが天武十三年（六八四）に制定された八色の姓である。これにより、中央貴族のカバネは、真人・朝臣・宿禰・忌寸《いみき》の四つに限定されることになった。だから、姓という制度は、六七〇年の庚午年籍と六八四年の八色の姓の二つを画期として成立したと考えてよい。正確にいえば、庚午年籍でウジナ部分が、八色の姓でカバネ部分が成立したということになる。

では、それ以前はどのように名乗っていたかであるが、基本的には住んでいる地名か職業名を名乗ることになっていた。たとえば、有名な、蘇我倉山田石川麻呂臣という人物の場合であるが、蘇我・山田・石川は地名、倉は職名、臣がカバネであった。固有名は麻呂だけである。このようにして人名を特定したのであるが、わかる範囲内で省略することも可能で、石川麻呂だけですますこともあった。つまり、その都度、必要に応じて名乗っていたのである。しかし、八色の姓以後となると、蘇我氏は石川朝臣、物部氏は石上《いそのかみ》朝臣、大伴氏は大伴宿禰というように固定されるようになり、姓《せい》が成立したのである。

ただ、八色の姓に先行して、準備段階というか先駆的に姓が作られつつあった。そういう姓の成立過程で、先の難波連大形は二番目であった。そして、第一番目がこの忌部首子首（首とも子首とも書くこともある。訓みはすべて〝こびと〟）であった。

天武九年（六八〇）の元旦の朝賀があり、この年は八日に宮中で宴会があった。その場で、忌部首子首が連の姓を賜ったのである。この場合、厳密には賜姓の前の忌部首の忌部は職名、首はカバネで、賜姓された忌部連は全体として姓《せい》である。これ以後、諸氏族に、しばしば連姓の賜姓が繰り返され、八色の姓によって先の四姓に全面的に改姓され、姓が確定するのである。

ところで、『日本書紀』によると、子首の賜姓の際、弟の色弗《しこぶち》（色夫知とも書く）も喜んだという。なぜであろうか。

元来、忌部は、中臣とならんで祭祀担当の氏族とされているが、両者とも霊媒師と呼ぶべきものであった。忌部は祈禱によって神霊を招き、中臣は卜占によって神意を占ったのである。

ただ、この二つの霊媒師集団は、仕える相手が異なっていた。中臣は、先に述べたとおり近江国伊香郡の出身で、継体王家やのちの息長《おきなが》氏ら近江系の王家に仕えたのである。五世紀の中葉には、難波堀江の掘削、茨田堤の造築などによって淀川下流域が開発されたが、その時代に摂津国の三島の地に進出したと思われる。本拠とした島上郡児屋郷の郷名が天児屋命の名の由来であり、継体陵とされる今城塚古墳もここに築造されたことは先に述べたとおりである。参考までに、息長氏中心の系図を次に示しておく。息長氏とは、欽明の子の敏達と息長広媛《ひろひめ》との間に産まれた押坂彦人大兄王《おしさかのひこひとのおほえ》の子孫で、

系図2　蘇我氏・息長氏関係系図

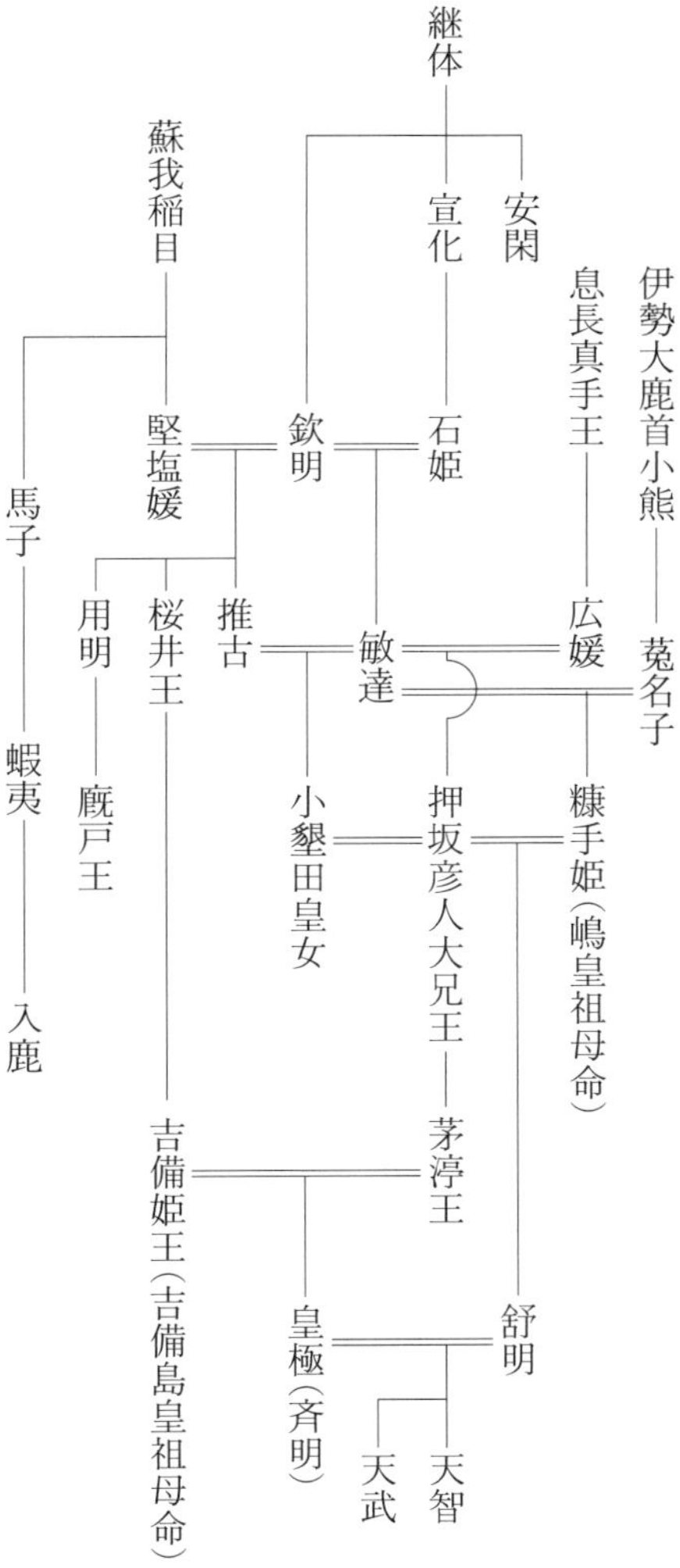

六四五年の乙巳の変後の王家である。

　これに対し、忌部の本拠地は大和国高市郡忌部町、畝傍山の西北麓付近である。この地に式内社の太玉命《ふとたまのみこと》神社がある。さらにその西北一帯が曾我町で、もちろん蘇我氏の本拠地であった。ここに宗《そ》我坐宗《がにますそ》我《が》都《つ》比《ひ》古《こ》神社がある。だから、忌部は、巨大な蘇我氏の勢力圏に包まれていたことになる。

　問題は、その蘇我氏である。一般には、葛城系の臣系豪族とされているが、六世紀初頭に継体新王朝が成立する時には、渡来人たちと結んで協力し、さらに、積極的に継体を摂津三島から大和盆地の磐余に導いた功労者であったと思われる。そして、遅くも六世紀末に蘇我馬子が登場した時には、すでに政治の実権を掌握し、大王となっていたと思われる。蘇我王家あるいは蘇我王朝である。この段階で、本拠地を曾我町から畝傍山を越えた飛鳥に移したことは今日に残る遺跡が証明している。ただ、この私の蘇我王朝という理解には、いささか意外な感をもつ人も多いのではないかと思うが、すでに、『隋書』倭国伝や飛鳥の考古遺跡などを根拠に論じたことがある（大山、二〇〇九）。

　忌部に話を戻すが、彼らは蘇我王家に仕える霊媒師だった。しかし、蘇我王家は六四五年の乙巳の変で入鹿が暗殺され、さらに壬申の乱により最終的に権力を失ってしまう。その結果、忌部は主人を失ったことになる。これに対し、乙巳の変ののち、王権は息長氏に移り、中臣氏は権力の中枢に位置することになった。そして、天武朝に、藤原不比等が登場したのである。

　その不比等が構想した政治秩序が先に見た天皇制であったが、その思想的スケールはこれ以前の単純な王権とは異なるものであった。不比等は、永久不変の国家像の創出を考えていたのである。

　それまでの東アジアの百年間は、隋唐帝国の出現による激動の時代であった。その間に、朝鮮半島では百済と高句麗《こうくり》が相次いで滅亡した。日本でも、クーデターが繰り返され、王権は不安定であった。さらに、せっかく実現した息長氏の王権は、白村江で大敗し、壬申の乱以後は、政治は停滞していた。こういう時代を乗り越え、安定した理想的な政権の建設を考えたのであろう。衆知を結集し、王権をめぐる対立がない安定した政権、そういうものを構築せねばならないと考えたのであろう。

そのためには、さまざまな価値観を吸収する必要があった。その際、かつて偉大な蘇我王権を支えた忌部の存在は無視できない。そこで、不比等は忌部一族に手をさしのべたのであろう。それが、天武九年の子首に対する賜姓だったと思われる。こうして、忌部もまた新しい天皇制という秩序の創出に参加することになった。蘇我氏の没落後、失業状態にあった忌部にとってはこの上なくめでたいことであった。だからこそ、弟の色弗ともども喜んだのである。

以後、忌部子首、色弗は不比等の側近ないし協力者となった。そして、彼らもまた縦横無尽の活躍をすることになる。蘇我王朝時代の人脈を生かし、蘇我王権のイデオロギーという遺産をもって歴史書の編纂に参加したのである。歴史書の編纂のうち、具体的には神話部分、しかも出雲神話の構想であった。そういうと唐突かもしれないが、実は、天皇の神格化を目的とする記紀神話にあって出雲神話の特異性は明らかである。その理由こそ、出雲神話が蘇我王権と忌部の神話だったからである。もちろん、出雲大社の創設もその一部である。

ともかく、八色の姓に先行する律令的な姓は、この忌部首子首と難波連大形の二人からはじまる。不比等にとって、この二人は特別な存在だったのである。こういう、天皇制の実現を遠く見据えた不比等の〝根回し〟の確かさ周到さ、それは、彼らの活躍によって証明されている。

第Ⅱ部　記紀神話の解明

第3章　記紀神話の構造と問題点

天皇制の唯一の根拠

政治権力をもたない天皇が権力秩序の中心にいる。そういう不思議な政治システムが天皇制である。それが現実に機能するか否かは、天皇を神格化する記紀神話の出来具合にかかっていたといってよい。そこで、その記紀神話とはどのようなものか、いつ、誰が作ったのかが問題となる。

わかっているのは、天皇制の形成が天武十年（六八一）にはじまること。『古事記』は七一二年に、『日本書紀』は七二〇年に完成するから、神話はその間に成立したことになる。もちろん、神話を構成する個々のエピソードのなかには古くから伝えられた昔話のようなものもあったであろうし、また、中国・朝鮮からもたらされた文献を利用したものも少なくなかったであろう。しかし、天皇制という政治制度はほかに見られない不可思議な権力秩序である。とすれば、記紀の神話のストーリーは、この時期に日本で独自に構想されたものと考えねばならない。

では、誰がどのようにして作ったのかであるが、藤原不比等が中心というのは自明として、それ以外は簡単ではない。そこで、まず、記紀神話の内容を一覧にして、全体の論理構造を確認するところからはじめることにする。その上で、記紀神話全体にわたる問題を考えてみたいと思う。

神話の内容と記紀の相違

記紀神話といっても、実は、『古事記』と『日本書紀』とでは相当の違いがある。そこで、全体像がわかる『古事記』を基準にして、内容を整理したのが次の表1である。『日本書紀』については、本文と異説にあたる「一書《あるふみ》」とに分け、各段を漢数字、「一書」の順を算用数字で示し、それぞれ『古事記』と内容が一致する場合は○、内容は対応しているが不完全であったり部分的に異なっていたりする場合は△、一致するものがない場合は×で示した。

見られるとおり、物語のストーリーは複雑である。登場する神々がつぎつぎに入れ替わる大胆な場面設定の連続。主人公ばかりか脇役もみな個性豊かな英雄である。どの場面も波瀾万丈にしてスリルとユーモア、それでいてペーソスが漂う。思わず、神話の目的を見失いがちであるが、それでいて、全体の筋道は理路整然、計算どおりに天皇の神格化に向かっている。相当な腕前である。

特に『古事記』の場合、これは演劇を意識しているようだ。文学としても完成している。これに対し、『日本書紀』のほうは、異説を示す一書がいくつも列挙されているのは、多くの編者が関与したまま統一されていない状況を示している。「一書」のほとんどが不完全で未成熟であるし、本文でさえ天皇制の正当化という政治目的の段階にとどまっており、これを文学にまで昇華できていない。まだ素材を議論している段階だったといえる。

このように見てくると、『古事記』と『日本書紀』との関係も見えてくる。『古事記』が、内容的に

Ⅶ　天孫降臨			
1．ニニギの誕生と降臨 2．クジフルタケへ降臨 3．サルタビコと猿女君	○ × ×	○ ○（九－1） △（九－1）	
Ⅷ　地上の天つ神			
1．コノハナノサクヤビメとニニギの結婚 2．コノハナノサクヤビメの火中出産 3．ウミサチとヤマサチ 4．ホヲリ（ウミサチ）の海神の宮訪問 5．トヨタマビメとの結婚 6．ホデリ（ヤマサチ）の服従 7．トヨタマビメの出産 8．ウガヤフキアヘズとタマヨリビメとの結婚	○ ○ ○ ○ ○ ○ ○ △	○ ○（九－5） ○ ○ ○ ○ ○（十－3） ○	本文はカシツヒメ。 神武紀に神武の両親として見える。

『日本書紀』のすべてを包括し、さらに、多くの場面を用意し、演劇として完成されたものとなったのは、『日本書紀』の編纂過程を熟知した上で、その政治性を超えたより広い視野からストーリーを再構成したからと思われる。『古事記』の編者を太安万侶《おおのやすまろ》としてよければ、彼は、藤原不比等が主導する『日本書紀』の編纂に参加しつつも、その一方で、不比等らに違和感をもち、『日本書紀』に対抗する独自の文学的構想を練っていたのであろう。つまりは、天皇制の形成のための歴史書の編纂は、公的な国家事業としては、不比等主導の『日本書紀』の編纂事業がそれであったが、太安万侶の『古事記』は、そこから派生した副産物だったということになる。そこには、不比等とはよほど色合いを異にする政治的立場と文学的趣味があったようであるが、これについては必要に応じて順次述べることにして、まずは、全体の論理構成を確認しておくことにしよう。

神話の論理

先に、神話の内容は複雑だが全体の筋道は理路整然としていると述べたが、そのことは記紀ともに共通している。その論理構成は演劇にたとえれば三幕物である。

表1　記紀神話の構成

古事記	日本書紀		
	本文	一書（段－数）	備考
Ⅰ　初発の神々	○	○	紀に、冒頭の高天原・天御中主・タカミムスヒなどはなし。
Ⅱ　イザナキとイザナミ			
1．オノゴロ島	○	○	
2．キ・ミの国生み・神生み	○	○	
3．イザナミの死とイザナキの黄泉の国訪問	×	○（五－6）	
4．イザナキのみそぎと三貴子の誕生	△	○（五－6）	
5．三貴子の分治	○	○（五－6）	本文は、キ・ミの結婚による。
Ⅲ　誓約（うけい）と天の岩戸隠れ			
1．スサノヲの昇天	○	○	
2．天の安の河の誓約（うけい）	○	○	
3．スサノヲの勝ちさびと乱暴	○	○（七－2）	
4．アマテラスの天の岩戸隠れ	△	○	
Ⅳ　スサノヲのヲロチ退治			
1．スサノヲが高天原を追放され出雲へ	○	○	スサノヲの子のイタケルが新羅経由で紀伊へ。
2．オホゲツヒメ殺害と五穀の起源	×	△（五－11）	ツクヨミによるウケモチノカミ殺害と五穀の起源。
3．ヲロチ退治	○	○	
4．須賀の宮とクシイナダヒメとの結婚	○	△	
5．スサノヲの子孫	×	△（八－6）	
Ⅴ　大国主の物語			
1．八十神のヤカミヒメ求婚	×	×	↑
2．オホナムチと稲羽のシロウサギ	×	×	
3．八十神の迫害とオホナムチの木の国訪問	×	×	
4．オホナムチの根の堅州国訪問とスセリビメ	×	×	この間の神話は、『書紀』の本文には見えない。
5．大国主となり、国作り完成	×	×	
6．ヤチホコのヌナカハヒメ求婚	×	×	
7．スセリビメの嫉妬	×	×	
8．大国主の子孫	×	×	
9．スクナビコナと御諸山の神の協力	×	○（八－6）	オホナムチとスクナヒコナ。三諸山の神の協力。
10．オホトシ（大年神）の子孫	×	×	↓
Ⅵ　大国主の国譲り			
1．アマテラスのことむけ宣言	△	×	本文は、アマテラスではなくタカミムスヒ。
2．アメノホヒの派遣	○	×	
3．アメノワカヒコの派遣と死	○	○（九－1）	
4．アヂスキタカヒコネの怒り	○	○（九－1）	
5．タケミカヅチの派遣	△	△	本文は、フツヌシとタケミカヅチ。
6．コトシロヌシの服従	△	×	
7．タケミナカタの服従	×	×	
8．大国主の国譲り	△	△（九－2）	本文の描写は簡略。一書に日隅宮。

第一幕は、イザナキ・イザナミの国生み・神生みである。最初に国土としての島々を生み、続いて海、山、河、風、木の神などの自然を生む。これらすべてで日本の国土が誕生したことになる。これがのちに葦原中国《あしはらなかつくに》と呼ばれる。続いて、国生み・神生みの最後にアマテラスとスサノヲが生まれ、さらに、この二神の誓約《うけい》や天の岩戸隠れ、そしてスサノヲの高天原追放へとダイナミックに進むが、これにより記紀神話の枠組みが紹介されているのである。

第二幕は、その葦原中国の支配者としてスサノヲとその子の大国主《オホクニヌシ》が登場する。その波瀾に満ちた物語である。大国主は『古事記』以外ではオホナムチと呼ばれており、こちらが本来の神名である。葦原中国が日本の国土を意味するから、大国主は日本の国土の王、すなわち大王だったことになる。事実、『出雲国風土記』では「天の下造りまし し大神大穴持命《おほなもちのみこと》（所造天下大神大穴持命）」と称されている。

そして第三幕では、アマテラスが大国主から葦原中国を奪う国譲り神話を経てニニギの天孫降臨となる。やがて、その子孫が大和を目指しついに即位する。これが神武で、ここに万世一系の皇室が誕生する。なお、はじめの国譲り神話は、第二幕と第三幕の幕間劇のようなものにも見えるが、天孫降臨を正当化するものとしてイデオロギー上不可欠の要素といえる。国譲り神話と天孫降臨神話とは一体の関係にある。

このように見てくると、神話の論理はきわめて単純であったことがわかる。イザナキ・イザナミが生んだ葦原中国の支配をめぐってスサノヲの子孫とアマテラスの子孫が争う物語だったのである。単純化すると〝大国主からニニギへ〟ということになるが、これは明らかに王朝交代の物語である。その場合、万世一系という理念との関係はどうなるのだろうか。

王朝交代の神話

われわれ日本人は、長い間、フィクションかもしれないが、日本の国土の唯一の支配者は皇室であると考えてきたのではないか。縄文・弥生の時代はわからないが、古墳時代以後はいつも天皇が君臨していたと考えてきた。事実、巨大古墳のほとんどが天皇陵に比定されているではないか。すべて、記紀の天皇系譜に呪縛されているのである。もちろん学問的には疑問として、今日では地名などに基づいて別の呼称を使うようになってはいるが、まだ、通念としては根強く残っている。

けれども、記紀の神話を正確に読むと、そういう理解は間違いだったことがわかる。皇室の支配は天孫降臨神話からであって、厳密には国譲り神話までは、葦原中国は大国主の支配下にあったからである。大国主の王朝があったのである。とすると、やはり、国譲りから天孫降臨へという神話は王朝交代を意味していることになる。

これに対し、神話の世界はフィクションで歴史的事実とは関係ないという理解もあるかもしれない。しかし、記紀神話は、藤原不比等が構想した天皇制を正当化するためのものである。その天皇制は天武十年の草壁立太子を起点として成立する。記紀の天孫降臨神話は、現実に、草壁直系の軽皇子と首皇子をモデルとして構想されたものである（大山、二〇〇九）。とすれば、その天孫降臨神話の前提となった国譲り神話にも歴史的根拠がなければなるまい。しかもそれは、草壁王家成立の前提となった事件であり、王朝交代と称しうるようなもののはずである。

このように考えてくると、誰しも六四五年の乙巳の変を想起するのではあるまいか。権勢を誇っていた蘇我入鹿を中臣鎌足や中大兄らが暗殺し、新たな政権を樹立したという事件である。確かに、蘇我氏から中大兄らの息長王家に権力が移っている。その後に大化改新がはじまり、教科書的には明治維新とならぶ大事件とされている。では、これは王朝交代だったのだろうか。実際に、蘇我氏の王朝があったのだろうか。

これについて、私は、『隋書』倭国伝や飛鳥の考古学の遺跡から判断して、推古・厩戸王（聖徳太子）が天皇・皇太子だったというのは事実ではなく、七世紀初頭の本当の大王は蘇我馬子であったこと、そして、馬子の王位は蝦夷、入鹿へと継承されたのではないかと考えている。

今日、〈聖徳太子〉がいなかったというのは、すでに常識として再論する必要はないであろう。具体的な根拠をあげた反論は皆無だからである。〈聖徳太子〉がいなければ、これに万機を託した推古という天皇も虚妄であろう。その後の『日本書紀』の記述を見ると、舒明・皇極が即位したとされているが、実は、推古の遺詔をめぐる山背《やましろ》大兄王と田村皇子（舒明）の争い、蘇我入鹿の横暴による山背大兄王の滅亡、中臣鎌足の不自然な尊皇思想の強調と例の蹴鞠の場での中大兄との出会い、そして鎌足らが入鹿を暗殺した乙巳の変といった場面が異様に長く説話的に描かれている。いずれも仏典や漢籍を駆使した作文にすぎず、真実はほとんど見えない。推古の遺詔などというのも明らかに中国史の模倣である。これに対して、目立つのは蘇我蝦夷と入鹿の権勢の様子で、イデオロギー上の理由から大王とはされていないが、その部分は実録的な記事が多く、実質的に大王として描かれている。とすれば、蘇我王家の実在を考えてもよいのではないか。乙巳の変は蘇我王家から息長王家への王朝交代だったのではないか。

このように考えてくれば、事態は明白と思う。乙巳の変の中臣鎌足は国譲り神話のタケミカヅチと酷似している。何しろ、どちらも刃物を用いている。しかも、タケミカヅチはのちに常陸の鹿島神社の祭神となり、さらに神護景雲二年（七六八）には下総の香取神社に祭られていたイハヒヌシ（フツヌシ）、枚岡神社のアメノコヤネとヒメカミとともに奈良の春日神社に祭られることになるが、これこそが藤原氏の氏神の成立なのである。ただし、この神護景雲二年という年代には疑問があり（義江、一九八五）、鎌足の人物像も、『日本書紀』の編纂過程で作られたものが多く必ずしも史実とはいえない。しかしそれにしても、神話の論理としては、鎌足の乙巳の変が国譲り神話に、さらに、不比等による草壁直系の擁立が天孫降臨神話に投影されていることは確かなのではなかろうか。

上山春平氏の神祇革命

とはいえ、以上は、ある意味で常識に属する。誰でも、一度は考える説である。しかし、神話をストレートに史実の投影とするのは問題があるので、あまり声高にはいわないだけである。そういうなかで積極的にこの理解を発展させたのが上山春平氏である。私が、もっとも多く影響を受けた説なので、ここで簡単に紹介して、あわせて私見も述べておくことにしたい。ただ、上山氏の見解は複雑かつ多岐にわたるので、ここでは、本書に直接かかわる部分を中心に紹介することにする。

その前に、混乱を避けるために記しておくと、先の王朝交代説は現在の私の説で、当時の上山氏は記紀の記述どおりに皇室を一系の王家と考えていたようである。

そこで、ついでなので、王朝交代についての私見を簡単に述べておくと、大和王権は、五世紀までは三輪山山麓の纏向《まきむく》からはじまった王家の延長上にあったと考える。この間にも王朝の交代があった可能性はあるが、いまの私には判断できない。その後、六世紀初頭に近江出身の継体新王朝が成立するが、これは大和の葛城地方出身の蘇我氏の協力によるものであった。さらに、六世紀後半に王権は蘇我氏に移り、六四五年の乙巳の変により再び近江出身の息長王家が成立するというものである。つまり、日本古代の王家は、纏向王家、継体王家、蘇我王家、息長王家の順で推移したということになる。なお、私見では、この最後の息長王家のなかから草壁直系の王家が成立することになる。これを王朝交代と呼ぶ必要はないにしろ、これこそが天皇制の成立という本書のメーンテーマである。以上は、本書における神話の解釈とも密接な関係があるので、ここで確認しておいた次第である。

以下、上山説の紹介と検討に移る。

第一に、基本的な時代認識として、日本の古代国家の成立を、中臣鎌足が主導した大化改新にはじまり、藤原不比等が大宝令・平城京・『日本書紀』により完成させたものとする。上山氏は、この改革を「氏姓制原理から律令制原理への転換」ととらえている。これは、蘇我氏のような有力氏族が蟠踞した時代から天皇中心の律令国家への転換ということであり、その転換の立役者を鎌足と不比等とするのも、これ自体は、通説というか教科書的な理解と変わらない。

第二に、その律令国家における天皇という存在であるが、中国の皇帝とはまったく異なる存在である。中国の皇帝の権力は絶対であるが、徳を失えば天命が革《あらた》まりその地位を追われる。これが革命である。それに対し、日本の天皇は、神話により現人神《あらひとがみ》になりその地位は不変であり、万世一系で子孫に継承される。ただし、実際には権力はなく、事実上、太政官が代行するシステムであった。そして、天皇の外戚となることによって太政官を掌握したのが藤原不比等である。こういう天皇を利用して藤原氏が権力を掌握するシステムが天皇制である。この理解も、天皇の権力に若干の異論があるかもしれないが、一つの理解としては常識化しているといってよいと思う。もちろん、私見とも変わらない。

そして、第三に、藤原不比等が、天皇を神格化するために歴史書の編纂、とりわけ記紀神話を構想するが、そこにおいて、大胆な神々の再編が行われたとする。上山氏はこれを〝神祇革命〟と称しているが、その中身は注目すべきものである。以下、簡単に紹介する。

上山氏は、神話のなかの神々を高天原系と根の国系に分類する。前者は、高天原に由来するアマテラス・ニニギなどの神々、要するに天皇家の神々である。後者は、根の国にゆかりのあるスサノヲ・大国主などの神々、いわば敗れた旧豪族の神々である。先の政治改革としての「氏姓制原理から律令制原理への転換」は、神話の世界では「高天原系の神々による根の国系の神々の克服」ということになる。その転換の画期は、現実の政治の場では鎌足の活躍した乙巳の変、神話のストーリーのなかではタケミカヅチが活躍した大国主の国譲りである。そうなると、タケミカヅチは鎌足の投影、大国主は敗北した蘇我氏ら旧豪族を指していることになる。そして、藤原不比等による草壁直系王家の擁立過程が天孫降臨神話となり、これにより天皇制が成立したというわけである。ここまでは、私見とほとんど同じで、少なくとも私自身は十分リーズナブルと感じている。

問題はここからである。上山氏によれば、不比等の神祇革命のなかで、没落した旧豪族たちが祭る神々は大和から根の国である出雲に追放され、大国主の名にまとめられて祭られたという。葛城のアヂスキタカヒコネや事代主などの神々は大国主の御子神とされ、オホナムチも大国主の別名とされたという。この場合、大国主という呼称は『古事記』特有のもので、本来はオホナムチとすべきであるが、これ以外は一つの考え方として十分説得的といえる。

ただ、問題は皇室である。新しく、高天原の権威を背景に最高神としてのアマテラスが創造されるが、その前に、上山氏は記紀に従って皇室を万世一系としているから、実は、皇室も本来は大和の古い豪族だったことになる。そして、その古い皇室が祭っていたのが三輪山の神で、これが大物主であるという。アマテラスが誕生すれば、もはや大物主は皇室とは無縁となる。だから、ほかの神々と一緒に出雲に追放される。『出雲国造神賀詞』では、大物主はオホナムチの分身とされている。

では、アマテラスが大和に祭られるかというと、それも違う。天皇は、本当の権力者ではなかったからである。真の実力者は藤原不比等であった。不比等は、『日本書紀』の本文の天孫降臨神話ではタカミムスヒの名で登場し、皇祖としてニニギを降臨させる責任者とされる。これは、文武が亡くなったため、遺児の首皇子（のちの聖武）の即位を準備し、その過程が神話化され『日本書紀』の本文となったためである。首は不比等の娘の宮子が産んでいるから、不比等が皇祖と称されたのである。皇祖はアマテラスではなくなったのである。そこで、不比等は、アマテラスも大和から遠ざけ、伊勢に遷すことにする。垂仁紀では、アマテラスは倭姫に先導されて各地を遍歴しながら伊勢にたどり着いている。

この結果、大和は神々の空白の地となってしまうことになる。このような神祇革命の構想が進行し、大宝令も完成し、不比等の権勢は頂点に近づきつつあった、ちょうどその頃、七〇七年に文武が亡くなったのを契機に、不比等は平城京の造営に着手し、七一〇年に遷都する。そして、その新しい都のまぢかの春日の地に、あの鎌足ゆかりのタケミカヅチを鹿島から招いたのである。これが、事実上の春日神社の成立であり、神祇革命の完成ということになる。これにより、藤原氏が平城京の真の支配者として君臨することになる。以上が上山氏の神祇革命説である。念のため、次に、上山氏の文章を引用しておく。

> 私（上山）は、「神祇革命」にともなう祭祀施設の再編成として、皇室ゆかりの三輪山の神を伊勢に移してアマテラスとよび、出雲の杵築《きづき》の地にオホクニヌシとよばれる新たな神をまつって、これを大和の名族たちにゆかりの神々の祖神とみなし、こうして名族の神々の本拠を東西の遠隔の地に移した後に、律令国家のセンターである平城京まぢかの春日の地に藤原氏ゆかりの神々をのりこませる、といった大規模な配置転換を想定せざるをえない。（『天皇制の深層』一三〇頁）

何とも明快かつ大胆な説である。もし、このような考え方が正しいとすれば、鎌足・不比等二代にわたる政治的・思想的構想力、それを実現した政治力は比類のないものということになろう。特に、この不比等の〝神祇革命〟説は、天皇制に対する藤原氏の姿勢を単刀直入に示したものとして特筆すべきである。では、この上山説をどう評価すればよいのだろうか。

考えてみると、上山氏は哲学者であって歴史学者ではない。だから、実証史学の立場からは多々問題があるのは当然であろう。しかし、その哲学は、天皇制の本質を鋭く見抜いている。問題は、実証的な誤りを差し引いてもなお、優れた天皇制論が生き残ることができるかどうかである。今日、歴史学者の多くは否定的であるか、あるいは関心をもっていないように見えるが、私自身は大いに可能と考えている。以下、具体的に考えてみよう。

皇室の祭る神

最初に、先に問題があるとした皇室の神について述べておく。上山氏は、皇室が氏族制のもとでの一豪族として祭ってきたのは三輪山の神であったが、新しく公的な国家最高神として生まれたのがアマテラスである。そのどちらも、不比等の神祇革命により大和を追われ、三輪山の神は大物主と呼ばれ出雲のオホナムチの分身とされ、アマテラスも伊勢に移されたとしている。

しかし、時代が変わったからといって、皇室の古来の神が簡単にほかの豪族たちの神と一緒に追放されたとしてよいのだろうか。同じ皇室の神なら、やはりアマテラスの一族ないし分身としての扱いがなされるはずではなかろうか。ここはやはり、皇室を万世一系と考えるのではなく、三輪山の神を祭っていた古い時代の王家と、不比等が擁立する息長王家とは別と考えるべきである。不比等が考えていた皇室とは、乙巳の変で成立した息長王家のうち、さらに草壁系に限定したものだったのであり、三輪山の神が皇室の神という認識はなかったはずである。だからこそ大物主はオホナムチの分身とされて出雲に追放されたのである。

問題はタケミカヅチと春日神社

そこで、上山氏の神祇革命説の当否であるが、結果だけを見れば妥当な理解といってよい。大和の名族の祭る神が出雲に追放され、皇室の祖神となったアマテラスが伊勢に遠ざけられ、平城京まぢかの春日の地にタケミカヅチを祭る春日神社が成立する。古代を通じて権力を握りつづけたのは春日神社を祭る藤原氏だった。上山氏が正しいというより、上山氏はこういう事実から立論しているのである。

では、何が問題かというと、その神祇革命を成し遂げたのが〝藤原不比等〟だという点である。不比等は、養老四年（七二〇）に亡くなっているから、その頃までに実現したというのである。上山氏によれば、藤原不比等は、中国の政治秩序を参考にしながら、日本独自の天皇制国家を実現した人物である。それを象徴するのが律令（『大宝律令』）、都城（平城京）、正史（『日本書紀』）という三つのモニュメントであった。彼は、そのすべてを生前に実現している。しかし、その天皇制国家の正体は複雑で必ずしも簡単なものではなかった。ところが、これを裏から見れば不比等の本音が見えてくる。それが〝神祇革命〟だったというのである。

〝神祇革命〟説のうち、伊勢神宮と出雲大社の成立が藤原不比等とそのグループによってなされたことについては、私自身は妥当と考えている。二つの神社とも、その創建については諸説あり、また、上山説も推測による部分が多く必ずしも明快ではないのだが、記紀の編纂のなかで生まれた神話のビジュアル化として成立したものとしてよいと思う。

とすると、問題はやはり、不比等が鎌足ゆかりのタケミカヅチを鹿島から招き春日の地に祭ったということの当否である。上山氏の神祇革命説の眼目でありながら、どうも、この点に関しては、ほとんど説得力がなさそうなのである。

論点は次の二つに絞られる。第一は、鹿島神とは何か、である。具体的には、鹿島神と中臣鎌足、藤原氏、タケミカヅチとの関係である。第二は、春日社の成立はいつか、また、それはどのような事情によるものかということである。

ともに、困難な論点であるが、上山説の当否に注目しつつ考えてみよう。

鎌足とタケミカヅチと鹿島神社

まず、鎌足とタケミカヅチと鹿島神社はいつから結びついたのであろうか。

鹿島神社の創建を伝えるのは『常陸国風土記』である。それによれば、孝徳朝の己酉年（大化五・六四九）に、大乙上中臣□子と大乙下中臣部兎子らが、惣領高向《たかむこ》大夫に申請して、下総国海上《うなかみ》郡の一里と常陸国那賀《なか》郡の五里を割いて神郡をおいたこと。さらに、「天之大神社」と「坂戸社」と「沼尾社」とを合わせて「香島天之大神」と称したと記されている。これによれば、確かに中臣および中臣部姓の人物によって鹿島郡が設置され、鹿島大神も創祀されたと考えてよさそうである。その上で、上山氏は次のように述べる。

> もしかすると鎌足が、鹿島大神の創始に関与した鹿島周辺の中臣氏に縁があって、かねてから鹿島神をその身辺で祀っており、鎌足の死後に不比等によって引きつづき祭られていたのを、平城遷都の後に春日野の奥に奉祀することになったのかもしれない。そして他方、平城遷都のころ

に仕上げの段階に入っていた『古事記』のなかに、鹿島大神タケミカヅチの活躍ぶりが書きこまれることになったのかもしれない。

（『続・神々の体系』三〇頁）

さらに、右の文中のタケミカヅチの部分に注記して次のようにも述べている。

鹿島大神とタケミカヅチの結合がいつごろまでさかのぼるのかということを文献資料の上で明らかにすることはむずかしいが、おそらく鹿島大神が祭られたときには、タケミカヅチが主神もしくは祭神の一つとされていたにちがいないと私は考える。

つまり、乙巳の変における中臣鎌足の姿が投影されたタケミカヅチが、乙巳の変の直後に鹿島神社の祭神とされ、それを中央の鎌足が身近に祭り、鎌足の死後は不比等が引き継いでいたのを、平城遷都の時に春日野の奥に奉祀し、同じ頃進行中であった『古事記』に書き込んだというのである。

しかし、私自身、十分上山説を尊重しているつもりであるが、この部分には困惑せざるをえない。元来、記紀神話というのは、蘇我王権や乙巳の変、その後の政治過程を踏まえつつ、草壁直系王家の成立過程を神話におき換えたものである。アマテラスもスサノヲもタケミカヅチも、その物語のなかで誕生した神々であり、乙巳の変の直後には未だ存在していないのである。だから、そのタケミカヅチを鎌足や不比等が祭るはずはないのである。

結局、上山説は、国譲り神話のタケミカヅチに乙巳の変の鎌足の姿が投影されているという理解、のちの春日神社には鹿島のタケミカヅチなど四神が祭られたという事実を前提としつつ、それと不比等の神祇革命説とを強引に結びつけて成立したものといえそうである。それゆえ、文献史学の立場からは到底支持されることはなかったのである。

文献史学の立場

では、文献史学の立場からは、これらはどのように理解されているのだろうか。

ただその前に、神社というものに対する基本認識が必要である。というのは、堅固な瓦葺きの建物である寺院とは違い、神社は、もともとは、山や岩や樹木などを神の依代《よりしろ》とし、そこに臨時の斎場を設けて祭ったもので、何らの記録も痕跡も残さないのが普通であった。これは、中国と日本の文化水準の違いに基づくものである。だから、文献史学といいながら文献そのものに大きな制約があるのである。そのことを十分認識した上で、これまでの諸研究を紹介しつつ、あわせて私見も述べることにしたい。

第一に、鹿島神の前に、中臣鎌足と鹿島郡の中臣との関係が問題である。上山氏は、両者を有縁の関係と考えていたようであるが、立郡を申請した中臣□子と中臣部兎子らはカバネをもたず、基本的には中臣部という部民である。これに対して鎌足は厳密には中臣連であり、中臣部はその支配下の農民集団にすぎない。それゆえ、両者の間には同族関係も血縁関係もなかったということになる（中村、一九八七）。従来、中臣□子が「中臣鎌子（鎌足）」を連想させる思わせぶりの書き方だったため妙な憶測が生まれ、ついには『大鏡』の鎌足の鹿島出生説が生じたのであるが、厳密には中村説に従うべきである。ただし、では、鎌足と常陸の中臣部とがまったく無関係だったかというとそれも違うと思う。遠く離れた東国とはいえ、鹿島・香取は中臣氏にとって重要な地であったからである。これについては後述する。

第二に、鹿島神と藤原氏との関係が生じた時期であるが、史料から確認できる限りでは藤原宇合《うまかい》の時からである。宇合は、養老三年（七一九）に常陸守にして安房・上総・下総の三国を管する按察使《あぜち》に任用され、その間に『常陸国風土記』の編纂にも関与したことは、『懐風藻』と『常陸国風土記』との文章を詳細に比較した増尾伸一郎氏の研究により明らかとされている（増尾、一九九九）。さらに神亀元年（七二四）の四月には持節大将軍として蝦夷を征するため陸奥に派遣されたが、その時に鹿島神と香取神の分霊が征夷軍に帯同されたと考えられている。これらの事実により、鹿島神と香取神に最初に注目したのは宇合だったというわけである（中村、増尾前掲）。その場合、特に注目すべきは『常陸国風土記』で、そこでは香島大神は地方神ではなく、降臨する天孫を守り荒ぶる神たちを平定するために高天原から派遣された神とされている。つまり、鹿島神と天孫降臨神話とが融合しているのである。さらに『風土記』の文中では大中臣神聞勝命《おおなかとみかむききかつ》や中臣臣狭山命など中臣氏の遠祖が香島大神のために活躍しているのであるから、宇合により、鹿島神と藤原氏との関係が決定的な段階に入ったことは確かといってよい。加えて、蝦夷征討の経験から武神としての鹿島神と香取神への尊崇が深まり、宇合が両神を式家の神として春日に勧請したという中村氏の理解も十分可能であろう。

宇合の常陸赴任

ところで、このように文献史学の大勢は、明らかに鹿島神と藤原氏との最初の接点を藤原宇合に求めているのである。そうすると、中臣鎌足の段階はともかくとして、藤原不比等と鹿島神との関係を重視する上山氏の説は完全に否定されることになるが、はたしてそれでよいのだろうか。

確かに、史料を年代順にならべて、それぞれの意味を検討するという文献史学にあっては、史料がなければ事実もないのかもしれない。しかし、人間の歴史は偶然の積み重ねではない。夢や理想、謀略と策略、それに怨念、こういったものが錯綜する文字どおり有為転変のドラマである。そこで重要なのは、時代を貫く人間の意志である。そういう意志の固まりのような人物が藤原不比等であると上山氏も私も考えている。藤原宇合は、その不比等の三男である。

その藤原宇合という人物であるが、当時の藤原氏にあって内政・外交・軍事・文学のどの分野においても飛び抜けた才能の持ち主であった。霊亀二年（七一六）八月に多治比真人縣守を遣唐押使《おうし》とする一行の遣唐副使に任ぜられ、翌年十月に入唐、帰国はその翌年の養老二年（七一八）十二月である。その時、足かけ十七年の在唐を経た道慈も帰国している。実は、この道慈は、帰国後、不比等のもとで『日本書紀』の編纂に重要な役割をはたすことになるが、その根回しは在唐中の宇合によってなされていたのではなかろうか。

そして、宇合は、翌養老三年七月に安房・上総・下総の三国を管する按察使に任ぜられるが、その時にはすでに常陸守であった。ということは、唐から帰国後わずか数ヵ月足らずで常陸に派遣されていたことになる。『懐風藻』には、遣唐使、常陸守、蝦夷征討の持節大将軍、西海道節度使と東奔西走の身を嘆いた詩が残されているが、それも彼の豊かな才能ゆえの悲劇であった。

では、その宇合が常陸に派遣されたのはなぜなのであろうか。帰国してまもない宇合には、一族とともに奈良の都の生活を楽しむことが許されなかった。養老三年当時、宇合は二六歳であった。なぜ、文献史家はこれを問おうとしないのだろうか。まるで、偶然、常陸に赴任して鹿島・香取の二神を見いだしたかのごとく考えているようである。どんな人間でもさまざまに将来を考えるものであろう。その当時、日本の将来をもっとも深く考えていた人物こそ藤原不比等であった。考慮すべきは、そういう時の最高権力者が宇合を必要とし、常陸に派遣したという事実である。

実は、宇合が唐から帰国した養老二年の頃、藤原不比等を中心とする『日本書紀』の編纂事業は最終段階を迎えていた。仏教伝来とその後の崇仏・排仏騒動や聖徳太子伝説はどれも史実とは無縁の作り話であるが、『日本書紀』という書物のクライマックスをなしている。そういう物語が完成するのは道慈がもたらした『金光明最勝王経《こんこうみょうさいしょうおうきょう》』によってであった（吉田、二〇一二）。

しかし、不比等が構想する天皇制の実現にもっとも重要な役割を期待されていたのは神話であった。その神話の要となる天孫降臨神話は、不比等自らが手を入れてすでに完成している。また、神話のビジュアル化として伊勢にアマテラスを祭り、出雲にオホナムチ（大国主）を祭ることもすでに実現していた。その時点で残されていたのは何かといえば、不比等の父鎌足の投影として創作されたタケミカヅチという神のビジュアル化であった。タケミカヅチを鹿島に祭ること。それは、天皇制という政治システムを牛耳る藤原氏の思想的根拠の創出だったといってよい。そのためには、藤原一族のエースである宇合が必要であった。だからこそ、唐からの帰国を待っていたかのごとく常陸に派遣されたのである。その翌年の養老四年（七二〇）五月に『日本書紀』が完成し、その三ヵ月後の八月に不比等は亡くなっている。余命わずかの不比等の焦りが見えるようである。

鹿島神社

宇合の目的は間違いなく鹿島神であった。では鹿島神とは何かを考えてみよう。

まず、『常陸国風土記』による限り、鹿島神は本来の土地に根ざした神ではない。立郡の当初、「天之大神社」と「坂戸社」と「沼尾社」とを合わせて「香島天之大神」と称したと記されている。このうち、坂戸社と沼尾社は地元の神であろうが、天之大神社は中央政府から派遣された神であろう。ただし、「天之」の語はなかったであろう。天孫降臨神話が成立する以前だから、伊勢大神とか出雲大神のように鹿島大神と呼ばれただけであろう。しかし、地元の二つの神を土台にして新たに鹿島大神が成立したことは確かであろう。のちに、宇合が『風土記』編纂によりこれを高天原から降臨した神とすることになるが、はじめから中央政府が上から祭った神だったのである。

次に、その中央政府とは何を指すかであるが、立郡の事情からしても、地元の中臣部が関与したことは確かである。この場合、中臣部は単なる農民集団ではなく、中央の中臣氏の管轄下にあり、卜占に従事していたと考えてよいと思う。その理由であるが、下総の香取神とあわせて、この付近には中臣部と占部《うらべ》（卜部は、今日の関東地方以東では占部と称した）の集団がいたようである。では、中臣と占部の関係であるが、私見を簡略に述べれば次のごとくである。

中臣氏の元来の出身地は前述のごとく近江国伊香郡と思われる。いつから卜占を業としたかは不明であるが、鹿の肩胛骨を焼いて占ったのであろう。神意を占うとは、結局、神意を捏造して人びとに示すことである。そのためには神意に等しい洞察力を必要とする。特に、政治的・経済的に巨万の利益を生み出す航海には絶対必要である。幅広い知識と豊富な経験を踏まえつつ、各地に情報網を張りめぐらす配慮も必要である。近江の伊香郡は琵琶湖に面し南は淀川を経て瀬戸内海に通じる。北に山を越えれば日本海の良港の越前敦賀がある。近江は地理的に日本の中心にあったのである。その後、淀川下流の摂津の三島に拠点を移し、六世紀初頭には継体新王朝を成立させている。さらに、継体朝の時代に、筑紫君磐井との戦争があったが、これに勝利すると、中臣氏はただちに壱岐・対馬に進出し、その地の卜部集団を支配したようである。壱岐・対馬はもちろん海上交通の要で、その地の卜部集団は大陸伝来の亀卜の技術を有していた。中臣氏は、その技術を確保し、さらに東に伝える。まず伊豆に、そして鹿島・香取に伝えたのである。伊豆はもちろん鹿島・香取も海上交通の要衝であった。古代の推定図（地図2）を見れば、現在の水郷地帯と霞ヶ浦、北浦が全体として湾となっており、鹿島と香取が太平洋に注ぐ毛野川（現在の鬼怒川）の河口にあったことがわかるであろう。当時は、利根川はいまの東京湾に注いでおり、別の河川であった。

それに加えて、藤原不比等の母方は車持君であったが、これは上毛野君一族に属している。ということは、鎌足も上毛野君一族との関係があったことになる。そういう広い意味での上毛野君一族のなかに下毛野君古麻呂がいる。不比等の側近であり、大宝令編纂の中心人物であった。その下毛野国の国府付近を流れる毛野川を下れば容易に鹿島・香取の流海に達するのである。一般に、鎌倉武士団を生んだ坂東の地は騎馬が中心だったと考えられているが、南北に流れる幾筋もの大河があり、これに

地図２　古代の鹿島・香取付近の推定図

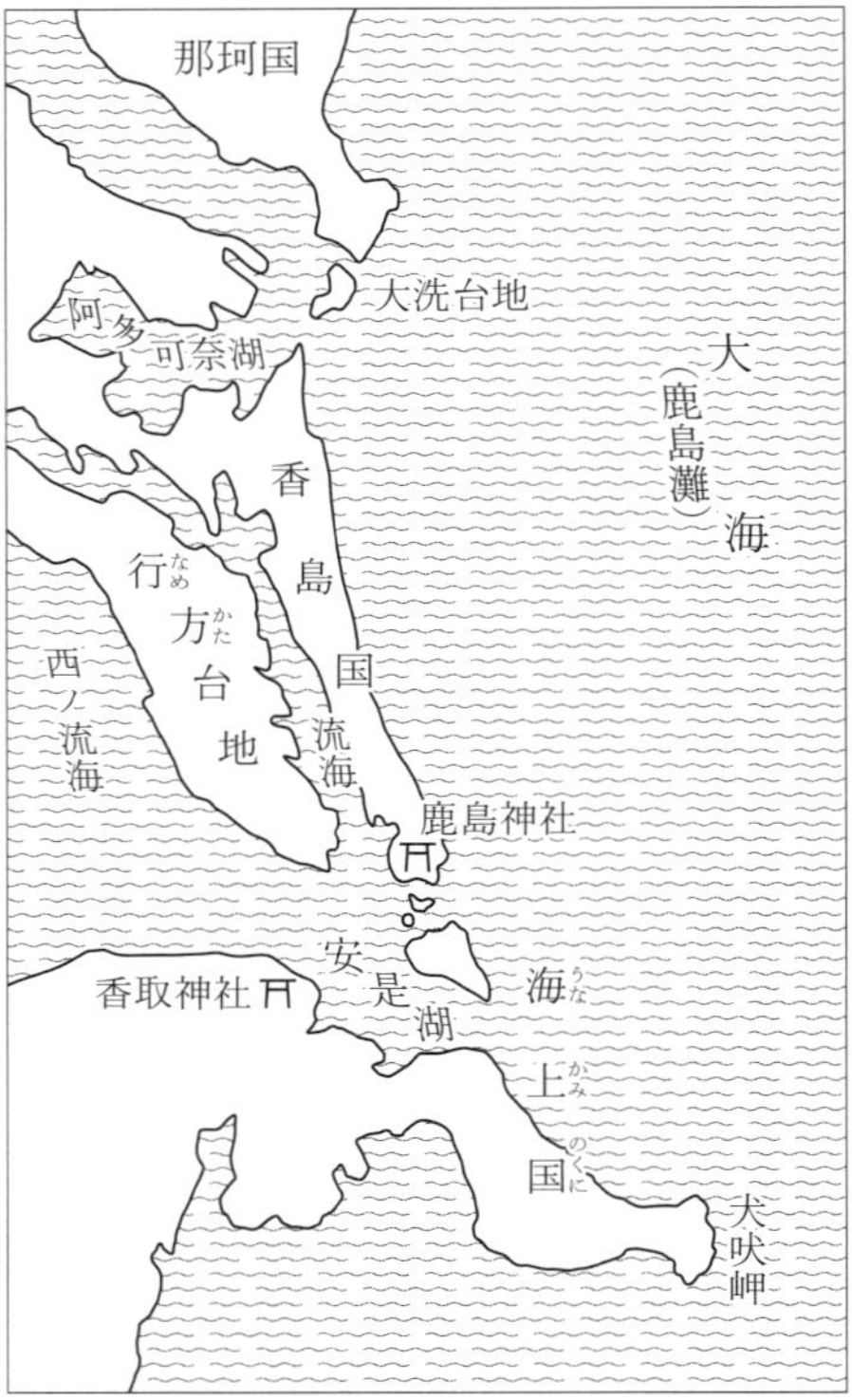

（東実『鹿島神宮』学生社の図をもとに作成）

よる水上交通も重要だったのである。不比等は、下毛野古麻呂らから鹿島・香取の地理的重要性を耳にしていたのではないだろうか。

このように考えてくれば、鹿島・香取がもともと中央の中臣氏にとって重要な地であったこと、また、不比等にとっても必ずしも疎遠な地ではなかったことが理解されるのではなかろうか。それゆえ、鹿島郡と鹿島大神を成立させた中央政府とは、中央の中臣氏だったといってよく、その意味で、鹿島神と鎌足との接点もなかったとはいえないのである。

次の問題は、タケミカヅチはいつ鹿島神社の祭神になったのかである。実は、鹿島神社の祭神をタケミカヅチとするのは、香取神社のフツヌシと一緒で、大同二年（八〇七）の『古語拾遺』が最初である。その後、六国史のなかでは『続日本後紀』承和三年（八三六）五月九日条が初見である。ただし『続日本後紀』では香取神はイハヒヌシ（伊波比主命）となっている。元来、国譲り神話ではタケミカヅチとフツヌシは一対の関係にあって鹿島と香取に割り振られたようであるが、どちらかといえばタケミカヅチのほうが中心であったため、香取神のほうは鹿島神を祭る斎主《いはひぬし》という呼称になったのであろう。

ともかく、タケミカヅチの呼称を確認できるのは九世紀からで、宇合が関与したとされる『常陸国風土記』には、タケミカヅチの神名は見えないのである。とすると、先に、不比等が父鎌足の投影としてのタケミカヅチを創作したとして、そのビジュアル化をはたすために宇合を常陸に派遣したと述べたが、それは誤りだったのだろうか。

忌部子首の場合

すでに、繰り返し述べてきたように、タケミカヅチには乙巳の変における鎌足の姿が投影されている、というのが上山氏と私の理解である。もちろん、そう考えたことがある人は少なくないと思う。しかし、少なくとも、宇合の関与した『常陸国風土記』にもタケミカヅチは登場しない。これは、どういうことなのだろうか。

この疑問を解く鍵がある。具体例といってもよい。それは出雲神話である。これと、先に紹介しておいた忌部子首の存在である。実は、出雲神話であるが、詳しくは第5章で述べることになるので、ここでは要点のみを記しておくが、『日本書紀』のほうは、持統朝に、忌部子首らによって創作されている。この段階では、スサノヲがヤマタノヲロチを退治し、その子のオホナムチが国譲りをするという神話である。オホナムチが兄弟たちの迫害に耐えながらしぶとく成長し、葦原中国の支配者である大国主へと成長する『古事記』の物語はまだない。そして、その忌部子首は、宇合の常陸国赴任より早く、和銅元年（七〇八）に出雲守となって赴任している。つまり、『日本書紀』の出雲神話は、まず、中央で創作され、その後に忌部子首が出雲に赴任したのである。そして、子首が出雲に赴任してから、元明朝に出雲を舞台とした『古事記』の大国主の物語が作られる。もちろん、子首本人が関与したはずである。つまり、『日本書紀』の出雲神話は持統朝に、『古事記』のそれも少なくとも元明朝までに成立しているのである。

ところが、天平五年（七三三）に出雲国造兼意宇郡大領の出雲臣広嶋らが勘造した『出雲国風土記』には、スサノヲとオホナムチの名はかろうじて記されているものの、ヤマタノヲロチをはじめ、この二神の活躍の様子はいっさい記されていない。ただ、オホナムチを「所造天下大神大穴持命」と呼ぶだけである。つまり、記紀、特に『古事記』にはあれほど波瀾万丈の大国主の物語がありながら、地元の出雲にはそういう物語はいっさい存在しないのである。

その理由は、記紀神話の物語がすべて中央で作られたものだったからである。確かに出雲を舞台にしているから出雲の地名は出てくるが、出雲の人びととは無縁の物語だったのである。もちろん、作者には相当程度出雲に土地勘がある人物が協力したことは間違いないであろうが、すべて中央で創作された物語だったのである。

しかし、天皇制の定着のためにはそれではいけない。出雲神話が出雲と無関係と知れては、記紀神話全体が架空の作り話だったことが露わになり、神話の最終目的である天皇の神格化まで虚構になってしまう。だから、地元の出雲に出雲神話を定着させねばならない。その時、重要な役割をはたした人物がこの忌部子首だったのである。

忌部という氏族は、元来、蘇我王権に仕えた霊媒師であった。中臣が卜占を業としたのに対し、忌部は祈禱が中心であった。ひたすら神に祈るのである。その時、神に捧げる供物が必要である。そこで、強大な蘇我王権を背景にして各地の手工業や農業の集団を組織したのである。『古語拾遺』によれば、忌部の支配下の諸氏に命じて種々の神宝、鏡・玉・矛・盾・木綿・麻などを作らせたという。国名でいえば、阿波・讃岐・紀伊・出雲・筑紫・伊勢・安房などの忌部である。実は、このうちの玉を作って中央の忌部に貢納していたのが出雲の玉作《たまつくり》集団であった。従って、忌部子首は出雲の玉作集団を管轄しており、それゆえ、出雲に土地勘もあったのである。

もともと、忌部子首は、不比等の意を受けて神話のビジュアル化のために出雲大社を創建していたが（ただし、以前からある建物を流用したもの。これについては別に論ずる予定である）、さらに、和銅元年には出雲守となり、出雲神話の材料を提供しつつ、同年に国造となった出雲臣果安《はたやす》と協力しつつ、中央で作られた出雲神話を現地の豪族たちに定着させる努力をもしていたと思われる。その努力の成果の一つが『出雲国造神賀詞《かむよごと》』というものであった。

その『出雲国造神賀詞』であるが、簡単にいえば、出雲の国造が代替わりごとに、出雲の神々の名で天皇を祝福し、神宝を献上するという神賀詞を奏上する儀式である。その初見は霊亀二年（七一六）二月で、子首と国造の出雲臣果安との合作であったと思われ、奏上した国造も果安であった。ただ、子首が、この年まで出雲守にとどまっていたかは不明であるが、次の出雲守の船秦勝《ふねのはだかつ》の任命が霊亀二年四月であり、『神賀詞』奏上はそれより前の二月であるから、その可能性は高いといえよう。

その成果である『出雲国造神賀詞』であるが、内容は二つの要素からなっている。一つは、意宇《おう》の国造が伝統的にはたしてきた役割で、氏神の熊野神社のクシミケノを祭りつつ、領内の玉作集団が製造する神宝（勾玉）を中央の忌部を通じて大和の王権に献上するというものである。もう一つは、新たに作られた国譲り神話を踏まえ、その敗れた蘇我王家を象徴するオホナムチ（大国主）を杵築《きづき》に祭りつつ、オホナムチとともに息長王家を祝福するという複雑な役割である。

このうち前者は、国造にとって違和感はなかったであろうが、後者は、かつて仕えた蘇我王家を考える時、いささか複雑な感情を伴ったはずである。おそらく、そういう感情を共有できた忌部子首だからこそ、出雲の国造らに急激な政治秩序の変革を説得することができたのであろう。藤原不比等が、天皇制という新たな政治秩序を構築するということは、過去の、特に蘇我王権時代の政治秩序を解体しつつ、それを新たな天皇制という世界観として再構築するという複雑な作業が不可避であった。忌部子首は、この作業に心ならずも協力していたのである。

さて、事態は複雑であるが、中央では、不比等の天皇制イデオロギーを象徴する神話が着々と成立していた。しかし、ずっとのちの天平時代に成立する『出雲国風土記』においてさえ、その内容は反映されていなかったのである。おそらく、出雲に赴任した忌部子首は、そのための努力をしたに違いない。それでも、中央で作られた神話が地方に定着するのは簡単ではなかったのである。

このことと、藤原宇合の常陸赴任とを重ね合わせて考えねばならないと思う。『常陸国風土記』にタケミカヅチが見えないからといって、宇合がその努力をしなかったわけではないのである。では、宇合はどのような努力をしたのだろうか。

藤原宇合の場合

ここで、再び、藤原宇合の常陸国赴任に話を戻そう。私の理解では、出雲神話の最終段階にして、天孫降臨神話の前提となるのが大国主の国譲り神話である。そこで活躍したのがタケミカヅチとフツヌシである。この神話自体は、宇合が派遣された養老三年にはすでに成立していたはずであるが、出雲神話と同じく、中央で作られた物語であって現地の人びととは無関係であった。不比等とて、鹿島神社を知ってはいても見たことはなかったであろう。ところが、下毛野古麻呂らから、詳しく鹿島・香取の様子を聞き、勇猛なタケミカヅチとフツヌシをそこの祭神に想定したのである。もちろん、中央で編纂された記紀神話のなかでのことである。

しかし、天皇制が人びとに浸透するためには、中央で作られた神話の神々を現地に定着させる努力が必要である。まさしく、宇合はそのために派遣されたのである。役割は、出雲における忌部子首と同じであった。現地に赴いた宇合は、そこで編纂途上の『風土記』に手を入れ、すでにある香島大神を高天原から降臨した神とし、「香島天之大神」と呼ぶこととする。さらに、古くから中臣氏の祖神たちが祭ってきたという伝承を書き込んで、この「香島天之大神」を中臣氏の氏神に仕立て上げ、それが実は神話のなかのタケミカヅチであると称したのであろう。しかし、現地の人びとにとってはあまりに唐突であった。そのため、タケミカヅチの名を『風土記』に書き込むようなことはできなかった。いってみれば、〝根回し〟のような段階だったというわけである。おそらく、按察使として管轄下にあった下総国にも赴き、香取大神にも同様の作為を施したのであろう。その後、宇合は編纂段階の『風土記』を手に都に帰り、鹿島・香取の両神の様子を、藤原氏をはじめとする人びとに示したのではなかろうか。すべては、タケミカヅチとフツヌシを両神の祭神とするための〝根回し〟だったのである。それゆえ、宇合の段階で、鹿島・香取と藤原氏との関係が決定的な段階に入ったという通説は間違いではない。ただし、はじめてだったというわけではなかったのである。不比等らが国譲り神話を構想していた段階で、すでに、鹿島と香取は中央では認知されていたはずである。宇合の派遣により、そういう神話の存在が、ようやく現地の人びとに認識され定着する端緒が開けたのである。同時に、中央の人びとも鹿島・香取に対する認識を深めたことであろう。宇合の努力と成果は大きかったのである。

ヲハバリという神

中央でドラスティックな改革が進行していても、それが遠く離れた地の人びとに到達するには長い時間が必要である。中央で大胆に構想された記紀神話のストーリーに地名だけ利用されても、地元の人びとがそれにより中央の改革を理解することは困難であった。そのため、中央と地方の間にあるカルチャーギャップと認識のタイムラグ、それを少しでも解消しようという努力が払われねばならなかった。国ごとの『風土記』の編纂はその最大の事業であったが、その結果を見ても、記紀神話の地方への浸透は遅々としていたことが知れるのである。だから、中央と地方にまたがる史料の解釈は複雑なのである。時系列で史料をならべて理解すればよいというわけではないのである。

このように考えれば、中央における記紀神話の構想と出雲や常陸の側の受け止め方とのギャップを理解できるのではなかろうか。だとすれば、上山氏の神祇革命という理解はいまなお有効であると思うのである。

しかし、それでもなお納得できないという人がいるかもしれない。そもそも、タケミカヅチと中臣氏との関係は記紀のどこにも記されていないし、鹿島の神とも記されていなかった。だから、たまたま常陸に赴任した藤原宇合が現地で鹿島・香取の神を知り、記紀神話のなかのタケミカヅチとフツヌシと結びつけたのだと考える人がいるのであろう。こういう考え方にあっては、神話は太古から伝えられた神聖なものであり、藤原不比等の思惑によって創作されたなどというのは論外ということかもしれない。

こういう人には、もはや処置なしという気がするが、それでもやはり私は、歴史を動かすのは理念と人間の意志の力であると思う。不比等らの強靭な政治理念が存在し、強力な意志により実現していく過程が古代国家の成立過程であった。神話は、そのうちでももっとも重要な要素だった。目の前にそういう史料があることに気づけばよいのである。

そんなことを考えているうちに、タケミカヅチと鹿島神に関連して思いついたことがある。ヲハバリという神のことである。これについて述べておきたい。

『古事記』によれば、アマテラスが、大国主のもとに派遣する使者をはかったところ、思兼《おもひかね》神らが最初に推薦したのはイツノヲハバリという神であった。イツは接頭語としてヲハバリの意味であるが、ヲも接頭語として、ハは刃、バリは張で、刃が鋭く張っているとして刀剣の意味であろう。この神が登場するのは国生み神話の最後の場面である。イザナミは多くの島々と神々を生んだが、最後に火の神カグツチを生んだために焼け死ぬことになる。妻の死に怒った夫のイザナキが十《と》拳《つか》の剣でカグツチを斬り殺す。その時、刀から飛び散った血から生まれたのがタケミカヅチ、タケフツ（フツヌシ）らの神であった。その刀こそイツノヲハバリだったのである。何とも血なまぐさい話であるが、ともかく、ヲハバリはタケミカヅチとフツヌシの父親だったことになる。

神話では、ヲハバリは辞退し、子のタケミカヅチを推薦するのであるが、問題はヲハバリの住まいである。『古事記』によると「天の安の河の河上の天の石屋《いはや》に坐《いま》す」とあり、さらに「逆《さかし》まに天の安の河の水を塞《せ》き上げて、道を塞《ふさ》ぎ居るが故に、他《あだ》し神は、行くこと得じ」として、天迦久《あめのかくの》神を遣わしたとされている。迦久《かこ》は水手の意味であろう。ヲハバリは高天原の安の河を塞ぎ止めて、容易に近づけないところにある石屋に住んでいるというのである。だから水手の神が派遣されたのであるが、それは、具体的にはどのような場所なのかである。これについて、詳細に検討された山口博氏は、まず通説化している本居宣長の説を批判する。宣長は、石屋は石の屋で、石は水で刀剣を研ぐ砥石で、つまり、ヲハバリは刀鍛冶だとする。これに対し山口氏は、ヲハバリには刀剣を鍛造するという描写はないとして否定する。その上で、塞ぎ止めてというのは堀に水をためたことで、そのなかに住むとすれば環濠集落であるとし、ついに、安の河を九州の筑後川の支流の夜須川とし、その辺《ほとり》の環濠集落にたどり着くのであるが（山口、二〇一一、二〇一二）、私自身はまったく別のことを考えたのである。

かつて、千葉県佐原市（現在は香取市）の市役所の最上階に上って、遠く利根川の向こうに広がる水郷地帯を眺めたことがある。広大な水面が広がり、すぐ右手には香取神社が、遠く前方の彼方には鹿島神社がよくは見えなかったがあるはずである。とすると、古代の東海道を香取神社の近くまで来れば、あとは広大な流海が広がっており、その向こうに鹿島神社が見えたのではないか。その鹿島の地にヲハバリがいたのではないか。鹿島郡には製鉄遺跡が多く、『風土記』にも、鉄を鍛えて刀剣を造っていると記されている。『古事記』の「逆まに天の安の河の水を塞き上げて」という表現は鹿島・香取の流海のことだったのではないか。だからこそ、そこへ行くには水手が必要だったのである。つまり、『古事記』の段階で、タケミカヅチの父親にあたるヲハバリと鹿島との関係が想定されていたのではないか。とすれば、タケミカヅチと鹿島神社との関係も浮かんでくるではないか。

以上は蛇足かもしれないが、不比等の段階で、中臣鎌足が活躍した乙巳の変の投影により国譲り神話が創作された。その時の英雄のタケミカヅチが鹿島神に想定されていたとする上山説は、これによっても成立するのではないかと思うのである。

すべて〝よそ者〟の意味

記紀神話において、もう一つ気になるのは、すでに繰り返し述べた〝よそ者〟という概念である。アマテラスもスサノヲもオホナムチ（大国主）も天孫のニニギもみな〝よそ者〟だった。なぜなのだろうか。この点をはっきりさせておかないと神話の解釈を誤ることになる。だから、ここで結論を述べておくことにする。

なぜ、神話の神々が〝よそ者〟である〝必要〟があったのか、と問い直してみよう。すると、明確な答えが待っている。答えはやはり上山説にある。

八世紀まで、宮都はつねに大和かその周辺を離れることはなかった。アマテラス以下の神々が神話の本当の主人公であったなら、神話の舞台も大和でよかったはずである。それなのに、アマテラスは伊勢に祭られ、スサノヲは出雲に降り立ち、ニニギは日向に降臨し、神武は大和に対して侵略者だった。なぜなのか。神話はどのみちフィクションなのだから、必要ならすべて大和を舞台にすることも可能だったはずではないか。

答えは意外と簡単である。アマテラス以下の神々は神話の本当の主人公ではなかったからである。彼らは、表向きの主人公にすぎない。本当の〝主人公〟は別にいたのである。考えてもみよう。スサノヲとオホナムチは過去の敗者である。アマテラスもニニギも神武もみな皇室の祖であるが、律令国家において天皇という存在には実権がなかったではないか。繰り返し述べたが、天皇制という政治システムの真の実力者は藤原不比等だった。実は、この事実が神話全体を覆っているのである。

私の理解では、五世紀までは、大王家は三輪山周辺の纏向に発したものとしてよいと思う。これに盆地西南部の葛城氏や周辺の豪族たちが協力していたのであろう。しかし、五世紀末に崩壊する。六世紀以後の王権は、最初は継体新王朝、次に蘇我王家となり、乙巳の変ののちは息長王家となった。このうち、継体と息長は近江出身である。もともと大和盆地のどこかに本貫の地があったわけではない。だから、〝よそ者〟として描かれるほかなかったのである。といって、なぜニニギが日向に降臨したのか、また、アマテラスがなぜ伊勢に祭られたのかを説明するのは簡単ではないが、それについては後回しにする。一方、蘇我王家は、本来は葛城の豪族であったが、政権を掌握する過程で本拠を畝傍山周辺に移し、さらに飛鳥を開発して都とした。しかし、乙巳の変で敗れて王権を失っている。つまり、過去の存在である。だから、遠い死の世界に追われたのである。なぜ、その場所が出雲だったのかは問題であるが、これについてもいまは後回しである。ともかく、彼らは、現に都のある大和の主人公ではありえなかったのである。少なくとも、神話の上ではそのように扱われたのである。

それに対して、鎌足の功績を継承しつつ、またたくまに権力を確立したのが藤原不比等であった。その彼が構想したのが天皇制であるが、それは、草壁直系を利用して覇権を握り、藤原氏を頂点とする新たな政治秩序を作ることであった。そのため、彼は、新たに藤原姓を名乗り、持統朝に造営された新しい宮も藤原宮と名づけている。私は、鎌足の藤原賜姓は事実ではないと考えるが、鎌足が飛鳥の藤原で産まれたことは認めてよく、それにより不比等が藤原姓を名乗り、藤原宮の呼称も不比等の権勢が配慮されたものと考えてよいと思う。これは、土橋寛氏の研究を参考にしたものである（土橋、一九九四）。

その後、平城遷都の際には都の東北の春日の地に氏寺の興福寺を建立したのであるが、さらに、その山上に父鎌足と二重写しのタケミカヅチを祭ろうとしたという上山説は、なお可能なのではなかろうか。当時は、神がまだ自然のなかに隠れていた時代である。神は、それを祭る人だけのものだった。だから、不比等がタケミカヅチを祭っても、斎場はその時だけのものである。あとには残らない。しかし、乙巳の変での鎌足の活躍も、国譲り神話におけるタケミカヅチのはたらきも、すべて不比等の創作したものであった。この『日本書紀』のイデオロギーが結実する先に不比等自身の覇権があると感じていたはずである。そういう意志の受け皿がここにあってもよいのではないか。

以上、やや急ぎすぎたのではないかとは思うが、要するに、神話の神々がみな〝よそ者〟で、大和が神話の舞台にならなかったのは、大和の本当の支配者が藤原不比等だったからである。不比等は、藤原氏の大和にするつもりだったのである。

上山氏は、藤原不比等は、天皇および皇室を隠れ蓑にして権力を行使したと述べているが、どうやら、記紀神話のなかでも、不比等はよそ者の神々を隠れ蓑としていたようである。

第4章　天孫降臨神話

1　天孫降臨神話の成立

神話は天皇制の正当化

俗に「神代《かみよ》の昔から」というい い方があるが、神話は太古の昔から伝えられた物語という先入観をもっている人が少なくない。しかし、少なくとも記紀の神話に関しては、もう百年近くも前に津田左右吉が「我が国の統治者としての皇室の由来を語つたものに外ならぬ」とし、さらに「皇室の由来を説いた神代史が、朝廷に於いて述作せられたことは、いふまでもなからう」と述べているように、きわめて明確な政治的目的をもって朝廷で創作されたものである（津田、一九四六）。

ただ、その政治的目的について「皇室の由来」というのは素朴にすぎるであろう。万世一系という『日本書紀』の呪縛から離れていないからである。ここは正確に、天皇制とは、七世紀の末の段階で、藤原不比等が草壁直系の王族を擁立し、その天皇を神格化し、これを利用して権力を掌握するための政治システムといわねばなるまい。少なくとも、結果的に勝者となった藤原氏の側から見た場合、天皇制とはそういうものであった。そして、記紀神話とは、そういう天皇制を正当化するために創作されたものだったのである。では、藤原不比等らは、記紀神話をどのようにして創作したのだろうか。その手順を考えてみよう。

編者たちの歴史認識

『日本書紀』の神代紀を読んでいて痛感するのは、中国古典の引用というか利用の仕方がきわめて織細で的確かつ高度なことである。歴代天皇紀では、中国の史書を長文のまま丸ごと引用してすますというような杜撰《ずさん》さがまれではないが、さすがに天皇制という支配理念を正面から扱った神代紀には、並々ならぬ覚悟があったと見受けられる。登場するのはアマテラスとスサノヲとその係累の神々、それと中臣・忌部系の神々らであるが、物語の展開は時にきわめて哲学的であり、その上何よりも七世紀末葉段階での政治状況を微妙にまた複雑に反映している。だから、その構想は中臣・忌部らよりも、藤原不比等ら当時の最高権力者たち、それに中国・朝鮮半島からの渡来人を含む当時の最高の知識人たちが関与したと考えて間違いなさそうである。

では、彼ら編者たちは何を考えていたのだろうか。彼らは、過去の歴史的経緯をどのように総括し、その上で、将来の政治秩序の根底となるはずの天皇制をどのような物語として描こうとしていたのだろうか。もちろん、その結論は記紀神話という形ですでにわれわれの眼前にある。彼らが遺してくれたものは何か、じっくりと検討することにしよう。

眼前にある記紀神話は、一見複雑に見えるが、枝葉末節にとらわれなければ、その本筋はきわめて単純である。先に述べたように三幕物である。繰り返しになるが簡単にその骨子を記しておく。

第一幕は、イザナキ・イザナミの国生み・神生みである。これにより、葦原中国が誕生する。第二幕は、その葦原中国を最初に支配するスサノヲとオホナムチ（大国主）の物語である。一般に、出雲を舞台としているから出雲神話と呼ばれているが、オホナムチはアシハラシコヲとも呼ばれ、『出雲国風土記』では「天の下造りましし大神大穴持命《おほなもちのみこと》（所造天下大神大穴持命）」とも称されたように、まさに葦原中国の大王であった。第三幕は、そのオホナムチに対し、天上のアマテラスがタケミカヅチを派遣して国譲りを強要し（国譲り神話）、その上で、孫のニニギを地上の葦原中国に降臨させるというものである（天孫降臨神話）。そのニニギの子孫が皇室となる。

以上が神話の骨格である。簡単にいえば、アマテラスの子孫がスサノヲの子孫から葦原中国を奪うという物語であった。オホナムチからニニギへの王朝交代の物語といってもよい。問題は、このような記紀神話の意味するところである。

すでに再三述べてきたように、国譲り神話で、タケミカヅチがオホナムチを刃物で脅す場面は、中臣鎌足が中大兄とともに蘇我入鹿を暗殺した乙巳の変が投影されたものと思われる。また、天孫降臨神話は、すでに論じたように、草壁・軽・首という草壁直系王家の成立過程を説話化したものである（大山、二〇〇九）。

このように見てくれれば、記紀神話の寓意するところは明白である。出雲神話のスサノヲとオホナムチは蘇我王権を、国譲り神話は乙巳の変による息長王家の成立を、そして天孫降臨神話は不比等による草壁直系王家の擁立とそれを利用した天皇制の確立であった。

つまり、記紀神話の編者たちは、自身の有する歴史認識を忠実に神話化していたのである。もちろん、その本質は息長王家の肯定と草壁直系王家の擁立という藤原不比等主導のものであった。

直面した困難

結果として、ほぼ藤原不比等が構想したような天皇制が実現したことは事実である。だから、彼の権力も政治力も類いまれなものであったことは確かであろう。しかし、それでもさまざまに困難はあったはずである。天武十年（六八一）、律令の編纂・草壁立太子・歴史書の編纂という三つの詔から天皇制への歩みが開始されたが、その時、藤原不比等はまだ二四歳であった。若き不比等は、どのような困難を認識し、それに対してどのような対策を講じたのだろうか。

まず、どのような困難があったのか。

第一に、かつての蘇我王権に連なる勢力、あるいは有力者のなかに不比等の台頭を快く思わないものもいたであろう。その場合、乙巳の変の正当性に疑問を抱く人もいたかもしれない。はたして、乙巳の変後の社会は不安と混乱の連続であった。何といっても、白村江の敗北は決定的であった。無謀な出兵はもとより、敗戦後の国土防衛のための水城《みずき》や山城の築造が人民を苦しめたのである。さらに、息長王家内部にあっても、乙巳の変以後、古人・有間・大津といった諸皇子が粛清されたように、大王の権力が無力化する過程でありながらも王位をめぐるさまざまな思惑による対立があったのである。不比等自身は、蘇我連子《むらじこ》の娘を妻とし、蘇我王家直属の忌部子首を側近に迎えたように、旧勢力を重視していたようであるが、政界全体にさまざまな亀裂が存在したことは間違いない。ましてや、将来の王家を草壁直系に限定するというのは、ほかの皇子たちを支持する多様な人脈の反発を招いたのではなかろうか。こういった矛盾が次第に拡大し、増幅し、奈良時代になると長屋王と藤原氏との対立に発展することになる。不比等に反発する多くの勢力が長屋王の存在に期待をかけるようになり、ついに不比等の死後、藤原武智麻呂らは長屋王家を滅亡させることになった。この事件は、その後長く尾を引き、頻発した天変地異とも結びつき政治・社会の不安を醸し出すことになったのである。

第二に、右のような対立は単なる権力争いだったのではない。不比等の構想する天皇制というイデオロギーの是非をめぐる対立でもあった。元来、不比等の天皇制は非常識なものであった。天皇を神とあがめながら現実の権力から締め出している。結局は不比等が利用するためである。とすれば、このような考え方が、そのまま一般に理解されるはずはあるまい。それに対して、過去の大王は権力者であった。飛鳥には、蘇我馬子が大王であった時代の遺構が数多く残されており、これを懐古する人もいたであろう。さらには、改革により中国法を模倣すれば、唯一絶対の存在である中国皇帝像を否応なしに意識することになる。文学作品などを通じて、これを理想とする人も少なくなかったであろう。中国の漢詩を模倣した『懐風藻』には、長屋王に中国的聖天子像を期待する詩が残されている。

しかし、何事かをなそうとすれば困難はつきものである。不比等らには、それを乗り越えていく強固な意志と優れた理念、正確な状況判断、そして何よりも政治力があった。すべては結果が示している。

律令と神話の役割分担

では、不比等らが、天皇制の実現のために考えていたことは何か。無視できないのは、不比等の構想する天皇制に内在する矛盾である。先にも述べたが、無力な天皇を神格化するというのはやはりおかしい。神の言葉は絶対のはずだが、その神は無力なのだという。普通に考えれば矛盾というか自家撞著《どうちゃく》に見える。では、こういう政治理念が一般に理解されるためにはどうすればよいのか。

本当は、天皇の陰に藤原氏がいる。そういえば簡単なのだが不比等はそれをいわない。このことをあからさまにしては、天皇制は成立しないからである。天皇を真に神とあがめるからこそ藤原氏の権力も生ずるのである。上山春平氏が、藤原不比等は天皇および皇室を隠れ蓑にして権力を行使したと述べたのはこのことである。

しかし、本当の権力者は天皇ではなく藤原氏であるというのはやはり政治秩序としては不自然である。もちろん、不比等ら権力中枢の人たちにとっては自明だったのであろうが、このことをはじめから白日のもとにさらすわけにはいかない。秘すれば花。権力中枢内部の秘め事のままでなければならなかったのである。

そこで、不比等らが考えたのは、天皇の政治的無力化と神格化とを分離して別々の場で扱うことであった。ひとりの天皇について、この二つを同時に考えるとどうしても矛盾するが、別々に考えればよいというわけである。簡単にいうと、律令と神話の役割分担であった。もう少しわかりやすくいえば、政治的に無力であるというのは法と制度の運用の問題である。だから、律令編纂のなかで議論すればよい。天皇は、形式の上では中国皇帝と同じく至高の存在とする。尊称や儀式の次第など、差し障りない範囲でできる限り中国法を模倣する。しかし、政策決定の場は太政官の合議に限定し、天皇はその合議の場から排除される。もちろん、国家意志は詔勅という形をとるから、天皇がまったく無関係とはいえないが、官僚機構との接点をもたない天皇が影響力をもつことはない。つまり、天皇の権力は、形式的な儀式の場では至高性を謳いつつも、現実の政策決定の場では無力だったのである。結局、現在の象徴天皇と原理的には変わらないものと考えてよい。

ただし、これは天皇の一面にすぎない。天皇にはもう一つの側面があった。中国皇帝にはなかった〝神〟としての側面である。中国の皇帝は唯一絶対の存在ではあるが、その根拠は軍事力と経済力である。これが失われれば滅亡する。しかし、天皇が神であるなら不滅である。これを、律令とは別の場で証明すればよい。すなわち、神話の創作である。

〝神〟の創出

ようやく神話の輪郭が見えてきたようである。まず、基礎にあるのは歴史認識である。簡単にいえば、まず、過去においては蘇我王権があった。次に、その蘇我王権が乙巳の変のクーデターによって倒され、息長王家が成立する。そして、未来には息長王家のなかから不比等が草壁直系の王家を擁立し、これを利用して天皇制が成立することになる。はなはだ主観的な歴史観ではあるが、これらが順に出雲神話・国譲り神話・天孫降臨神話となり、記紀神話が成立するのである。その前に葦原中国が誕生する国生み神話があるが、これは天皇制とは直接の関係はないので省略する。ともかく、これが神話のストーリーの骨格である。

ただし、ストーリーだけでは神話にならない。そこには、まだ神がいないからである。問題は、神とは何かである。

不比等らにとって、究極の目標は天皇制の実現である。そのために、慎重に歴史認識とそれに基づく神話の骨格を作成したのである。しかし、歴史認識とは歴史に対する一つの解釈にすぎない。ほかにもさまざまな歴史認識がありえたはずである。たとえば、乙巳の変は陰謀である。本当に偉大だったのは蘇我王家である。中大兄や中臣鎌足らはその成果を横取りしただけで正当性などない。草壁皇子の擁立は不比等の邪《よこしま》な謀略にすぎない。草壁に君主としての資質は認めがたい。こういった批判は少なくなかったであろう。

これに対し、不比等らが必要としていたのは、そういうさまざまな批判を圧倒し、彼ら自身の歴史認識を断固として肯定し、正当化し、さらにそれを必然とする強固な理念の構築であった。そうすれば、不比等の天皇制は歴史の必然となる。まさに、その強固な理念こそが〝神〟なのである。

時に〝神は実在する〟などといった議論があるが、それは暇な時にすればよい。本当は、神とは人間が創造したもっとも便利なものである。人間が必要とするあらゆるものを与えてくれる。ただし、そのすべてが幻想である。それを〝神の啓示〟という。不比等らは、どうしてもこの〝神の啓示〟を必要としていた。これにより、人びとを呪縛するためである。幻想が人びとを呪縛し、草壁王家と天皇制の世界に導いていく。そういう〝神〟の創出。その手腕が試されることになる。

強固な理念こそが〝神〟である。問題は、それをどのように描くかである。奇をてらってはいけない。誰もが納得し、進んで従うような普遍的なものでなくてはならない。

この段階では、すでに仏教や道教の知識は豊富であった。さまざまな神や仏や仙人たちがいた。東アジア諸民族の敬天思想も認識していたであろう。それらを参考にしつつも、なお、日本独自の神々の世界を創出しなければならない。

〝神〟の誕生

もともと、日本には造形に堪える〝神〟という概念はなかった。ただ、何か生命力というか霊のようなものはあった。それを神と称してもよいが現代人が考える神とは違う。

天智天皇不予の時、大后の倭姫が詠んだとされる歌がある。「天の原　ふりさけ見れば　大王《おおきみ》の御寿《みいのち》は長く　天足《あまた》らしたり」(『万葉集』巻二ー一四七)。「天」は空と同じ空間で、「天の原」はその空が遠く広がっているさま。そして、「御寿」は生命ではあるが、その根源の霊あるいは生命力のようなものを指している。そういう生命力が天空に満ち満ちているというのである。大后が天皇の病気平癒を祈る歌である。目に見えない天皇の霊気が大空に充満しているという思い、そういう思いが当時の神の観念であった。

しかし、仏教では如来や菩薩などという人格神が自在に活躍している。神仙思想にあっても神や仙人たちの動きは奔放である。これを模倣し、そういう華やかな神々を造形し、その神々に不比等の構想する歴史認識を演じさせれば、もはや〝神の啓示〟は得られたも同然である。

ともかく、私には、不比等の天皇制実現という強固な意志に霊が乗り移り、新たな神々の世界を誕生させたように見える。日本思想史の展開において、〝神〟という概念のなかに人格神の誕生という大きな変化が起こったのである。不比等が主張する強固な理念が新たな神々の世界を生み出したと考えるしかない。そして、さらに、その神々の世界に自ずと秩序が生まれ、侵しがたい権威が誕生し、人びとに啓示を与えることになる。神話の舞台は葦原中国。ストーリーは先の不比等らの歴史認識である。

天孫降臨神話の構想

記紀神話の目的は天皇制の実現である。とすれば、予定されるストーリーの核心は天孫降臨神話のはずである。天孫のニニギが地上に降臨し、出雲神話のオホナムチに代わって葦原中国の支配者となる。これが皇室の起源である。この天孫降臨という荒唐無稽な物語が、こののち長く日本の政治・社会・文化のすべての原点となる。その後の日本の歴史に与えた影響は限りなく大きい。ここに天皇制が成立するのである。

これ以外の部分は、出雲神話にしろ国譲り神話にしろ、歴史認識としては過去のものである。異論はあってもすでに決着がついている。乙巳の変という事実は否定しようがないからである。しかし、編纂をはじめた段階では草壁の擁立は将来の課題であった。天皇制がはたして実現するか、また、長く人びとに支持されるかは、天孫降臨神話の説得力、否、呪縛力にかかっているといってよい。では不比等らは、この天孫降臨神話をどのように構想したのであろうか。

実は私は、これについては旧著で詳しく論じているのであるが、なお新たに考えたこともあり、本書でもあらためて論じておきたいと思う。
まず、根本的に重要なのは、〝神〟という概念の創出である。〝神〟の造形といってもよい。霊が天空を浮遊するだけでは神話にならない。また、〝神〟の居場所も必要である。空間のままではとらえどころがない。

ともかく、神や仏や仙人のようなものが必要である。実は、王権について、当時の日本人が述べた言葉がある。『隋書』倭国伝には、倭国の使者が「倭王は天《あめ》を以て兄と為し、日《ひ》を以て弟と為す。天、未だ明けざる時に出でて政《まつりごと》を聴《き》き、跏趺《かふ》して坐し、日出づれば便《すなわ》ち理務《りむ》を停《とど》めて云く、我が弟に委《ゆだ》ねん」と述べたとされている。「天《あめ》を以て兄と為し」というのは、神ないし霊の漂う天空を兄として敬うという意味で、「日《ひ》を以て弟と為す」「我が弟に委《ゆだ》ねん」というのは大空に輝く太陽を自己の分身とするという意味であろう。つまりは、王権は太陽にたとえられる。太陽の居場所は天空である。

そういえば、仏教にしろ神仙思想にしろ、神も仏も仙人もみな天上にいる。どの民族も、天上に神々の世界があると考えたのである。日本人の発想もこれと矛盾しない。ただ、この天上世界を何と呼ぶかである。当初は「天《あめ》」「天《あま》の原《はら》」あるいは漢語で「天上」「高天」などの語を考えたようであるがどうも落ち着かない。そこで、最後に生み出されたのが六九七年八月の文武即位詔に見える「高天原」の語である。タカマノハラあるいはタカマガハラと読む。「天の原」のままではてしなく広がる大空を指すにすぎないが、「高」を付すことにより天空の最上部を指すことになり、それは、西アジアから中国に伝わった「天《テン》」という概念に近づく。ここを神々の世界とすればよい。

すでに、神話の構造は定まったといってよい。葦原中国を舞台とし、ストーリーは不比等らの歴史認識。そして、その歴史認識を正当化し必然とする強固な理念が天上世界の太陽である。これらの組み合わせにより神話が成立することになる。

藤原不比等のプロジェクト

記紀神話の核心は天孫降臨神話にある。神話がその後の日本人を呪縛し、天皇制の永続化を実現することができるか否か、ひとえにここにかかっているといってよい。

不比等らが神話を構想しはじめた当初、念頭にあったのはもちろん草壁の即位であった。ところが、結果的に、天孫降臨神話の成立は複雑な展開をたどらざるをえなかった。それは、不比等がせっかく擁立しようとした草壁が、六八九年、即位を目前にして二八歳で亡くなったからである。その後、中継ぎとして即位した持統を経て、草壁の子の軽（文武）が六九七年に即位する。しかし、その軽も十年後の七〇七年にわずか二五歳で亡くなってしまう。そこで、またも元明・元正という中継ぎの女帝が立てられたが、今度は、文武の子の首皇子（聖武）の即位がなかなか実現しないまま、不比等自身が亡くなってしまうのである。ともかく、不比等の政治力により草壁直系の血筋は何とか守られたものの、三人の女帝が即位するという異常事態であった。女帝ばかりではない。不比等がこだわった草壁直系といえども、即位した軽（文武）はわずか十五歳であった。天皇に実権がないというより、最初から能力を必要としないかのごとくである。こういう不比等の強引な手法が政治を混迷に導き、ついに長屋王の変という悲劇を生むことになる。

しかし、ともかくも、そういう異常事態のなかで草壁直系の王家が成立し、不比等が構想した天皇制が実現したことは事実である。その間に、天孫降臨神話は、草壁・軽・首という当事者の交代ごとにその都度作成されている。しかも、新しく作られるたびに重大な変更があった。私は、これを中心人物である不比等の名により〝藤原不比等のプロジェクト〟と呼び、順に〝プロジェクトX・Y・Z〟と名づけることにした。本書においてもこの順にそれぞれの特徴と意義について述べることにする。

2　プロジェクトX

草壁挽歌の構造

天武十五年（六八六）九月九日に天武が亡くなった。草壁皇子の立太子は天武十年（六八一）二月であったから、その即位は十分予定されていたはずである。その上、天武が亡くなった直後の十月二日に、ライバルの大津皇子が謀反の疑いで逮捕され、翌日死を賜っている。しかし、それでも草壁の即位は実現しない。延々と殯《もがり》が続き、天武が大内陵に葬られたのは持統称制二年（六八八）の十一月であった。さらに翌持統三年になっても草壁は即位せず、とうとうその年の四月十三日に亡くなってしまう。一応、健康上の理由と考えられるが、あるいは別の事情もあったのかもしれない。六月に、諸司に令一部二十二巻が頒布された。飛鳥浄御原令である。これにより法制度が確立した。ここで草壁さえいれば、天皇制は形の上では成立するはずであった。

ただ、この段階で、不比等はまだ三二歳である。天皇制という政治秩序はそう簡単なものではない。混乱があったほうがより堅固なものに仕上がるはずである。

まず、絶対に守らねばならないのが草壁直系の血筋である。不比等が構想した天皇制にあっては、神としての天皇の位を継承するのは血筋の論理だった。草壁が亡くなっても、七歳の軽皇子が遺されている。これ以外の選択肢はない。そのために、祖母の持統が中継ぎとして即位することになった。あとは、軽の成長を待てばよい。その間にじっくり戦略を練ればよい、ということであろう。

考えてみれば、飛鳥浄御原令によって法制度は整っても、それは形だけである。魂が入っていない。魂とは天皇の神性である。そのための神話が必要である。これは急がねばならない。それがあれば、将来の軽の即位を正当化できる。ただ、父草壁が即位しなかったのがネックである。だから、即位しなかった草壁を可能な限り神格化して、軽の即位につなげなければならない。不比等らの政策集団が知恵を絞り、その成果を天才歌人の柿本人麻呂が殯宮の場で詠うことになった。本来なら、プロジェクトXは、草壁の即位を主題とした神話のはずであったが、思いがけなくも葬送の歌となった。波瀾に満ちた天孫降臨神話の誕生であった。それは、次のようなものであった。

まず、『万葉集』巻二に見える人麻呂の草壁挽歌を示しておく。

日並《ひなみしのみ》　皇子尊《このみことの》　殯　宮《あらきのみや》之時柿本朝臣人麻呂作歌一首幷短歌

①天地《あめつち》の　初めの時　ひさかたの　天の河原に　八百万　千万神の　神集《かむつど》ひ　集ひいまして　神分《かむはか》り　分りし時に　②天照らす　日女《ひるめ》の命（一に云ふ、「さし上《のぼ》る　日女の命」）　天をば　知らしめすと／　③葦原の　瑞穂の国を　天地の　寄り合ひの極み　知らしめす　神の命と　天雲の　八重かきわけて（一に云ふ、「天雲の　八重雲わけて」）　神下《くだ》し　座《いま》せまつりし　高照らす　日の

皇子は　飛ぶ鳥の　浄《きよみ》の宮に　神ながら　太敷きまして　天皇《すめろき》の　敷きます国と　天の原　石門《いはと》を開き　神上《あが》り　上り座《いま》しぬ（一に云ふ、「神登り　座しにしかば」）／　④吾が王《おほきみ》　皇子の命の　天の下　知らしめしせば　春花の　貴《たふと》からむと　望月の　満《たた》はしけむと　天の下（一に云ふ、「食《を》す国」）　四方の人の　大船の　思ひ頼みて　天つ水　仰ぎて待つに／　⑤いかさまに　思ほしめせか　つれもなき　真弓の岡に　宮柱　太敷きいまし　みあらかを　高知りまして　朝言《あさこと》に　御言《みこと》問はさず　日月《ひつき》の　数多《まねく》なりぬれ　そこ故に　皇子の宮人　行方《ゆくへ》知らずも（一に云ふ、「さす竹の皇子の宮人　ゆくへ知らにす」）（一六七）

反歌二首

ひさかたの　天見るごとく　仰ぎ見し　皇子の御門《みかど》の　荒れまく惜しも（一六八）

あかねさす　日は照らせれど　ぬばたまの　夜渡る月の　隠らく惜しも（一六九）

文中の番号に従って歌の意味を考えてみよう。

①「天地の初めの時」とは、天地開闢《かいびゃく》である。明らかに中国思想の影響を受けている。「天の河原」に神々が集まって相談したという。神々の居住する天上世界が想定されている。これが高天原の原型である。

②「日女の命」という人格神が登場する。太陽神にして女性、そして天上世界の支配者とされる。文脈上、持統を指している。しかも「天照らす」と形容されており、これが、のちに「天照大神」

に発展することになる。ただ、「一に云ふ」として「さし上る」ともあるから、こちらがオリジナルであった可能性が高く、「天照らす」というのは人麻呂の推敲の結果であろう。

③「葦原の瑞穂の国」とは葦原中国のこと。ここを支配するために天上から派遣されたのが「神の命」「高照らす日の皇子」で「飛ぶ鳥の浄《きよみ》の宮」（飛鳥浄御原宮）にお住まいになったのち、天上にお戻りになった。もちろん、天武を指している。ここまでが前半である。

④後半になり、「吾が王皇子の命」は草壁のことである。その草壁が天下を治めれば、春の花が咲き乱れ、満月が輝くようにどんなにかすばらしいことだろうと人びとが待ちこがれていた。

⑤ところが、どうしたわけか、皇子は亡くなってしまった。朝のお言葉もなくなってから何日にもなるので、皇子の宮人たちは途方に暮れている。

挽歌としては不思議な歌である。皇子の死を悼んだ部分は⑤だけである。前半はほとんど天孫降臨神話の説明である。神々の住む天上世界が構想され、その神々の合意により天地の支配が決まる。天上世界は「日女の命」が君臨する。もちろん、これが持統である。そして、地上には「神の命」の「日の皇子」が降臨する。「天皇《すめろき》」という呼称も使われ、降臨先も飛鳥浄御原宮なのだから天武を指すことは確かである。その「日の皇子」が亡くなって天上に帰ると歌は後半に入る。そこで、やっと草壁が登場するはずだった。皇子の降臨を待ち受ける人びとの興奮のざわめきが聞こえる。ところが、思いがけなくも皇子は突然亡くなってしまう。即位しなかったから「日の皇子」ではなく「皇子の尊」と呼ばれたまま、「いかさまに思ほしめせか」と思わず人麻呂が問いかけ、その後は劇的に反転し挽歌に変わる。このどんでん返しが、衝撃を生々しく伝えている。本来は草壁が天上から降臨するという歌のはずが、烏有に帰したのである。

しかし、歌全体としては、どう見ても、草壁の死を悼むというより、天孫降臨神話の説明が中心である。しかも、その説明に問題がある。プロジェクトXは屈折している。

草壁挽歌の問題点

この草壁挽歌において天孫降臨神話の原型が成立したことは確かである。しかし、のちに成立する記紀神話と比べると何か腑に落ちない、というか不自然な部分がある。それを糸口にして考えてみたい。

この挽歌を解釈する場合、われわれは、暗黙のうちに記紀神話を念頭においてしまうが、記紀神話では、アマテラスの指示により皇孫のニニギが降臨することになっている。アマテラスではなくタカミムスヒの場合もあるが、それについては後述する。ところが、挽歌では日女の命が日の皇子の降臨を指示しているのではなく、それぞれが天の神々の差配を受けているように見える。しかし、日女の命が太陽であり、降臨するのが日の皇子であるとすれば、両者の関係は、日の皇子は日女の命の子ないし子孫と考えるのが妥当であろう。そうでなければ、歌全体の統一がとれないからである。

しかし、そうするとこの挽歌の解釈は支離滅裂となる。日女の命が持統、日の皇子が天武とすれば、天武は持統の息子ということになるからである。どう考えても、この挽歌には何か根本的な問題がありそうである。その要点は二つある。

第一に、日女の命というのがおかしい。自然神としての太陽はどの民族でも男性である。日本も例外ではなく、『隋書』倭国伝には「日を以て弟と為す」とあった。実は、『日本書紀』においても、本来は「日神」の語が使われており、神話が完成するにつれて「大日孁貴《おほひるめむち》（日孁は日女の敬称）」という呼称が登場し、最後に「天照大神」となるのである。また、日女を「日の妻」とする説もあるがこれも違う。太陽の妻が天上に君臨しても仕方ないだろう。

第二に、天武が登場するのも解せない。不比等が構想した天皇制にあっては、息長王家のなかから草壁だけをとり出して新しい王家とし、それを利用して藤原氏の権力が確立するというものであった。だから、天皇の初代は草壁のはずで、もしも、天武までさかのぼらせた場合、ほかの皇子たちにも皇位の継承権が生ずることになり、それは、少なくとも不比等らの発想にはなかったはずだからである。つまり、持統を指す日女の命が天上に君臨するという設定もおかしいし、天武が日の皇子として降臨するのも想定外だったはずなのである。

では、なぜ人麻呂は、「日神」のはずを「日女の命」に代え、天武まで降臨させたのであろうか。もちろん、それは、主人公の草壁の思いがけない死のためである。掌中の玉であった草壁の死が不比等らにとって大きな衝撃であったことはいうまでもあるまい。しかし、ここで、まずは現実を直視し、その上で新たな戦略を立てる、と考える冷静さはもちあわせていたであろう。この草壁挽歌は、その時の不比等らの混乱と複雑な対応をリアルに伝えているように思うのである。

その間の推移を推測してみよう。まずは、草壁が亡くならずに、予定どおり即位できた場合を想像してみよう。持統称制の三年にあたる六八九年六月に飛鳥浄御原令が公布される。その後まもなく、その法に基づいて草壁が即位するはずであった。仮に、そこで即位の様子を、不比等の意を受けた人麻呂が詠ったとする。その内容は、挽歌を参考にすれば次のようなものだったと思われる。

天地開闢はそのままでいいとして、天上の神々が天の河原で話しあう。これは太政官の合議を思わせる。その合議の結果、日神を天上世界の最高神とする。この場合、日神は自然神としての太陽である。特定の人物をモデルとしたものではない。そして、日神の末裔として日の皇子が登場する。もちろん、それが草壁皇子である。天武は三年前に亡くなっており過去の人であるから歌には登場しない。草壁こそが初代の日の皇子なのである。その日の皇子が、神々の配慮で天上から地上に降臨し飛鳥浄御原宮に即位する。皇子を待ち受ける人びとの歓喜の声がこだまする。ここに、輝かしい王朝がはじまる。飛鳥浄御原宮は、準備さえまにあえば藤原宮となったかもしれないが、ともあれ、このように詠われるはずであった。基本は、太陽の末裔として日の皇子が降臨し、ここに新しい王朝がはじまるというものである。なお、日の皇子の語は、のちには慣用化されて女帝にも、また即位しない皇子たちにも使われるようになるが、ここでは、即位する皇子に限定して用いられている。

ところが、現実の挽歌は大きく異なっている。そうなった事情を推測してみよう。

草壁の死により、事実上、日の皇子はいなくなった。挽歌の目的は死者を悼むことではあるが、現実には生者の思惑のなかで詠まれることになる。問題はその思惑である。

もちろん、それは、草壁亡きあとの皇位の行方である。不比等が予定した天皇は草壁だけであり、ほかの皇子たちは念頭になかった。ほかの皇子たちにはそれぞれ別の人脈があったからである。その草壁が亡くなってしまった。だが、不幸中の幸いというべきか七歳の遺児の軽皇子がいる。これに将来を託すしかない。そのためには、非常手段として持統の即位を強行するしかない。軽への中継ぎである。このことを大前提にして挽歌が構想されることになる。

結局、挽歌の陰の主人公は軽皇子だったのである。将来、軽を正当な日の皇子として即位させねばならない。そのための論理の構築である。弱点は、父の草壁が即位しなかったということである。そのため、草壁の地位を少しでも高め、その地位を軽に伝えるしかない。とりあえずは、草壁が天武の皇太子であったという事実である。それを挽歌のなかで表現する必要があるが、そのためには、まず、天武が日の皇子として降臨し、草壁がその後継者として登場するしかない。これが、挽歌に天武が登場した理由である。

日女の命の誕生

しかし、それだけでは足りない。天武や草壁のような過去の人ではなく、現に直接、軽の即位を保証する存在が欲しい。結局それは、軽の祖母であり、中継ぎとして即位を予定されている持統のほかにはありえない。ただし、ここで、女帝がはたして正式な天皇か否かが問題となる。

もちろん、『日本書紀』の記述を信用すればすでに先例がある。推古、皇極（斉明）である。この二人に関して、ここで詳細に論ずる余裕はないが、簡単にいえば、推古は聖徳太子の相方として作られた架空の天皇にすぎない。当時は、蘇我馬子が大王として君臨する蘇我王権の最盛期である。しかし、万世一系の歴史を創作するためには蘇我王家を抹消する必要がある。そこで、『日本書紀』の編者たちは、聖徳太子と推古をセットで馬子の代用としたのである。それに、これから登場する中継ぎの女帝を正当化するという意味もあったに違いない。また、皇極（斉明）に関しては、乙巳の変が中臣鎌足らによるクーデターであったことを想起すべきである。そうすると、乙巳の変の前は蘇我王権の時代であるから、皇極の在位などありえない。重祚《ちようそ》の斉明も王朝交代後の混乱状態のなかでのことであり女帝の存在は疑問である。あるいは、この斉明をモデルに神功《じんぐう》皇后が創作されることになるが、そちらの側からの要請だったのかもしれない。百済救援軍を派遣した斉明と三韓征伐の神功皇后は一対の関係にあるからである。とすると、確実な女帝は持統が最初なのである。問題は、これを正式な天皇として認めてよいかである。

先例とはいえないが、新羅にはすでに善徳女王（在位六三二－六四七）、真徳女王（在位六四七－六五四）などがある。だから、当時の国際関係から見て、日本でも制度上の即位そのものは可能とされたであろう。問題は、女帝という存在が不比等らの構想する天皇制の論理に矛盾しないかである。その場合、天皇制は政治理念である。妥協を繰り返す政治の世界ではいくらでも例外はある。しかし、哲学には例外はない。

正式に即位すれば、神話では日の皇子と呼ばれる。しかし、この呼称はどう見ても男性を指している。そればかりではない。元来、不比等の天皇制というのは、草壁の子孫が代々男系で天皇となるはずであった。その場合、歴代天皇の妻となり跡継ぎの天皇を産む女性が必要となる。まさに、それこそが不比等の娘であり、さらには藤原氏の女性たちの役割なのである。つまり、歴代天皇の妻にして母となる女性は藤原氏でなければならない。それが不比等の政治理念である。とすれば、女帝は原理的にありえないことになる。

ただし、現実の政治の世界には例外もある。男系の血筋が危うくなった時、これを維持するための中継ぎの場合である。これは、むしろ男系の原理が女帝を必要としている。この辺は、古代史研究の場においても微妙な問題であるが、ここは不比等を正確に理解するためであるから忌憚《きたん》なくいわせてもらうことにする。

つまりは、持統はその例外としての即位であった。問題は、持統という例外を不比等の天皇制の原理のなかにどう位置づけるかである。

挽歌の創作という場で新たな神話の創作がはじまっている。不比等らにとって、将来の軽の即位は絶対命題である。そのためにどのような神話を作るかである。人麻呂のレトリックに託すのはまだ先である。

明らかに、天武は不比等の天皇制以前の過去の人であり、草壁は日の皇子にはならなかった。とすると、軽の即位の正当性は限定的である。しかし、中継ぎにしろ、持統が即位すれば女帝も太陽にたとえられる。人麻呂の反歌一六九に「あかねさす日は照らせれど」とあるのは、「月の隠らく惜しも」に対応し、隠れてしまった草壁に対し照りつづける持統の輝きを歌っている。この反歌の段階で、持統はすでに太陽となっている。といって日の皇子ではない。しかし今後、草壁系の天皇が続くことになれば、持統はその系譜上の始祖ということになる。皇祖神の誕生である。そういう持統を神話のなかに位置づけるとすれば、それは一つしかない。天上に君臨する太陽そのものである。ここにおいて、日神は女性になった。〃日女の命〃の誕生である。

ここに誕生した太陽の女神は、その後、大日孁貴を経て天照大神へと発展し、日本神話の中心として揺るぎない地位を確立することになる。と同時に伊勢の内宮に祭られ、これはまた出雲大社と一対で日本の国土の座標軸をになうことになる。草壁の早世という思いがけない事態が、結果的に日本神話の骨格を生み出したのである。

天皇の神格化

草壁は即位することはなかったけれども、紆余曲折ののち天孫降臨神話の骨格は成立した。中継ぎの持統を経て軽皇子の即位を展望すれば、草壁王家も着実に成立しつつあった。この新しい王家を利用して権力を確立するというのが藤原不比等の思惑であった。

そこで、次に必要となるのは、神話を補完し、さらに天皇と皇室を神格化する作業である。神格化といっても本人は何も変わらない。ただ、物語や歌の世界でそれを演出すればよい。

『万葉集』を見ると、「やすみしし我が大王《おほきみ》」「高照らす日の皇子」「大君は神にしませば」のような天皇（大王・大君）を神格化する表現が目につく。これらの表現は、いつ頃成立したのであろうか。

右の三つの表現のうち、もっとも古いのは「やすみしし我が大王」で、舒明朝とされる歌（巻一―三）が初見である。これを疑っても、六七一年の天智挽歌（巻二―一五二・一五五）にも見えるから七世紀中葉頃には成立していたと考えてよいであろう。その意味であるが、ほとんどの場合「八隅知之」と表記されているから「八隅を知ろしめす」の意味であろう。とすれば、大王が高所から支配領域を見渡す国見のイメージにも重なるし、「八隅」を拡大すれば「天下」となり、その場合は、五世紀の金石文にも見える「治天下大王」とほぼ同意ということになる。いずれにしろ、イメージは古く古墳時代にさかのぼる語と考えてよさそうである。

これに対して、ほかの二つは天皇を天上世界の存在として神格化している。「高照らす日の皇子」は、この草壁挽歌で柿本人麻呂が歌ったのが最初である（巻二－一六七・一七一・一七三）。「大君は神にしませば」のほうは、人麻呂の「大君（原文は皇）は神にしませば天雲の雷の上に廬《いほり》せるかも」（巻三－二三五）が有名で、この大君を持統とするのが通説である。年代が確実なものとしては、弓削《ゆげ》皇子が薨じた文武三年（六九九）の置始東人《おきそめのあづまひと》の歌（巻二－二〇五）があるから、それ以前の成立である。この「大君は神にしませば」を天武朝の成立とする説もあるが、天武に対する後世の事実誤認に基づく解釈と思われ、やはり持統朝からとすべきである。また、先の人麻呂の草壁挽歌では、天武を「神の命」と呼び、「神ながら」という表現も使っている。その後さらに「神ながら神さびせすと」（巻一－三八・四五）と畳みかけるような表現も用いるようになる。

これらは、すべて天皇を神と讃える、つまり天皇の神格化といってよい。しかも、その出発点は、明らかに持統三年の人麻呂の草壁挽歌である。ということは、この年が天皇の神格化の大きな画期だったことになる。

もともと、この持統三年という年は、飛鳥浄御原令が成立し、天皇号・皇太子制とともに即位儀礼も確立し、そういう万端の準備の上に草壁皇子が即位するはずの年であった。それに合わせて、人麻呂らは、草壁を讃美する「高照らす日の皇子」「大君は神にしませば」「神ながら」などの句を準備していたのである。

結果的に、すべてが草壁挽歌に凝縮され、現実に即位したのは持統であったが、ともかくも、草壁のためのプロジェクトXが天孫降臨神話の骨格と天皇の神格化の基礎を築いたということは確かであった。

3　プロジェクトY

二系統の天孫降臨神話

草壁皇子が亡くなっても、不比等らは草壁直系の王家をあきらめることはなかった。七歳の遺児軽皇子のために持統が即位することになった。もちろん、中継ぎということで、不比等らにとっては本当の天皇ではなかったが、この持統という存在を前提にして、その後継者として軽は即位することになる。当然、そのための神話が構想される。プロジェクトYである。では、それはどのようなものだったのか。

天孫降臨神話は、『日本書紀』の巻二「神代下」の冒頭部分にあたるが、本文のほかに異説として八つの「一書《あるふみ》」がある。ここでは、最初の「一書」を「第一書」、以下順に「第二書」「第三書」……とする。その内容を簡単にいえば、天照大神（アマテラスと記す）の孫の瓊瓊杵尊《ににぎのみこと》（ニニギと記す）が、地上の葦原中国を支配するために日向の高千穂に天降るという話であるが、「一書」のなかには、本文の内容と大きく異なるものがある。そこで、内容が断片的でストーリーとしての体をなしていないものを除き、話の要素によって分類してみると次の表2のようになる。まず、この表について説明しておく。

表２　天孫降臨神話分類表

系統	タカミムスヒ系			アマテラス系		融合
所伝／要素	紀本文	第六書	第四書	第二書	第一書	記
司令神	タカミムスヒ	タカミムスヒ	タカミムスヒ	アマテラス	アマテラス	高木神（タカミムスヒ）、アマテラス
降臨神	ニニギ	ニニギ	ニニギ	オシホミミ←ニニギ	オシホミミ←ニニギ	オシホミミ←ニニギ
ニニギの母	高皇産霊尊の女栲幡千千姫	高皇産霊尊の女子栲幡千千姫万幡姫命		高皇産霊尊の女万幡姫	思兼神の妹万幡豊秋津媛命	高木神の女万幡豊秋津師比売命
降臨の様態	真床追衾に包まれる	真床覆衾に包まれる	真床覆衾に包まれる			
降臨地	日向襲之高千穂峯←吾田長屋笠沙之碕	日向襲之高千穂添山峯←吾田笠狭之御碕	日向襲之高千穂槵日二上峯←吾田長屋笠狭之御碕	日向槵日高千穂之峯←（吾田）	筑紫日向高千穂槵触峯	竺紫日向高千穂久士布流多気←笠沙之御前
随伴神 東征系			アメノオシヒ アメノクシツオホクメ			アメノオシヒ アマツクメ
随伴神 岩戸系				アメノコヤネ フトダマ 諸部神	アメノコヤネ フトダマ アメノウズメ イシコリドメ タマノヤ	アメノコヤネ フトダマ アメノウズメ イシコリドメ タマノヤ オモヒカネ タヂカラヲ イハトワケ
神宝＋神勅				宝鏡＋同床共殿 斎庭稲穂	三種神宝＋天壌無窮	三種神宝＋瑞穂国統治 宝鏡奉斎
伊勢神宮 先導神					サルタビコ	サルタビコ
伊勢神宮 鎮座					伊勢之狭長田五十鈴川上	佐久久斯侶伊須受能宮 外宮之度相

全体を三つの系統に分類しているが、その基準は、「司令神」である。アマテラスの孫なのだから、降臨を司令するのもアマテラスと思いがちであるが、実は、『日本書紀』の本文と「一書」の一部は高皇産霊尊《たかみむすひのみこと》（タカミムスヒと記す）としている。そこで、以下、司令神の相違により、アマテラス系とタカミムスヒ系の二つに分類して論ずることにしたい。『古事記』の場合は、その両神が一緒に司令しているが、タカミムスヒの表記が途中から高木神《たかぎのかみ》へ変わっている。

以上を整理したのがこの表であるが、『日本書紀』の所伝のうち、本文と第一書がそれぞれの系統でもっとも詳細である。そこで、この二つを中心に、ほかの要素に関し両系統の相違を列挙しておくことにする。

①タカミムスヒ系は、最初からニニギが降臨するが、アマテラス系は、まず忍穂耳尊《おしほみみのみこと》（オシホミミと記す）が降臨を命じられ、途中で火瓊瓊杵尊《ほのににぎのみこと》（ニニギと記す）に代わっている。ちなみに、オシホミミとホノニニギはともに穂が豊かに稔るという意である。

②ニニギの母の表記が、タカミムスヒ系は「高皇産霊尊の女栲幡千千姫《たくはたちぢひめ》」であるが、アマテラス系は、「思兼神の妹万幡豊秋津媛命」となっている。ここで注意すべきは、ニニギの母の神名が異なるばかりでなく、「高皇産霊尊の女」「思兼神の妹」のように続柄の表記が「女」から「妹」に変わっていることである。つまり、両系統のニニギの母は異なる世代の女性なのである。ということは、ニニギも二人いることになる。

③タカミムスヒ系だけが、降臨の際、真床追衾《まとこおふすま》に包まれる。

④降臨地に関し、タカミムスヒ系が、まず日向襲之高千穂峯《ひむかのそのたかちほのたけ》に下り、そこから吾田長屋笠沙之碕《あたのながやのかささのみさき》へ

向かうのに対し、アマテラス系は、筑紫日向高千穂までは同じだが、さらに「槵触峯《くじふるのたけ》」と記されている。

⑤アマテラス系では、天児屋命《あめのこやねのみこと》・太玉命《ふとだまのみこと》など降臨の際に随伴する神がある。

⑥アマテラス系では、ニニギに神宝と神勅が授けられる。

⑦アマテラス系では、降臨の途中で遭遇した猿田彦《サルタビコ》が先導役となり、さらに猿田彦自身も伊勢の五十鈴の川上に降臨している。そこは伊勢の内宮の所在地である。明らかに、伊勢神宮の成立と関係がある。

以上であるが、では、これらの要素の違いが意味するものは何か、また、そもそも軽が主人公のプロジェクトYはどちらなのであろうか。具体的に考えてみよう。

なお、参考までに『古事記』の場合も記しておいたが、『日本書紀』の二つの系統を融合したものとなっている。異なるものを融合するのは不自然であるので、これについては別に論ずることにする。

アマテラス系の神話

草壁没後、持統女帝の存在を前提として軽皇子（文武）の即位を目指すのがプロジェクトYであるが、この人間関係は実質上、柿本人麻呂の草壁挽歌と変わっていない。挽歌で「天照らす日女の命」とされた持統は「天照大神（アマテラス）」となり、草壁から軽への主人公の交替は、降臨神がオシホミミからニニギに代わったことに対応している。つまり、先の表のアマテラス系の神話がふさわしいことになる。第一書の神話である。

そのことを、ほかの要素についても見ておこう。

まず、アメノコヤネ（天児屋命）やフトダマ（太玉命）などの随伴神が目につくが、これらは、表にもあるとおり天の岩戸神話に登場する神々である。といって、岩戸神話を踏まえているとは限らない。何しろ、アマテラスという神格の誕生がまだ確認できていないのである。そこで観点を変えて、天児屋命と太玉命に注目すれば、これらは中臣と忌部の祖神である。それと、神宝と神勅の存在を重ねてみると、持統四年に持統が即位した時の『日本書紀』の記事が想起される。「物部麻呂朝臣、大盾を樹《た》つ。神祇伯中臣大島朝臣、天神寿詞《あまつかみのよごと》を読む。畢《をは》りて忌部宿禰色夫知《しこぶち》、神璽《かみのしるし》の剣《つるぎ》・鏡を皇后に奉《たてまつ》上る。皇后、即天皇位《あまつひつぎしろしめ》す」というものである。中臣と忌部の二人を高天原に移すと天児屋命と太玉命になろう。それに、天神寿詞を神勅とし、神璽を神宝とすれば、すべてが揃うことになる。アメノウズメ（天鈿女命）、イシコリドメ（石凝姥命）、タマノヤ（玉屋命）らは、忌部の支配下で神宝を扱っていたのであろう。つまり、アマテラス系に見える随伴神と神宝・神勅は、持統即位の段階で成立していた即位儀礼だったということになる。もちろん、本来は草壁の即位のために準備されたものであったが、結果的に持統の即位儀礼となり、文武擁立の出発点となったのである。律令でいえば神祇令践祚《せんそ》条であるが、飛鳥浄御原令にも規定されていたと考

系図3　プロジェクトY関係系図

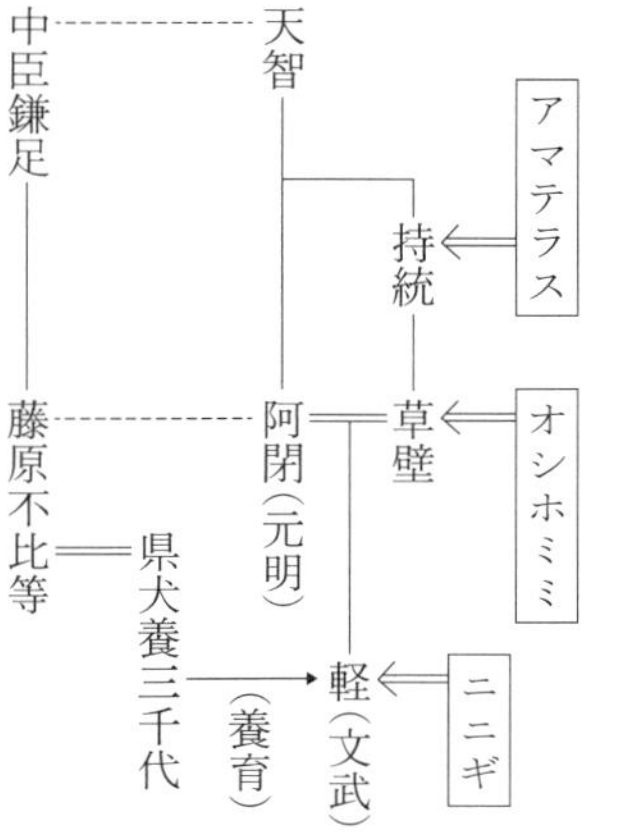

えてよいであろう。また、持統五年十一月に大嘗祭が行われているが、ここでも同様の即位儀礼が行われたはずである。そういえば、岩戸神話はスサノヲの悪行からはじまるが、その悪行の場も『古事記』では大嘗、『日本書紀』では新嘗であった。家ごとの新嘗は古くからあるが、国家レベルの大嘗祭は持統朝からと考えられる。国家秩序の形成に対応して、神話もつぎつぎと生まれているのである。

そして、決定的意味をもつのが「高天原」の成立である。先に見たように、六九七年八月の文武即位詔ではじめて使われた言葉である。即位詔に「高天原に事はじめて、遠天皇祖《とほすめろき》の御世、中・今に至るまでに、天皇《すめら》が御子のあれ坐《ま》さむいや継々《つぎつぎ》に、大八嶋国知らさむ次《つぎて》と、……」とあるように、高天原は単なる天上世界ではなく、アマテラスが君臨する天孫降臨の出発点であり、さらに万世一系の歴代天皇を経ていまの天皇にいたる原点という意味をもって誕生したのである。この語はその後『日本書紀』や『古事記』でも使われ、奈良時代以後の祝詞《のりと》において多用されることになるが、これこそが、天皇制というか皇室の尊厳を象徴することになる。

降臨地をめぐる問題

確かに、プロジェクトYにおいて天皇を神格化するための神話は形成されつつあったが、問題も多々残っていた。そのうち、もっとも重要なのはニニギの降臨の地であった。神格化の起点を高天原のアマテラスとして、では、地上のどこに降臨するのかである。

先に私は、記紀神話の主人公がみな〝よそ者〟であると述べた。しかし、プロジェクトXの草壁挽歌では、日の皇子の天武は飛鳥浄御原宮に天降っていた。これだと、必ずしも〝よそ者〟ではない。

しかし、文武の即位時には都は藤原宮に遷っている。といって、藤原宮に降臨するわけにはいかない。何しろ、神代と人代の接点にまでさかのぼる話である。藤原宮はまだ存在しない。では、飛鳥や畝傍、あるいは纏向ではどうか。それが、うまくいかない。肝腎の王家が近江系の息長王家だからである。王権の出発地は、その氏族の本拠地でなければなるまい。飛鳥と畝傍は蘇我氏の本拠地である。纏向は継体以前の旧王朝の発祥の地であった。息長氏の本拠地は近江の坂田郡であるが、壬申の乱で激戦を交えた不破の関の近くを皇室の聖地とするわけにはいかないだろう。

そこで、奇想天外なアイデアが浮かんだ。伽耶神話にある亀旨峰である。釜山の近くの金海にある小さな山のことで、この亀旨峰を『日本書紀』は「槵触峯《くじふるのたけ》」、『古事記』は「久士布流多気」としたのである。その神話であるが、『三国遺事』所収の『駕洛国記』には、伽耶の始祖の首露は、皇天の命で天から下ろされた金色の函のなかにあった卵から生まれたと記されている。また、『三国史記』には新羅統一の英雄の金庾信《きんゆしん》（五九五－六七三）の伝記があり、そこには、庾信の十二代前の祖の首露が亀旨峰に登って伽耶を建国し、のち金官国と改めたと記されている。亀旨峰の亀旨はクジの音と近く、天上から降臨するという神話のモチーフからしても、明らかにこれを模倣したものであろう。もっとも、伽耶は六世紀中葉に新羅に併合されており、この神話が日本に伝わりえたのかどうかが問題になるが、右の金庾信に関して、『日本書紀』に次のような記述がある。

高句麗が唐と新羅に滅ぼされた天智七年（六六八）の秋九月、新羅使金東厳らが来日した。六五六年以来十数年ぶりのことであった。白村江の戦いをはさんで、長い敵対関係にあったからである。ところがこの年、高句麗が滅亡したため、高句麗の旧領の支配をめぐって唐と新羅との対立が深まり、その結果、新羅が日本に使者を派遣してきたのである。使節団との間には微妙な空気が漂っていたに違いない。ところが、その時、中臣内臣、つまり中臣鎌足が、新羅の金庾信のために船一隻を賜い、東厳に付したという。鎌足は、伽耶の王家の血を引く金庾信を丁重に扱った。もちろん、伽耶の神話も知っていたと思われる。不比等は、その鎌足と庾信の話を養父から聞いていたのであろう。

ここで、新たな問題が起こる。伽耶の神話を利用しても、まさかニニギの降臨の地を伽耶とするわけにはいかない。そこで、クジフルタケに「筑紫日向高千穂」をつけたのであるが、どのみちクジフルタケが日本の地名でないことは歴然である。とすると、ニニギとその子孫はどこで生活することになるのか。神話はここで終わってしまう。

これに対し、後述する『日本書紀』の本文や『古事記』では、ニニギは吾田長屋笠沙之碕《あたのながやのかささのみさき》に降臨することになっている。この吾田長屋笠沙之碕とは鹿児島県薩摩半島の南西部の野間岬のことである。実は、ここが隼人神話の舞台となり、天孫降臨に続いて海幸・山幸の神話が展開し、その後に登場する神武が、ここから大和に向かうことになる。これが、いわゆる神武東征である。

しかし、このプロジェクトYでは、所在不明のクジフルタケから新たな展開は生まれようがない。つまり、この段階では、天孫降臨神話と歴代天皇とを結ぶ物語がまだ成立していなかったのである。記紀神話は全体としては未完だったのである。

ただ、念のため述べておけば、隼人神話というものが古くからあるなら、最初から降臨の地を吾田長屋笠沙之碕にすればよさそうなものである。そう考えて隼人のことを調べてみると、隼人は薩摩半島南端を中心に分布した民族と見られるが、文献上、その存在が知れるのは天武十一年（六八二）以後ということである。それ以前には、隼人という民族の存在すら知られておらず、たとえ記事があったとしても、後世の知識で書かれたものだという。隼人の名称も、天武朝以後に王権の側からつけられたものらしい（中村、一九九三）。つまり、降臨地を吾田長屋笠沙之碕としなかったのは、持統朝では、まだ隼人という民族名も隼人神話も未成立だったためと考えられるのである。とすれば、降臨地が所在不明のクジフルタケのままだったというのは、ますますプロジェクトYが持統朝にふさわしいことになろう。

猿田彦

プロジェクトYには、なお問題が残されていた。

ニニギが高天原から降臨しようとした時、「一《ひとり》の神有りて、天八達之《あめのやち》衢《また》に居り、其の鼻の長さ七咫《あた》、背の長さ七尺余り。七尋《ひろ》と言ふべし。且《また》、口・尻・明《あか》り燿《て》れり。眼は八《や》咫鏡《たのかがみ》の如くにして、絶然《てりかかやけること》赤酸醬《あかかがち》に似《の》れり」という報告があった。衢《ちまた》の神の猿田彦《さるたひこ》の出迎えであった。容貌は明らかに巨大な猿である。天鈿女《あめのうずめ》が応対に出たが、ここで猿田彦は、ニニギの行く先を筑紫のクジフルタケと示した上で、自らは伊勢の狭長田《さなだ》の五十鈴の川上にいたるといったのである。驚くべきことではないか。五十鈴の川上とは伊勢の内宮の所在地である。まるで、天孫降臨神話のすべてを知っているかのようである。いったい猿田彦とは何ものなのか。

といって驚く必要はない。猿田彦は神とはいえ所詮、猿である。神話のストーリーを知っているものは神話の作者だけである。とすれば問題は、ここでなぜ、猿田彦のような奇妙な神を登場させる必要があったのかということになる。

まず、猿田彦についてわかっていることは、宇治土公《うじのつちぎみ》という伊勢国度会郡宇治の豪族の祖神だということである。内宮のある五十鈴の川上の地も宇治土公が提供したものである。つまり、猿田彦は内宮の地主神であり、宇治土公は内宮創建の功労者だったのである。とすれば、猿田彦の登場は、当然にも内宮の創建のためと考えねばなるまい。

しかし、何かおかしい。内宮はアマテラスを祭るから天孫降臨神話と無関係とはいえないが、ニニギが降臨しようとしているのは筑紫の日向である。ここに、伊勢の豪族の祭る神が登場する必然性がない。そう考えるのが普通であろう。

ところが、そうではないのである。というのは、このプロジェクトYの神話を構想する過程で、もっとも重要な問題だったのは持統女帝の処遇であった。草壁挽歌において、持統は日女の命であった。このプロジェクトYの神話では天照大神（アマテラス）に該当する。これを神話の構造のなかでどのように位置づけるかであった。

もう少し説明すると、不比等の天皇制論では、歴代の天皇は草壁の直系で、藤原氏の女性が産んだ男子でなければならなかった。だから、女帝は本当の天皇とは見なされない。ただ、男系の血筋を維持するための中継ぎだけは認めるというものである。女性差別というレベルの議論ではない。藤原氏が権力を永続的に掌握するための論理なのである。

いま、持統は、その中継ぎの天皇である。本当の天皇ではないから日の皇子ではない。その持統を結局、草壁挽歌では、天上に君臨する太陽として〝日女の命〟と呼んだ。将来、軽（文武）が即位し、その子孫が代々天皇となれば、持統は皇祖となる。それにふさわしい待遇が必要と考えたからである。では、このプロジェクトYでもそれでよいのか。

しかし、王権の由来を語る神話と死の刹那の挽歌とでは発想を変えねばなるまい。天上に君臨する太陽には、それにふさわしい権威と格式を必要とする。まず、呼称が、草壁挽歌の「天照らす日女の命」という表現から〝天照大神〟に変更される。それに、君臨する場所も〝天〟だけでは重みがない。そこで考案されたのが〝高天原〟である。「天原《あまのはら》」に「高」の一字を付しただけであるが、そのイメージは一変している。「天原《あまのはら》」だけなら、地上から遠く空をながめる意味しかない。しかし「高」の一字により、その空を超えた彼方にある天上世界を現出させている。神聖な神々の世界である。この語は、プロジェクトYの成就を記念する文武即位詔のなかではじめて使われることになる。

また、神話のなかにおいても、アマテラスは降臨するニニギに、玉・鏡・剣のいわゆる三種の神器を与え、戦前には重視された〝天壌無窮の神勅〟を発している。こうしてアマテラスの超越的な地位が形成されるにつれ万世一系の天孫降臨が必然化される。それは、軽皇子の即位を必然化することにもなる。

ともかく、こうして神話は格式を整えつつあったが、ここで重要な問題が生ずる。

このプロジェクトYにおいて、アマテラスは正式に皇祖神となった。それならば皇祖神を祭る場が必要となる。中国的な宗廟という観念もあったかもしれない。問題はどこに祭るかである。ここで、猿田彦の登場が必要となるのである。

実は、持統朝において伊勢の内宮を創建する準備が進んでいた形跡がある。一つは、伊勢の内宮の祭神の呼称である。『皇太神宮儀式帳』によると、主神は「天照意保比流売命《あまてらすおほひるめのみこと》」、同殿神の二座は「天手力男神《あまのたちからをのかみ》」と「万幡豊秋津姫命《よろづはたとよあきづひめのみこと》」であるが、主神の呼称は草壁挽歌の「天照らす日女の命」と酷似している。同殿神のうち「万幡豊秋津姫命」は『日本書紀』の第一書と一致する。特に主神の呼称は、草壁挽歌の印象が強く残っていた持統朝にふさわしいものといえよう。

もう一つは、持統六年の伊勢・志摩への行幸である。この時、中納言大三輪朝臣高市麻呂が「農作の節」を理由に冠位《かうぶり》を脱いで諫めたことは有名であるが、それが本当の理由だったとは思えない。ともかく、この記事が、伊勢神宮の創建と何らかの関係があることは多くの人が気づいているとおりであるが、実務的に考えれば、伊勢神宮の創建となれば、仮に神郡があったとしても、建設のための資材と労働力の確保、その後の運営のためにも周辺諸国の役割分担を確認しておかねばならない。その時、天皇が直接出向くとなれば効果は大きかったであろう。そういう演出がなされたのである。

このようなアマテラスを祭る内宮の創建事業を天孫降臨神話のなかに組み込みたい。これにより、持統の存在感が高まり、軽への禅譲が動かしがたくなる。そのためにこそ、内宮の創建に協力的だった宇治土公が祭る、猿田彦という神に大仰な芝居をさせたのである。

結局、草壁の死がここまで尾を引いているのである。仮に女帝というものがなければ、歴代天皇は日神の末裔の日の皇子と称しただけでよかったはずである。持統の即位により、日神は日女の命となり、さらに天照大神（アマテラス）となった。これはこれで仕方なかったのかもしれないが、続いて「天」が「高天原」となると、それは事実上アマテラスのための世界となってしまった。万物の上に君臨するはずの「天」が、神とはいえアマテラスによって私物化されてしまったのである。中国的天命思想は放棄され、日本の特殊な天皇制が出現してしまった。思いがけない成り行きであったというべきであろう。これ以後、日本には哲学は成立しなくなった。理念の前を天皇制という壁が閉ざしてしまったからである。そのことを、消極的に「日本に哲学なし」とした中江兆民のような思想家はありえたが、純粋に哲学に回帰することは不可能になってしまった。その意義は小さくはなかったはずである。

最後に、もう一度猿田彦に戻るが、『古事記』では、猿田彦が阿射加《あざか》(伊勢国壱志郡。現松阪市)にいた時、漁をして、ひらぶ貝に手を咋《く》われて溺れたと記されている。『日本書紀』のあのおどろおどろしい形相を揶揄しているようである。それに、猿田彦が伊勢の五十鈴の川上に降るという記述も『古事記』にはない。明らかに、『日本書紀』の趣旨に異を唱えているように見える。そういえば、先に、大三輪朝臣高市麻呂が持統の伊勢・志摩行幸に冠位を脱いで抵抗したと述べておいた。三輪山の大物主の子孫を自称する大三輪氏にとって、たとえどの王朝であろうと、その始祖を遠く伊勢に祭るというのは大和を追放することである。大和の人びとがつちかってきた伝統が失われようとしている。太安万侶も大三輪高市麻呂も、不吉な予感をもちはじめていたのではないか。

ここで想起すべきは、上山春平氏が指摘した藤原不比等の神祇革命である。不比等は、持統・草壁・軽を丁重に扱い神格化までしようとしているが、それと同時に、皇室と大和の古き豪族たちの祭る神々を伊勢と出雲という遠隔の地に追放しようと企んでいる。太安万侶も大三輪高市麻呂も、不比等の構想する天皇制という政治理念の全体像を理解してはいなかったであろう。しかし、遠大な政治理念の背後に、ただならぬ気配を感じはじめていたことは間違いないであろう。

これまで、われわれ日本人は、天皇制も伊勢神宮も出雲大社も、はてしなく古い伝統に根ざしたものと考えてきたのではないか。しかし、そうではなかったのである。この時代、藤原不比等を中心とする政治集団が、大和盆地の古い伝統を破壊して、強引に作り上げたものだったのである。

4 プロジェクトZ

タカミムスヒ系の神話

六九七年に成立した文武朝は当初は順調に見えた。大宝元年(七〇一)には大宝律令が完成した。同年、文武の夫人の藤原宮子が首皇子(のちの聖武)を産んでいる。不比等の喜びは大きかったに違いない。

翌大宝二年十二月に持統は亡くなるが、すでに不比等の権力は盤石であり、政局への影響はなかったと思われる。ちなみに、その翌年の大宝三年に贈られた謚号は「大倭根子天之広野日女尊《おおやまとねこあめのひろのひめのみこと》」であったが、七二〇年成立の『日本書紀』では「高天原広野姫《たかまのはらひろのひめ》」とされた。ようやく「高天原」の語が定着してきたのである。

ところが慶雲三年(七〇六)十一月、文武が病に倒れ、翌年六月、二五歳の若さであっけなく亡くなってしまう。遺された首はまだ七歳であった。この段階では、長屋王というライバルが台頭しており、さすがに政局は動揺したはずであるが、やはり、結果的には不比等の権力と政治力がまさった。再び、祖母の阿閇《あへ》皇女、つまり草壁の未亡人が中継ぎで即位することになった。

そこで、不比等の新しい目的は、この首の即位となった。そのための神話が構想されることになった。それが、プロジェクトZである。

その神話であるが、先の表2のうち、タカミムスヒ系が残されている。では、このタカミムスヒ系の神話がプロジェクトZの神話なのだろうか。神話自体をじっくりと検討してみよう。

まず、アマテラス系の神話との相違に驚く。何しろ、ニニギの降臨の場にアマテラスが登場しないのである。草壁を連想させるオシホミミもいない。新しくタカミムスヒという神が登場し、単独で直接ニニギに降臨を命じている。そのタカミムスヒは「皇祖」と記されている。持統の即位儀礼を連想させる随伴神や神宝・神勅もなく、猿田彦や伊勢神宮の記述もない。ということは、アマテラス系の神話を大幅に書き換えたのである。明らかに、亡くなった持統と草壁の痕跡は消えている。これが、プロジェクトZである。

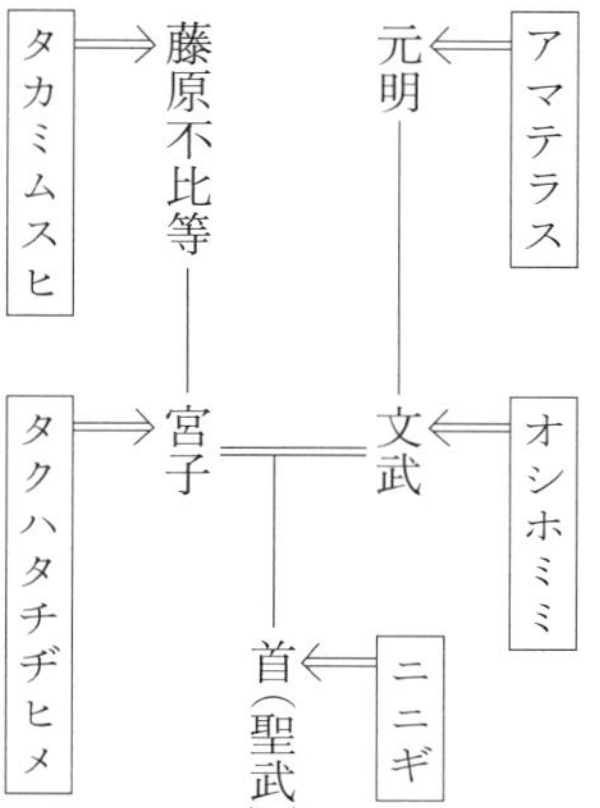

系図4　プロジェクトZ関係系図

神話成立の年代をもう少し詳細に考えると、太安万侶の「序文」によって知れる『古事記』の成立は七一二年である。その『古事記』の天孫降臨神話はアマテラス系とタカミムスヒ系の神話を融合したものである。すなわち、『古事記』はタカミムスヒ系の神話を内容的には踏まえている。とすると、タカミムスヒ系の神話が構想された時期は、七〇七年の文武の死から七一二年までということになろう。すっぽりと元明朝におさまる時期である。どうやら、タカミムスヒ系の神話がプロジェクトZの神話であることは間違いなさそうである。

その場合、プロジェクトZにおける人間関係と神話との対応であるが、降臨するニニギは首皇子（聖武）、タカミムスヒは不比等である。首は、不比等の娘の宮子の子だから、不比等は祖父にあたる。だから、皇祖なのである。活躍しないが、その場合の系譜上のオシホミミは文武、アマテラスをその母とすれば元明ということになる。その人間関係と神話を系図にすれば前頁のようになろう。

ところで、上山春平氏は、次にあげた、『日本書紀』巻二「神代」第九段本文の冒頭部分に注目する。

天照大神の子、正哉《まさか》吾《あ》勝勝速日天忍穂耳尊《かつかちはやひあまのおしほみみのみこと》、高皇《たかみ》産霊《むすひ》尊の女、栲幡千《たくはたち》千《ぢ》姫《ひめ》を娶《ま》きたまひて、天津彦彦火瓊瓊《にに》杵尊《ぎのみこと》を生《あ》れます。故《かれ》、皇《み》祖《おや》高皇産霊尊、特に憐愛《めぐしとおもほすみこころ》を鍾《あつ》めて、以て崇《かた》て養《ひだ》したまふ。遂に皇孫《すめみま》天津彦彦火瓊瓊杵尊を立てて、葦原中国の主《きみ》とせむと欲《おもほ》す。

そして、プロジェクトZの系図との対応関係を示した上で、次のような文章に書き換えるのである。

元明の子、文武は、不比等の娘、宮子をめとって、首皇子を生んだ。不比等は、首皇子を特にたいせつに養育し、やがて孫の首皇子を天皇にしようと思うようになった。

これは明らかにプロジェクトZといってよい。やはり、タカミムスヒ系の神話は、プロジェクトZ

の段階に構想された神話だったのである。

さて、天孫降臨神話の分析も、ようやく大詰めにきたといってよい。以下、残された問題について論じておくことにしよう。

タカミムスヒは藤原不比等

まず、もっとも気になるのが、タカミムスヒすなわち高皇産霊尊（『古事記』は高御産巣日神）という名称である。これは、何に由来するのだろうか。ムスヒ（産霊、産巣日）について、本居宣長の『古事記伝』は次のように述べている。

> 産巣日《むすび》は、字は皆借字《かりもじ》にて、産巣《むす》は生《むす》なり、其は男子女子《むすこむすめ》、又苔の牟須《むす》など云牟須にて、物の成出《なりいづ》るを云。……凡て物の霊異《くしび》なるを比《ひ》と云……。されば産霊《むすび》とは、凡て物を生成《な》すことの霊異なる神霊《みたま》を申すなり、……さて世間に有とあることは、此天地をはじめて、万の物《もの》も事業《こと》も悉《ことごと》に皆、此二柱の産巣日大御神《むすびのおほみかみ》（高御産巣日神・神産巣日神）の産霊《むすび》に資《より》て成出《なりいづ》るものなり。

ムスヒとは万物生成のための根源的な神のはからい、霊異なる神霊のことをいう。苔むすのむすであるが、もちろん苔ではなく、それが生ずるエネルギーのようなものを指している。記紀神話の全体の論理としては、天地のすべて、イザナキ・イザナミ両神の誕生も、両神による国土や神々の生成も、すべて根源的にはムスヒの神のはたらきということになる。アニミズムや自然神ではない。太陽神でもない。万物生成の根源にあるはたらき。エネルギーといってもよい。その大本《おおもと》が高皇産霊尊というわけである。エネルギーの原点だから、いわば、宇宙のビッグバンのようなものであろうか。根源的で、最高の存在。観念的な神だから記紀編者の創作に決まっているが、考えてみると、アマテラスも小さく見えるほど奥深い存在である。それが不比等なのである。

ところで、不比等が、このタカミムスヒの名称の前に考えた神の名がある。タカミムスヒ系では、ニニギの母を「高皇産霊尊の女栲幡千千姫」としているが、それ以前のアマテラス系の神話では「思兼神の妹万幡豊秋津媛命」としている。姫の名も違うのであるが、一方は高皇産霊尊の娘で、他方は思兼神の妹である。神話では、タカミムスヒと思兼神は父子とされている。アマテラス系とタカミムスヒ系では世代が一代ずれるから、どちらも不比等のことと考えてよい。つまり最初は、賢い神とだけ考えて「思兼神」としたのである。しかし、これでは平板だというわけで、高皇産霊尊を創作したのである。どちらも不比等自身を指している。

タカミムスヒ系神話の問題点

次に、降臨地の問題がある。アマテラス系の段階では、まだ隼人神話が未成立だったために、伽耶の亀旨峰の伝説を借りてきて、そのままにしてあったが、タカミムスヒ系の『日本書紀』本文では、高千穂からただちに吾田長屋笠沙之碕へ向かっている。もちろん、その後、ここを舞台に海幸・山幸の隼人神話が展開し、さらに神武東征となる。ということは、この段階になってようやく隼人神話が成立したということである。

この隼人神話に関しては、そのストーリーの骨格においても文字表記においても、漢訳仏典、特に『経律異相』との一致点が多いことが指摘されている（瀬間、一九九四）。この神話がプロジェクトZの段階つまり元明朝に急遽成立したものであることを考えると、編者のなかの仏典に詳しい人物が案を練ったということになろう。これに対し、従来、この説話の源流をインドネシアなど東南アジアの説話とする理解が有力である。しかし、一考を要するのではなかろうか。古代以前において、東南アジアからのまとまった世界観の流入を考えることは困難と思う。集団の渡来はないし、たとえ日本列島へたどり着いても冬の寒さを越すことは相当困難と思われる。説話の発想が類似している例があることは事実であるが、それは、東南アジア地域が、古くからヒンドゥー教・仏教の文化的影響下にあったからではなかろうか。いわば、東南アジアと日本を含む東アジアは、仏教の南伝と北伝という同根の関係だったのである。

また、このタカミムスヒ系では、原則として降臨の際に随伴神を伴わないのであるが、第四書に、随伴神として大伴氏の祖であるアメノオシヒと久米氏の祖のアメノクシツオホクメがいる。この大伴・久米こそ神武東征の功労者である。どうやら、このプロジェクトZの段階になって、神代から歴代天皇の人代へと続く記紀神話の全体像ができあがってきたといえそうである。

もう一つ気になるのは、ニニギが真床追衾《まとこおふすま》に包まれて降臨することである。この真床追衾であるが、護雅夫氏によると、これは騎馬民族の即位儀礼に関係があるという（護、一九六七）。氏によれば、突厥《とっけつ》、契丹《きったん》、鮮卑《せんび》族、モンゴル族などの王の即位儀礼において、太陽を拝したのち氈《せん》（フェルト）に覆われ、さらにその氈が群臣によってもち上げられる。これは、シャーマニズムの成《せい》巫《ふ》式に用いられるフェルトに由来し、「地上の人間にとっては、神霊・精霊をわが身に招《お》きくだしてそれをわが身にいれ、それとおなじ力《もの》を体得して、おのれみずから神霊・精霊そのものになりうるための、つまり人間から神霊へと転化するための聖なる場であり、神霊・精霊にとっては、降臨して地上の人間に憑《よ》るための、つまり、神霊から人間に転化するための聖具にほかならない」というもので、この氈が真床追衾ではないかというのである。

では、そう考えた場合、突厥などの風習がどのようにして日本に伝わったのであろうか。

実は突厥は、隋の統一以前から高句麗と同盟関係にあった。その後、唐の高宗の時代、高句麗は六六八年に唐将李勣《りせき》に攻められて、首都の平壌城が陥落する。その時、逃れて日本に亡命した人物に肖奈《しような》（背奈）公福徳がおり、その子に行文がいた。『続日本紀』によると、行文は養老五年（七二一）に明経第二博士となり、学業に優遊し師範に堪えるゆえ物を賜うとある。『懐風藻』に、長屋王宅に新羅客を宴する詩があり、藤原武智麻呂の伝記を『家伝』下巻（『武智麻呂伝』）というが、そこに行文を指して宿儒《しゆくじゆ》とある。宿儒とは、年功をつんだ優れた儒者のことである。つまり、文人として活躍しているのである。このような高句麗系の渡来人の存在を考えれば、突厥の風習がもたらされても不思議ではない。ましてや不比等は、渡来人を重用した人物である。

以上、タカミムスヒ系の神話を見てきたが、これが、首（聖武）の即位を目的としたプロジェクトZの段階、具体的には元明朝、かつ『古事記』の成立以前だから七一二年までの段階で、藤原不比等らによって構想された蓋然性はきわめて高いことが了解されると思う。そして、この神話ののち、隼人神話から神武東征を経て歴代天皇につながる。これをもって、王権の根拠に関する神話の完成と称してよいであろう。

5 『古事記』の降臨神話

『古事記』の降臨神話の問題点

天孫降臨神話は、柿本人麻呂の草壁挽歌をベースにし、その後、『日本書紀』の第一書がアマテラス系、本文がタカミムスヒ系として順次成立したものである。それぞれ、草壁、軽、首の三人の皇子たちの即位を目的としたストーリーであった。だから、『日本書紀』の天孫降臨神話は、その内容が多様であったとしても、一つひとつがはっきりとした目的をもって構想されたものだったのである。その目的とは、藤原不比等が実現を目指す藤原氏のための天皇制の確立であった。不比等の政治的イデオロギーといってもよい。神話は、そのイデオロギーの実現過程の節目節目で構想されたものだった。だから、架空の作り話ではなく、古くから伝えられた伝説でもない。実は、このことは『日本書紀』の神話全体にもいえることである。

これに対し、『古事記』は相当異なる書物である。同じ天孫降臨神話であっても、『日本書紀』のような明確な目的意識に欠けている。私は、先に、『古事記』の編者を太安万侶としてよければ、彼は、藤原不比等が主導する『日本書紀』の編纂に参加しつつも、その一方で、不比等らに違和感をもち、『日本書紀』に対抗する独自の文学的構想を練っていたと述べておいた。また、さらに、天皇制の形成のための歴史書の編纂は、公的な国家事業としては不比等主導の『日本書紀』の編纂事業がそれであったが、太安万侶の『古事記』はそこから派生した副産物だったとも述べた。

不比等には、藤原氏のための天皇制という明確な目的意識があったが、太安万侶にはそこまでの意識はなかった。『古事記』の序文では編纂にあたって守るべきは「邦家の経緯」「王化の鴻基」であるといっているが、それは一般論としての天皇の尊厳であった。そういうスタンスで編纂したのが『古事記』の神話であった。

『日本書紀』の天孫降臨神話は、草壁・軽・首の三世代の皇子たちのために、個別に作成されたものである。だから、神話は複数ある。歴史学の立場からは、どれも貴重な史料である。しかし『古事記』は、世代の異なる神話を一つにまとめてしまった。異なる人間関係を一つにまとめては、もはや一次史料ではなくなる。参考史料にすぎなくなる。だから、そこに問題が発生する。

ただ、ここで太安万侶を責めても仕方ないだろう。『日本書紀』の場合、時代を追って順次作成されたから、同じテーマの神話が複数存在し、そのため、書物全体の統一性に欠ける。その点、『古事記』はストーリーが一貫している。政治的イデオロギーよりも文学としての完成度を目的としているように見える。『日本書紀』は政治目的ありきである。これに対し、『古事記』は登場人物を人形のように扱うのではなく、生身の人間のように生き生きと描いている。文章表現も洗練されている。記紀のどちらを大切に考えるか、あるいは端的にどちらが好きかという場合、国文学者と歴史学者とでは立場が異なる傾向があるとすれば、その原因はもはや明らかであろう。歴史学にとっては、極論かもしれないが、『古事記』は『日本書紀』の参考文献でしかないのである。

こう考えてくると、記紀の神話の最大の相違として出雲神話の扱いがあったことも理解されてくる。

すでに繰り返し述べてきたことであるが、出雲神話は蘇我王権の神話である。いわば蘇我王権の残映のようなものといってもよい。蘇我王権は乙巳の変によって滅び、過去の遺物となっている。だから、『日本書紀』はこれを重視しない。冷淡である。というより、この蘇我王権の残映をことごとく遺棄し、新たな藤原氏のための歴史を作ることに熱心である。蘇我王権に対して、むしろ、相当の焚書坑儒《ふんしょこうじゅ》が行われたのではないか。しかし、『古事記』は逆に、そういう藤原氏の覇権を十分に理解しようとはしない。むしろ、過去の大王と古い氏族たちへの郷愁がある。過去の大王とは蘇我王権のことである。だからこそ、『日本書紀』の編纂事業に参加しても、次第に不比等らとの軋轢が生じることになったのではないか。不比等の覇権が完全なものとはなっていない段階である。長屋王らの存在もある。忌部子首のような、かつての蘇我王権と密接な関係のあった一族もいる。そういうなかで『古事記』の神話は構想され作成されたのである。

『古事記』の降臨神話の矛盾

『古事記』の天孫降臨神話は、一三四頁の表2を見れば明らかなように、アマテラス系とタカミムスヒ系の両方の要素を備えている。そのため融合と称したのであるが、子細に見ると、その内容には大きな矛盾がある。というのは、アマテラス系とタカミムスヒ系とでは、神話の母体となる政治状況、つまり藤原不比等のプロジェクトにおける段階が異なるからである。

簡単にいうと、アマテラス系は軽皇子（文武）の擁立を目指しており、アマテラス・オシホミミ・ニニギの三神の指す人物は、持統・草壁・軽の三人であった。これに対してタカミムスヒ系の場合は首皇子（聖武）の擁立を目指しており、先の三神は元明・文武・首というようにアマテラス系とは世代が一つずれている。

つまり両系の神話は、別々の人間関係の上に成立している。同じアマテラスでも想定している人物が異なるのである。とすれば、この二系統の神話を一つにまとめることは不可能なはずである。『古事記』の神話は、最初からこういう矛盾を孕《はら》んでいたのである。では、『古事記』は、どのように天孫降臨神話を描いたのか、また、そこにどのような問題があるのか、これについて考えてみよう。

基本はアマテラス系

異なる人間関係を一つの話として表現することはできない。やはり、ストーリーの基本構造はアマテラス系かタカミムスヒ系かどちらかでなければならない。そこで、先の表2を見てもらいたい。

まず、司令神は高木神（タカミムスヒ）とアマテラスの両神となっているから二系統の融合といえるが、降臨神はオシホミミ→ニニギとなっており、ニニギの母の名も万幡豊秋津師比売命で、これらはアマテラス系である。そのほかの要素を見ても、真床追衾がなく、神宝と神勅が見え、猿田彦が登場するところもアマテラス系である。降臨地は久士布流多気《くじふるたけ》→笠沙之御前《かささのみさき》と両系統を踏まえているが、やはり天孫降臨神話全体としてはアマテラス系と見てよいであろう。アマテラス系とは、軽（文武）の即位を目的としていた持統朝のプロジェクトYの神話のことである。

ところが、すでに見たように、部分的ながらタカミムスヒ系の要素も見える。こちらは首（聖武）の即位を目的としたプロジェクトZすなわち元明朝の神話である。『古事記』の成立も七一二年とすれば元明朝である。とすると、神話の神々と前提となる人間関係との対応が難しくなる。降臨を司令したのは高木神とアマテラスの両方だから藤原不比等と持統でよいが、この二人を同列にならべるのは皇祖の観念においても、世代の上でも不自然である。また、降臨神がオシホミミ↓ニニギというだけでは、草壁↓軽なのか、軽↓首なのかわからない。

もちろん、太安万侶は『日本書紀』の編纂に参加し、その内容を熟知していたはずである。では、なぜ、このようなわかりにくい神話を作ってしまったのであろうか。それを解くためには、『古事記』にさらに立ち入って考えてみなければならない。

そこで、ニニギの降臨に限定せず、『古事記』の神話のストーリー全体に目を向けてみよう。すると、タカミムスヒ（高木神）の活躍は顕著であるし、天孫降臨に続く隼人神話も詳しく記されている。さらに神武東征を経て人代につながっている。これらは、いずれも元明朝のプロジェクトZの段階のものである。つまり『古事記』は、神話全体の筋立てとしてはタカミムスヒ（不比等）を皇祖とし、その命令でニニギ（首）が降臨するプロジェクトZの段階に踏み込んでいるのである。逆にいえば、神話のストーリー全体はプロジェクトZで、そのなかの天孫降臨部分だけにはプロジェクトYのアマテラス系を残していたということになる。

こういう場合、政治過程に忠実に対応する『日本書紀』は、元明朝のプロジェクトZの段階になると、持統朝に構想されたアマテラス系の神話を放棄し、新たにタカミムスヒ系の神話を創作するのであるが、『古事記』の場合は、すでに持統は故人となっているにもかかわらず古いアマテラス系の神話を強引に残したのである。その意味するところを考えねばならない。

りそうである。

元明朝の修正

ともかく、アマテラス系とタカミムスヒ系とでは、不比等のプロジェクトでの立場が異なり人間関係が一世代ずれている。だから、一つの話にまとめるためには、少なくともストーリーが混乱しないように最小限度の調整は必要となる。どのように調整したのであろうか。問題を解く鍵は、そこにありそうである。

天孫降臨神話に関して、『古事記』が元明朝になって行った修正としては、次の三点を指摘できる。

第一は、司令神として高木神（タカギノカミ）を創作し、これにアマテラスを併記したことである。高木神はタカミムスヒの別名で、事実上、藤原不比等を指している。しかし、なぜ別名とする必要があったのか。これは大問題である。確かに、高い木というのは、神話研究の上で世界樹とか宇宙樹とか称され、天上世界に通じ、また、精霊が宿る聖なる樹木とされている。そういう樹木に対する信仰はどの民族にも普遍的に見られるものである。しかし、タカミムスヒというのは、『日本書紀』の神話の最高神として不比等が自らのために作った神名だったはずである。その核心は「ムスヒ」の語にあることは、すでに述べたとおりである。そういう、不比等にとってもっとも大切な神名を廃棄し、あえて平板な「高木神」に代えてしまったのである。ストーリーの上での調整を超えた行為といわねばなるまい。不比等に対する誹謗とさえいえるのではないか。

それに、司令神として持統を意味するアマテラスを併記したが、持統はすでに故人である。これは、不比等の権勢を必ずしも承認しないという意思表示ともとれる。

第二に、ニニギの降臨地を伽耶神話によって竺紫日向高千穂久士布流多気としつつ、この地を「韓《から》国《くに》に向ひ、笠沙の御前《みさき》を真来《まき》通り」というように何とも意味不明の表現で笠沙の碕《みさき》に到着させ、隼人神話につなげている。ここは、久士布流多気の語を削除すればわかりやすかったのではないか。木に竹を接ぐというか、あまりにアマテラス系の神話にこだわりすぎているように見える。

第三に、随伴神のなかにアマテラス系にもタカミムスヒ系にもないものがある。イハトワケ（石戸別）とタヂカラヲ（手力男神）であるが、これらは明らかに天の岩戸神話を意識したものである。やはり、アマテラスの存在を重視している。

『古事記』は、『日本書紀』の神話をこのように修正したのである。その評価であるが、不比等の権勢が確立し、新たにタカミムスヒ系の神話が成立したのに、頑なに持統の時代のアマテラス系の神話を守ろうとしている。不比等から見ると、穏やかならぬ事態である。

『古事記』神話の最終責任者

『古事記』が編纂されたのは元明朝である。その元明朝においては、アマテラス系の神話は、ほとんど忘れられようとしていたはずである。主要人物であるアマテラス（持統）、オシホミミ（草壁）、ニニギ（軽＝文武）はみな亡くなっており、新しく皇祖となったタカミムスヒ（不比等）の命令で、これも新しいニニギ（首＝聖武）の降臨が課題となっていたからである。

つまり、元明朝に、『日本書紀』はタカミムスヒ系のプロジェクトZを新しく創作した。ところがその直後に、『古事記』は強引にアマテラス系の神話を復活させたのである。しかも、不比等を意味するタカミムスヒの神名を奪い高木神とした。何もかも、不比等にとっては意に染まない仕打ちだったのではないか。ということは、この『古事記』の神話に最終的に関与したのは不比等ではなかったことになる。

では、誰が、何のために、ということになるが、元明朝の不比等の権勢は強大だったはずである。その不比等を快く思わず、また、その権勢に動ずることのなかった人物がいたとすれば、ただ一人、長屋王だけであろう。では、長屋王とは何ものなのか。

長屋王

長屋王の父は天武の長男の高市皇子である。長屋王の前に、この高市を説明しなければならない。高市の母は胸形君徳善《むなかたのきみとくぜん》の娘の尼子娘《あまこのいらつめ》。胸形氏は、玄界灘に浮かぶ沖ノ島を有し、日本と朝鮮半島との外交に大きな力をもっていた。徳善の墓は宮地嶽《みやじだけ》古墳とされているが、石室は巨大で、長さでは飛鳥の石舞台古墳を上回る。出土品も国宝となっている。地方豪族とはいえ、その財力は抜きんでていたと思われる。天武の長男ということもあり、壬申の乱でも活躍しており、父の天武よりはるかに行動的であった。ただし、活躍を記した『日本書紀』の記述には長屋王側の手が入っており、信憑性にはかなり問題がある。

高市が重要な役割をはたしたのは、草壁没後の政治状況のなかでのことだった。天武朝末年から、藤原不比等の権勢は大きくなっていたが、それでも、草壁の七歳の遺児の軽のために持統が中継ぎで即位するというのはやはり穏やかではなかった。天武の皇子たちがまだ八人もいたのに、何らの政治力もない女帝の即位は、明らかに不比等による皇権の私物化と思われたからである。しかし、その時、不比等が手を握ったのが高市であった。持統の即位後まもなく、高市は太政大臣の位と封五千戸という破格の待遇を得ている。太政大臣の先例としては天智朝の大友皇子があり、一般には皇太子的な地位とされている。その評価はともかくとして、不比等にとっても、軽の成長に万一のことがあれば草壁系は絶えるから、高市と結ぶ意図もあったはずである。

ところが、なぜか、高市は持統十年（六九六）に亡くなってしまう。翌年、軽は十五歳となり即位も可能となる、そうなれば高市は邪魔になる、そういうタイミングだった。その結果、翌六九七年に持統は譲位し、軽が即位する。不比等の念願した文武天皇が実現したのである。とはいえ、『懐風藻』葛野王伝の記述には問題があるとしても、天武の皇子たちはまだ多くが生存しており、幼い軽の即位に疑問を抱く人びともいたはずである。

その時、不比等が手を回したのが、何と、高市の長男の長屋王であった。文武即位後まもなく、長屋王は、不比等の娘の長娥子《ながこ》と文武の妹の吉備内親王を妃としている。義理の関係ではあるが、不比等とは父子、文武とは兄弟となったのである。その結果、長屋王は、限りなく高貴な地位とそれに伴う権勢をあわせもつことになった。

長屋王は、自身も天武の孫であるが、吉備内親王から産まれた子はさらに高貴である。そういう時、慶雲四年（七〇七）、またもやわずか二五歳で文武が亡くなってしまう。この時も七歳の遺児の首皇子がいた。当然、不比等は、首の祖母の阿閉《あへ》皇女を擁立する。あからさまな中継ぎの天皇であったが、さすがに、この時点では不比等の権勢は確立していた。

系図5　長屋王略系図

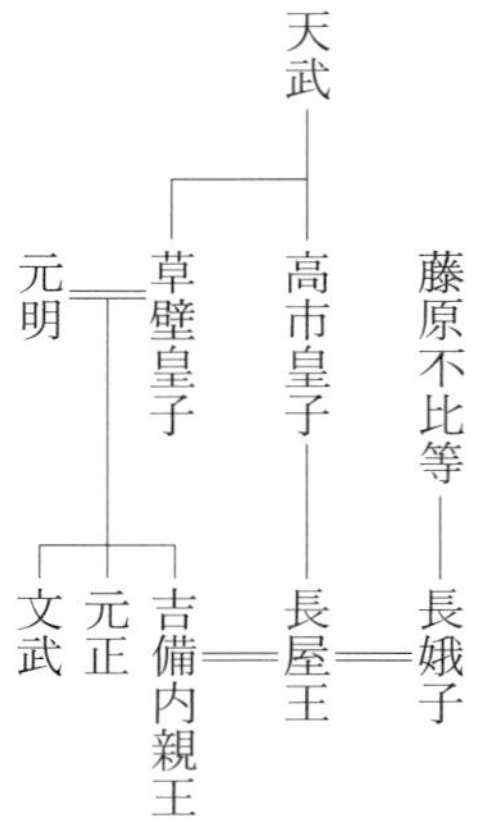

不比等は、前年の七〇六年に文武の病状を知るや、翌七〇七年の二月に遷都を提案し貴族たちの関心を引きつける。四月には草壁の薨日を国忌《こき》とする。国忌とは歴代天皇の命日で、政務を廃することになっていた。草壁を天皇に準じた扱いとすることにより、その妃の阿閉皇女を皇后に見立てるためである。皇后の即位は持統の先例があった。元来、阿閉は天智の娘でもあった。さらに同月に、不比等自身に封五千戸を賜うという文武の詔を出させている。三千戸を辞して二千戸を賜うとあるが、不比等の権勢の大きさを誇示している。こうして、阿閉の即位の環境を整えたのち、同年六月に文武が亡くなるや、その一ヵ月後、突然、天智天皇が定めた「不改常典」という正体不明の法をもち出して元明即位を強行したのである。「不改常典」は、今日まで名称は有名であるが内容はまったく知られておらず、架空の名目だけの法であった。不比等の捏造であったことは明白と思われる。こういった手順は、後世から見れば、不比等の露骨な策略であったとすることは容易であるが、当時の人びとにとっては、これら一つひとつが突然詔勅として出てくるのである。抗いようがなかったであろう。

しかし、これに疑問をもつものはいたかもしれない。そういう反対勢力が生まれ、絶大な権勢と地位を手にした長屋王と結びつく時、時代は流動化することになる。『懐風藻』には多くの文人貴族が長屋王の作《さ》宝《ほ》楼《ろう》と呼ばれた佐保の邸宅に集い、酒宴を繰り返した様子が見える。貴族たちは、皇太子の首とは異なる新たな可能性を意識していたのではないか。それでなくとも、不比等の独善による幼帝と女帝の連続に不満を抱きはじめた貴族たちが少なくなかったはずである。

ましてや、即位した元明は、確かに文武の遺児の首皇子の祖母ではあるが、長屋王の妃の吉備内親王の母でもある。吉備の子も同じ元明の孫である。ここに、草壁直系とはいえないが、微妙に交錯する血筋が出現しようとしている。不比等と長屋王とは、次第に、ともに天を戴かない関係にならざるをえない。この間の複雑な情勢については、かつて詳しく論じたことがあるのでいまはこれ以上述べない（大山、一九九三）。しかし、ここからはじまる元明朝という時代に、『日本書紀』の天孫降臨神話のプロジェクトZとその後の隼人神話、さらには神武東遷が構想され、それに対抗して『古事記』も編纂されたのである。なぜ、『日本書紀』と『古事記』が同時に編纂されたのか、大きな謎であるが、それを解く鍵がこの辺にありそうである。

長屋王と不比等との確執により、その後の皇位は迷走する。板挟みのなかで元明は憔悴し、中継ぎの役割をはたせずに和銅八年（七一五）九月に退位する。本来なら、ここで、すでに立太子をすませている首が即位するはずであった。不比等はそれを懇願したはずである。しかし、長屋王の権勢も頂点に達しつつあった。元明は詔で「この神器を皇太子に譲らむとすれども、年歯幼稚にしていまだ深宮を離れず」として不比等の願望を一蹴する。さらに「一品《いっぽん》氷高《ひだか》内親王は、早く祥符《しゃうふ》に叶ひ、夙《つと》に徳《とく》音《いむ》を彰《あらは》せり」として娘の氷高内親王に譲位したのであるが、これは、完璧な長屋王の勝利であった。即位した元正天皇は、文武にも長屋王の妃の吉備にも姉にあたる女性であった。しかも、即位前、氷高内親王の邸宅は長屋王家と隣接し、両家の家政機関は融合していたのである。要するに、長屋王家と氷高内親王との家計は一体のものだったのである。両者はそれほどに近しい関係にあったのである。これは、私自身の長屋王家木簡の分析による成果である。

さて、この時代を振り返ると、文武が没した七〇七年から首（聖武）が即位する七二四年まで、何と十七年もの間、中継ぎの女帝の時代だった。その間に、不比等と長屋王との対立は次第に激しくなっていた。そのため、女帝は、誰のための中継ぎなのか次第に曖昧になりつつあった。この皇位を受けるのは皇太子首なのか、あるいは長屋王の子の膳夫《かしはで》王なのか。もしかすると長屋王自身も即位をあきらめてはいないのではないか。不比等が高齢になるにつれ、長屋王との力関係に変化が生じていた。

不比等は、養老四年（七二〇）の五月に『日本書紀』を完成させたものの、首の即位を見ることなく八月に亡くなってしまう。しかし、その後も、長屋王と藤原一族との対立は激しくなるばかりであった。藤原氏の中心にいたのは不比等の長男の武智麻呂、それに光明子（のちの光明皇后）であった。七二四年に聖武が即位し、七二九年には長屋王の変が起こる。とうとう、藤原一族のために、長屋王と吉備内親王の一家が滅ぼされたのである。この年、天平と改元された。

元来、長屋王は、不比等が必要として育てたものである。その権勢がいつのまにか肥大化し、手に負えなくなってしまった。藤原氏のための天皇制という政治理念を望まない人びとに利用されたともいえよう。長屋王自身も、中国的皇帝像に憧れをもっていたかもしれない。しかし、忌憚なくいえば、長屋王の政治家としての資質は凡庸であった。天人相関の讖緯《しんい》思想に傾倒したことがそれを示している。先の拙著で、私は、「権力に執着しそれを法と制度と時に謀略を駆使して実現しようとした不比等とは異なり、生まれながらにして文武・聖武を上回る高貴性を有して、いつのまにか権力中枢に身を置くことになった長屋王は、本来政治権力そのものであるはずの法と制度の重要性に対する認識を欠いていたようである」と述べ、また、「惜しむらくは、長屋王が左道ではなく、為政者としての見識をもって、一定のルールのなかで藤原氏と共存することを考えなかったことである」とも述べておいた。不比等の構想した天皇制においては、天皇は徹底して無力とされたのであるが、幾分かは、長屋王の存在がそうさせたのかもしれない。

『古事記』と『日本書紀』との関係に関しては、古来、『日本書紀』が正典として尊重されたのに対し、『古事記』が近世まで不当に軽視されてきたことはよく知られている。その原因の一つに、この天孫降臨神話が作られた元明朝の政治状況があったことはもはや間違いあるまい。不比等と長屋王との対立は、ついに長屋王の変となった。首謀者は間違いなく光明皇后であった。その後、天平六年（七三四）に大地震。翌年から豌豆瘡《わんとうそう》という疫病の流行。未曾有の災害が広がる。この時、長屋王の怨霊ではないかとおびえる光明皇后が頼ったのが聖徳太子の幻影であった。行信という怪しげな僧侶が光明皇后にもちかけたのである。さらに、皇后の異常な仏教信仰は国分寺の造営、大仏造立へとエスカレートする。天下太平（天平）という年号に背くこれら一連の事件の原点を考えると、やはり直接的には、文武没後の元明朝における藤原不比等と長屋王との確執だったような気がする。

『古事記』の神話が、藤原氏のための天皇制という政治理念とは異質であることは明らかである。その意味では異端といってもよい。どうやら、それは、長屋王という存在と不可分である。だから、彼もまた、神話の陰の主役だったといえそうである。

第5章　出雲神話

1　出雲神話の構造

出雲神話とは何か

記紀神話は、藤原不比等が構想した天皇制の成立過程を説話的に示したものである。全体は三幕物の演劇仕立てとなっている。まず、第一幕の国生み神話により葦原中国が誕生する。日本の国土の出現である。以後、その支配をめぐる物語となる。第二幕が出雲神話である。葦原中国にスサノヲとオホナムチの王朝が成立する。ただし、オホナムチ（大国主）の活躍を記すのは『古事記』だけで、『日本書紀』との違いは大きい。そして第三幕になり、アマテラスが葦原中国を奪うことを命令する。高天原からオホナムチにつぎつぎと使者が派遣され、結局、タケミカヅチが刃物で脅して奪うことに成功する。これをなぜかオホナムチの国譲りと呼んでいる。タケミカヅチは、のちに藤原氏の氏神となり奈良の春日神社に祭られることになる。その奪った葦原中国にあらためてアマテラスの孫のニニギが降臨するというのが天孫降臨神話である。そして、ニニギの子孫が皇室となり、神武から歴代天皇の歴史がはじまることになる。

もちろん、神話の随所には多様なエピソードが配されており、ストーリーは波瀾万丈である。しかし、巨視的に見ると葦原中国にオホナムチの王朝が成立し、タケミカヅチがそれを倒し、そこに皇室の祖であるニニギが降臨する物語と見ることができる。

このように見てくれば、記紀神話の目的が、天皇制成立の正当性および必然性を示そうとしたものであることは明白で、その核心部分が第三幕の天孫降臨神話であることも自明と思われる。しかも、前章で見たとおり、この天孫降臨の神話は、草壁、軽、首という三人の皇子たちに即して、その都度同時進行で創作されていたのである。だから、登場する主要な神々のモデルも明らかであり、少なくとも当時の貴族たちにとってその内容はきわめて生々しいものであったはずである。

しかし、この天孫降臨神話だけでは、天皇制の成立を十分説明しているとはいえない。この神話は、七世紀末から八世紀初頭にかけてという短期間における草壁王家の成立過程を説話化したものにすぎない。天皇制の正当化のためには、その歴史をさかのぼり、草壁王家成立の歴史的背景、さらには歴史的必然性を示す必要がある。その場合、重要なのは、神話とはいえ、アマテラスが自己の子孫のために葦原中国を奪おうとした根拠は何なのか、その正当性はどこにあったのかである。これが明確でなければ天孫降臨神話は正当化されないであろう。そのことを国譲り神話をさらにさかのぼって説明する、そういう神話の構想が必要である。そして、そのために創作されたのが出雲神話だったのである。

では、出雲神話はどのように構想されたのであろうか。一応は、乙巳の変をめぐる現実の歴史過程を踏まえて構想されたはずであるが、実はその解明は難しい。『日本書紀』が必ずしも真実を語ってはいないからである。

歴史はもちろん過去である。過去はつねに勝者のものである。敗者の過去は奪われている。客観的な過去があるわけではない。八世紀の初頭前後という時代、権勢をきわめつつあった不比等にとって、歴史はいかようにも創作可能だったであろう。その意向のもとに編纂された『日本書紀』には七世紀の歴史が次のように描かれている。

万世一系の皇室があり、そこに文字どおり聖徳の太子が出現するが、邪悪な蘇我氏が太子の理想を妨害する。忠臣の中臣鎌足がこれを成敗する。乙巳の変である。これを受けて中大兄皇子（天智）が大化改新を断行する。天智の没後、皇位継承をめぐる壬申の乱が起こるが、勝利した大海人皇子（天武）により天皇の権威が確立し、律令国家の形成が本格化する。

『日本書紀』を表面的に読む限り、このような歴史が記されている。というより、日本人はこのように理解してきた。

ここで決定的なのは、皇室が日本の中心であるが、蘇我氏がそれを傾けようとし、中臣鎌足のクーデターで見事に皇室が守られたという構図である。すべて、皇室を中心とし、その支配を正当とする歴史観である。と同時に、中臣鎌足の功績が過剰なまでに強調されている。しかし、仮に、このような歴史が事実であったなら、日本の律令国家は、何よりも天皇の権威を尊重したものになっていたはずである。鎌足の功績もそのためのものであろう。ところが、結果として実現した律令国家は、中国の皇帝とはおよそ異なる無力の天皇とこれを操る藤原不比等の政権であった。どう見ても、不比等は、皇室を利用はするが尊重はしていない。むしろ、ある意味では、蘇我氏以上に皇室を軽んじているのではないか。やはり、『日本書紀』は真実を伝えてはいないのである。

しかし、このことが、記紀神話を考える場合役に立つ。というのは、『日本書紀』の記す律令国家形成の歴史と記紀神話が実によく似ているからである。両者とも、不比等の意向を受けているのだから当然ではあるが、その基本は乙巳の変と国譲り神話にある。乙巳の変で活躍した中臣鎌足を忠臣かつ稀代の英雄とした上で、その鎌足の姿の投影として国譲り神話のタケミカヅチを創作し、これを受けて草壁王家と天孫降臨神話が成立する。つまり、「蘇我氏の権力(蘇我王朝)→乙巳の変→息長王家を母体とした草壁王家の成立」という歴史と、「オホナムチの王朝→国譲り神話→天孫降臨神話」という神話が同時並行で創作されていたのである。ということは、オホナムチは蘇我王家を象徴し、出雲神話は蘇我王家の物語だったことになる。

思うに、記紀神話の解明はこのことを理解できるかにかかっている。天孫降臨の前提となる国譲り神話は王朝交代を意味する。乙巳の変は、単に蘇我本宗家の滅亡なのではなく、蘇我王家から息長王家への王朝交代だったのである。そのことを正確に評価することにより、記紀神話の多くが解明されるであろう。と同時に、日本古代史の多くも解明されることになる。実は、『日本書紀』の編者たちはそれを十分計算していたのである。

出雲神話の範囲とその概要

出雲神話は、天孫降臨神話を正当化し必然化するために創作された。しかし、それをどう描けばよいのかは相当困難な課題だったはずである。編者たちも相当苦しんだのではなかろうか。しかし、ともかくも、彼らが考えた結論が記紀の出雲神話としてわれわれの眼前にある。そこで、これを分析し、彼らの思考の跡を追うことにしよう。

記紀神話の骨子は明快であるが、ストーリーは入り組んでいる。どこまでが出雲神話か難しい。そこで、先に示した七六〜七七頁の表1「記紀神話の構成」のうち、スサノヲとオホナムチが登場する部分をすべてとり出し、広い意味での出雲神話としておく。これを物語の主人公と舞台となった場所を基準に分類し、順にA・B・C・Dと名づけたものが次の表3「出雲神話の構成」である。

まず、A〜Dの概要と若干の問題点を指摘しておく。

Aは、国生み・神生み神話の最終段階でアマテラスとスサノヲが誕生すると、父のイザナキが、アマテラスは高天原を治め、スサノヲは根の国へ行くことを命じる。ところが、スサノヲは根の国に行く前にアマテラスに会おうと高天原に向かう。アマテラスはその意図を疑い、両者の間に複雑にして微妙なやりとりが生じる。誓約《うけい》が行われ、勝利したスサノヲが狼藉をはたらく。そのためアマテラスは岩戸に隠れ、高天原も葦原中国も闇となるが、神々の祈禱とアメノウズメの踊りによりアマテラスが復活する。一方、スサノヲは神々によって高天原から追放される、という物語である。うけいとは、神意を判断する一種のゲームのようなものらしいが、古代人にそんな風習があったのか不明である。記紀のストーリー展開に便利なものとして創作されたのかもしれない。

これを一読しただけでは、直情のスサノヲの喜怒哀楽の激しさ凶暴さと、それを見守る思慮深くも寛容な姉のアマテラスという関係に見えるが、読み返してみると、イザナキから命じられた根の国行

表3　出雲神話の構成

	古事記	日本書紀		
		本文	一書（段－数）	備考
A	Ⅱ　4・5．三貴子の誕生と分治	○	○	
	Ⅲ　契約（うけい）と天の岩戸隠れ			
	1．スサノヲの昇天	○	○	
	2．天の安の河の契約（うけい）	○	○	
	3．スサノヲの勝ちさびと乱暴	○	○（七－2）	
	4．アマテラスの天の岩戸隠れ	△	○	
B	Ⅳ　スサノヲのヲロチ退治			
	1．スサノヲが高天原を追放され出雲へ	○	○（八－4）	スサノヲの子のイタケルが新羅経由で紀伊へ。
	2．オホゲツヒメ殺害と五穀の起源	×	△（五－11）	ツクヨミによるウケモチノカミ殺害と五穀の起源。
	3．ヲロチ退治	○	○	
	4．須賀の宮とクシイナダヒメとの結婚	○	△	
	5．スサノヲの子孫	×	△（八－6）	
C	Ⅴ　大国主の物語			
	1．八十神のヤカミヒメ求婚	×	×	↑
	2．オホナムチと稲羽のシロウサギ	×	×	
	3．八十神の迫害とオホナムチの木の国訪問	×	×	
	4．オホナムチの根の堅州国訪問とスセリビメ	×	×	この間の神話は、『書紀』の本文には見えない。
	5．大国主となり、国作り完成	×	×	
	6．ヤチホコのヌナカハヒメ求婚	×	×	
	7．スセリビメの嫉妬	×	×	
	8．大国主の子孫	×	×	
	9．スクナビコナと御諸山の神の協力	×	○（八－6）	オホナムチとスクナヒコナ。三諸山の神の協力。
	10．オホトシ（大年神）の子孫	×	×	↓
D	Ⅵ　大国主の国譲り			
	1．アマテラスのことむけ宣言	△	×	本文は、アマテラスではなくタカミムスヒ。
	2．アメノホヒの派遣	○	×	
	3．アメノワカヒコの派遣と死	○	○（九－1）	
	4．アヂスキタカヒコネの怒り	○	○（九－1）	
	5．タケミカヅチの派遣	△	△	本文は、フツヌシとタケミカヅチ。
	6．コトシロヌシの服従	△	×	
	7．タケミナカタの服従	×	×	
	8．大国主の国譲り	△	△（九－2）	本文の描写は簡略。一書に日隅宮。

きを不満とするスサノヲが何とか姉の助けを借りようとするが、アマテラスは巧みにそれをかわしてスサノヲを破滅に導いているようにも見える。どちらが正しいのかは記紀神話の目的を考えればよい。アマテラスは皇室、スサノヲとオホナムチは滅びた蘇我王権を象徴している。それを端的に示す概念として創作されたのが高天原と根の国である。この二つの概念が神話のストーリー全体を呪縛していることに気づけばよい。

Bは、高天原を追放されたスサノヲが出雲の簸川《ひのかわ》の川上に降り立つところからはじまる。ここではスサノヲは最初から英雄である。アシナヅチ・テナヅチの求めにより妖怪ヤマタノヲロチを退治してクシイナダヒメを救い、結婚してオホナムチを生む。ただし、『古事記』では系譜が架上され、オホナムチはスサノヲの六世の孫ということになっている。スサノヲの英雄ぶりは見事で、確かな王朝の成立を象徴している。ただ、それでも結果的にスサノヲは根の国に行ったようである。問題は、根の国とは何か、また、なぜ出雲に立ち寄ったのかであろう。それは、出雲大社とは何かという問題でもある。

なお、『日本書紀』の一書（八−4）に、スサノヲとその子のイタケルがいったん新羅に降り、その後スサノヲは出雲に向かうが、イタケルは樹種《こだね》を日本にもたらし紀伊国に祭られたという話がある。和歌山県にある伊太祁曽《いたきそ》神社がそれである。類似の話がほかの一書（八−5）にもある。これらは、『古事記』にも見えない貴重な記事であり、出雲神話を解く重要な鍵である。

Cは、『日本書紀』の一書の一部（八−6）にわずかな記述があるだけで、すべて『古事記』の物語である。内容は、オホナムチが兄弟の神々からの激しい迫害に耐え、ヤカミヒメ（八上比売）を手に入れ、さらに兄弟の神々から身を守るために木の国のオホヤビコ（大屋毘古）のもとを経てスサノヲのいる根堅州《ねのかたす》国《くに》にいたる。ここでもオホナムチは、スサノヲから厳しい試練を課されるが、スサノヲの娘のスセリビメの助けを得て見事試練を乗り越え、葦原中国を支配する立派な〝大国主〟となり、スセリビメと結婚するという物語である。さらに、オホナムチの別名である八《や》千《ち》矛《ほこ》神が高志《こし》のヌナカハヒメ（沼河比売）に求愛する物語もある。『古事記』のなかで、もっとも有名な部分といってよいであろう。

問題はなぜ『古事記』にだけあるのかということであるが、ここで注目されるのが『日本書紀』の一書（八－6）である。はじめ、オホナムチはスクナヒコナと一緒に天下を経営していたが、スクナヒコナが常世郷《とこよのくに》に去ったのち、海の彼方から三《み》諸《もろ》山（三輪山）の神がやってきて協力したとする。この話は『古事記』にもあるが、大国主の物語とは明らかに別系統である。つまり、オホナムチの物語は二種類あるのである。これらを混同することなく、それぞれの意味を明らかにできれば、出雲神話全体が解明されるのである。

Ｄは、すでに述べたごとく、天孫降臨神話の一部として語られる国譲り神話である。要するに、タケミカヅチがオホナムチを刃物で脅して葦原中国を奪う物語である。奪われたオホナムチは、現実の世界を意味する「顕露《あらは》の事」は天孫に譲り、自分は「幽事《かくれたること》」のみを扱うと宣言する（九－2の一書）。そこで、住まいとして天日隅宮《あめのひすみのみや》が与えられるが、これがのちの杵築宮すなわち出雲大社である。『古事記』では天之《あめの》御舎《みあらか》と呼ばれている。結局、オホナムチは地上のすべてを失い、杵築宮に隠れることになったということであるが、その杵築宮は、先の幽事の語とともにスサノヲの根の国に通じる概念であろう。

問題は、国譲りをしたオホナムチが、スサノヲの根の国ではなく、曲がりなりにも地上の出雲の杵築宮にとどまったのはなぜかであろう。そこに、出雲神話の仕掛けがあるはずである。

以上が出雲神話の概要であるが、A、Bの物語の主人公はスサノヲで、舞台はAが高天原、Bが出雲西部の簸川流域である。

また、C、Dの主人公はオホナムチ（大国主）で、舞台は出雲である。ただし、Cは『古事記』だけにある大国主の物語で、そこに登場するヤカミヒメは稲羽（因幡）の、ヌナカハヒメは高志（越）の女性で、ともに玉の原料である翡翠を象徴している。その玉を加工する玉作集団の居住地は意宇郡である。だから、出雲といってもこれは東部が舞台と考えねばならない。さらに、これとは別に、『日本書紀』の一書にはオホナムチの国作りを助けるスクナヒコナと三諸山の神の話があり、その舞台は大和と思われる。Dの国譲り神話の舞台は出雲大社の周辺、出雲西部である。つまり、同じ出雲神話でも、出雲東部の大国主の物語と出雲西部の国譲り神話とは舞台となった場所が違うことに気づかねばならない。

以上は『古事記』を中心とした紹介であるが、随所に異説のようなものが存在し、結構複雑な構成になっているようである。

出雲神話の成立年代

A～Dの物語の成立はいつか、これを確認しておかなくては出雲神話の成立過程はわからない。

表4　記紀神話の成立過程

プロジェクト 出典 成立年代	天孫降臨神話 司令神 降臨の場所	国譲り神話 高天原から派遣された神 オホナムチの服属 出雲大社の造営	オホナムチ（大国主）の活躍
X（草壁挽歌） 689年	日女の命 浄御原宮	ナシ	ナシ
Y（九－1書） 持統朝	アマテラス（高天原） クジフルタケ	アメワカヒコ・タケミカヅチ・フツヌシの派遣 オホナムチ・事代主の服属 宮の造営はない	ナシ
Z（『書紀』本文） 元明朝	タカミムスヒ 笠沙之碕→海幸・山幸→神武東征→人代へ	Yにアメノホヒの派遣が加わる オホナムチ・事代主の服属（イタサの小汀） 宮の造営はない （九－2書）に天日隅宮の造営	ナシ （八－6書）オホナムチとスクナヒコナの国作り、三諸山の神の協力。（イササの小汀）。一書の最後、大国主・葦原醜男・八千矛などは『古事記』の影響か。
『古事記』 712年以前	タカミムスヒ・アマテラス 天孫降臨の地はZとほぼ同じ。 部分的にYが復活	Yが基本、エピソードは増加 アメノホヒ・アメノワカヒコ・タケミカヅチ・アメノトリフネの派遣 タケミナカタ・事代主・大国主の服属（イザサの小浜） 天之御舎の造営（タギシの小浜）	大国主の物語（忌部と玉作）。 ヤカミヒメ・ヌナハカヒメ（翡翠の産地） 木国のオホヤビコを経てスサノヲが根堅州国へ。 オホナムチとスクナヒコナの国作り、御諸山の神の協力。
『神賀詞』 716年以前		アメノホヒの国見・アメノヒナトリとフツヌシの派遣 杵築宮（出雲大社）はすでにある	オホナムチは出雲の杵築宮に。 「国作りましし大穴持命」。 和魂（分身）の大物主を大和の大三輪へ、子のアヂスキタカヒコネを葛城の鴨、事代主をうなて、カヤナルミを飛鳥に派遣。
『風土記』 733年	記紀と同じ物語はない	杵築宮（出雲大社）はすでにある 天日栖宮（楯縫郡）	「所造天下大神大穴持命」

その場合、わかりやすいのはDの国譲り神話で、天孫降臨神話の一部をなすから、天孫降臨神話の成立に連動しているはずである。また、大国主（オホナムチ）の物語は『古事記』固有のものであるから、その成立は『古事記』の成立そのものであろう。以上を一覧表にしたのが前頁の表4「記紀神話の成立過程」である。なお、ついでに記紀神話を補完する重要な史料である『出雲国造神賀詞』と『出雲国風土記』の内容も加えておいた。実は、この二つの史料こそ、出雲神話解明の鍵なのであるが、それについての説明は後回しにして、ここでは、まず、この表により、A〜Dの成立年代について検討しておく。

オホナムチの神話の成立年代

最初に、ストーリーが連動しているDの国譲り神話が、天孫降臨神話のプロジェクトX〜Zのどの段階で成立したのかを見ておく。

まず、プロジェクトXの段階では国譲りは想定されていなかったようである。柿本人麻呂の草壁挽歌は、皇子の死が突然であったためであろう。天孫降臨により神格化をはかるところまでで、神話を体系的に構想する時間的余裕はなかったのである。

これに対し、軽の即位を目的としたプロジェクトYの段階では、持統朝の後半を使ってじっくりと策を練ったと思われる。アメノワカヒコ、タケミカヅチらの派遣、そしてオホナムチと事代主の服属という基本的枠組みがすでに存在している。それどころか、その後のプロジェクトZおよび『古事記』の段階においても、高天原から派遣される神名が多少増えるだけで神話の枠組みは変わらない。その理由は、天孫降臨神話が主人公のニニギのモデルが草壁から軽、首へと変更するのに合わせて新しい神話が必要となったのに対し、国譲り神話は乙巳の変の投影という事実に変化がなかったからである。つまり、国譲り神話は、事実上、プロジェクトY、年代的には持統朝の段階で、軽（文武）の即位を目的とした天孫降臨神話と一体で成立したということになる。

次に、Cの大国主（オホナムチ）が活躍する物語であるが、これは『古事記』に固有の神話である。はじめはオホナムチとして登場するが、スサノヲの試練を経て大国主へと成長するという話である。ただ、その前に、なぜ『日本書紀』はオホナムチの活躍を無視したのかを考えておかねばならない。

推測するに、元来、この神は蘇我王権を象徴する神である。これを悪しきものとして否定することによって息長王家が成立し、そこから草壁王家が誕生するというのが記紀神話の論理である。とすれば、オホナムチを英雄視するような神話は不要で、ただ、刃物で脅して葦原中国をとり上げればよいと考えたのではなかろうか。どうも、そう推測するしかなさそうである。

ところが、『古事記』は違った。私は先に、『古事記』は、藤原不比等の天皇制イデオロギー過剰の『日本書紀』とは異なる立場で書かれたと述べておいた。滅びた古い氏族や蘇我王権の時代に郷愁をもつ人たちもいたはずである。太安万侶が『古事記』編纂の中心にいたことは間違いないとして、彼のもとには『日本書紀』の編纂に参加して不比等の天皇制を認めつつも、そういう感傷をもつ人たちが多くいたのではないか。かつて霊媒師として蘇我王権に仕えていた忌部一族に属する忌部子首もそのひとりで、まさしく、この大国主の物語の話題を提供した人物だったのではないか。というのは、大国主が求愛したヤカミヒメも八千矛神がはるばる高志まで訪ねたヌナカハヒメもともに玉の原料の翡翠を象徴している。出雲東部の意宇郡の花仙山からは瑪瑙や碧玉が産出する。ここに巨大な玉作集団がいたのである。蘇我王権の時代、彼らは大量の勾玉をはじめとする玉類を、国造を通じて大王に貢納したが、それを中央で管理していたのが忌部氏だった。また、中央の忌部氏自身も全国から送られてきた原石から玉を製造したが、その遺跡が曾我遺跡である。畝傍山にほど近い忌部町に隣接する地である。忌部氏の祖を太玉命というのは、曾我遺跡にあった玉作工房を象徴しているのであろう。そういう玉作集団に託してオホナムチを創作したのである。

このように考えてくると、『古事記』の大国主の物語は『日本書紀』のポリシーに対抗する形で構想されたものだったということになろう。そこでは、『日本書紀』が無視したオホナムチを、多くの神々や女性たちに愛された英雄として詩情豊かに描きながら、ついに〝大国主〟という葦原中国の偉大な支配者をたとえ幻影にしろ作り上げてしまった。ここにあるのは、かつて蘇我王権を支えた忌部や出雲の玉作集団の失われた過去への郷愁である。それは、明らかに『日本書紀』に対する反抗というべきものであった。

ただ、ここで注意すべきは、『日本書紀』のオホナムチは無内容ではあるが蘇我王権そのものである。活躍の場所も出雲西部に限られる。ところが、『古事記』の大国主は出雲の玉作集団の英雄の物語である。玉作集団は出雲東部の意宇郡である。主人公がすり替わっている。その違いが、出雲神話をわかりにくくしているのである。

ともあれ、その大国主の物語の成立時期であるが、これは『古事記』という書物の眼目というべきものである。この物語のためにこそ『古事記』は作られたといっても過言ではないほどである。とすれば、この神話の成立は『古事記』そのものの成立といってよい。やはり、前章で推測したように和銅五年（七一二）正月の『古事記』提出の直前であろう。

スサノヲの神話の成立年代

さて、次に、スサノヲを主人公とするAとBの神話の成立を考えてみよう。

まず、Aの神話であるが、アマテラスという神名と高天原という概念が重要である。これらがプロジェクトXの段階では存在していなかったことはすでに述べた。ところが、アマテラスはプロジェクトYの九－1書には登場する。高天原の語はそこにはまだなく、ただ「天」とあるだけであるが、このプロジェクトYを受けて即位することになった文武の即位詔には見える。文武の即位詔は『続日本紀』の文武元年（六九七）八月庚申条である。やはり、高天原も、その直前の持統朝において用意されていたのである。

さらに重要なのが、スサノヲと根の国という概念である。これらは、アマテラス・高天原の対概念として記紀神話の基本構造をなしている。Aの神話は、アマテラス・高天原に対するスサノヲ・根の国という二系統の概念の生々しい交錯の過程ということができる。

この場合、高天原はすでに自明として、問題は根の国である。実は、その意味するところは必ずしも明確とはいえない。ある種の他界観念であるが、当時の日本人がどのような考え方をもっていたかを明らかにするのは難しい。一般には、次のように考えられている。『古事記』にスサノヲの言葉として「妣《はは》の国根堅州国《ねのかたすくに》」とあるから、妣を死んだイザナミとして死者の世界すなわち黄泉《よみ》の国と考える。あるいは、『日本書紀』の一書の「底つ根の国」という表現から地下世界とする場合もある。また、スサノヲの行き先を滄海原《あをうなはら》とする一書により海の彼方とする説もある。その場合、沖縄で海の彼方の神々の世界を意味するニライカナイとの共通性も指摘されている。確かに、いずれも一理ある解釈であるが、そのどれとも決まらないところにこの概念の多義性、柔軟性があるともいえる。結局、文脈に即して考えるしかないが、その場合、考え方としては高天原の対概念として設定されていることに注目すべきである。葦原中国をなかにおいて高天原と垂直の関係とすれば地下世界ということになる。しかし、時系列にして、高天原が未来に栄える皇室を象徴するとすれば、根の国は滅びた過去の世界となる。どちらも妥当ではあるが、滅びた過去の世界こそ蘇我王家が負わされた宿命にふさわしい。

実は、この高天原と根の国という対概念の設定自体に、記紀神話の本質が隠されていたといってよい。それはもちろん、『日本書紀』編者の思惑というか政治理念ともいうべきものであった。天皇制の成立とは、高天原に由来する皇室が永遠に地上を支配する。滅びた蘇我王家は過去の世界である根の国に消えていかねばならない。そういう宿命を負ってアマテラスとスサノヲは生まれてきたのである。最初から両者の運命は決められており、神話はそれを物語にして説明しているだけなのである。だから、アマテラスがオホナムチの葦原中国を奪おうとしたのも決して理不尽な行為ではなく、与えられた、あるいはすでに決まっていた運命に従っただけのことだったのである。少なくとも、記紀編者はそう主張しているのである。

つまりは、持統朝の段階でこの高天原と根の国という対概念が成立したということは、すでにAの神話はもちろん、記紀神話全体の基本構造までもが成立したということである。その時期は、厳密には草壁没から文武の即位までの間のことであった。

次に、Bの神話であるが、内容はスサノヲのヤマタノヲロチ退治に尽きる。スサノヲとオホナムチが蘇我王家を象徴しているとすれば、これは明らかに蘇我王家の誕生の物語である。では、『古事記』はもちろん、なぜオホナムチを無視した『日本書紀』までもスサノヲを英雄として記したのであろうか。それは、おそらく、滅ぼしたオホナムチ本人を英雄として描きたくはないが、蘇我王家の存在自体は事実であるから、その初代を英雄とすることなら我慢できるということであろう。また、それ以前に、『日本書紀』があまりに厳しくオホナムチの記述を制限したために、国譲りを強要すべき相手の正体が不明という何とも不自然なストーリーになってしまった。そこで、打倒したオホナムチにも一定の存在感をもたせるため、その父親を英雄として描いたということもできよう。

もちろん、このBの神話も記紀神話の一部として持統朝に構想されたものである。Aで創出されたスサノヲと、国譲り神話のオホナムチとをつなぐ役割をはたしているからである。ただし、このヤマタノヲロチ退治の物語が重要なのは、この神話の舞台がここで出雲とされたことである。なぜ出雲なのか。また、出雲の中心の意宇郡ではなく西部の出雲郡と神門郡なのか。ここには、複雑な事情がありそうであるが、ここではBの神話の成立時期の確認にとどめておく。

今日われわれが見る記紀の出雲神話は、天孫降臨神話を補完するその前史として持統朝に構想された。そして、それが修正されて『古事記』の出雲神話が完成したのは元明朝であった。ただ、出雲神話は、記紀以後にも展開している。それにより、神話の正体も解明されることになる。

『出雲国風土記』

出雲神話の枠組みは次第に明らかになりつつあるが、記紀だけでは限界がある。ところが、幸いなことに、ほかに二つの史料が存在する。先に触れた『出雲国風土記』と『出雲国造神賀詞』である。順に紹介しておく。

まず、『出雲国風土記』である。この書は、天平五年（七三三）に、出雲国造の出雲臣広嶋と各郡の郡司らの手によって編纂されたものである。『風土記』の作成が命じられたのは和銅六年（七一三）であるから、完成まで二十年ほどかかっている。完本として遺った唯一の『風土記』としても著名である。

内容は出雲各地の地誌・伝説などを記しており、神話に関しても、意宇郡の条に見える国引き神話のような興味深いものもある。ところが、記紀神話との関係ということになると、スサノヲやオホナムチなどの神名はかろうじて登場するのであるが、ヤマタノヲロチや『古事記』の大国主の物語などはいっさい記されていない。国譲り神話や天孫降臨神話もまったくない。逆に、国引き神話は記紀神話には見えない。このことは、『出雲国風土記』を編纂した国造、郡司らにとって記紀神話が無縁のものだったことを意味している。結局、記紀神話は、出雲の人びととは無関係に、中央の編者たちの手によって作られた物語だったのである。

ただし、国造や郡司たちが記紀を知らなかったのではなさそうである。記紀神話と共通のスサノヲやオホナムチなどの神が登場するからである。では、どのように登場するかというと、たとえば意宇郡の山代郷は次のように記されている。

山代の郷。郡家の西北三里一百廿歩なり。天の下造らしし大神大穴持の命の御子、山代日子《やましろひこ》の命坐《いま》す。故《か》れ、山代と云ふ。すなはち正倉あり。

確かに、オホナモチは登場しているのであるが、その子が山代日子という名だから、この地を山代というというだけである。無理やり、オホナモチを登場させたが、記紀神話のストーリーはまったく考慮されていない。中央政府より、記紀神話に配慮するようにという指示はあったのでオホナムチの名だけは使ったが、記紀神話の物語に同化するにはまだ準備が足りなかったのである。

ただ、ここでオホナムチを「天の下造らしし大神大穴持の命」と称したことは注目に値する。『古事記』の大国主の物語や次に紹介する『出雲国造神賀詞』を十分踏まえているからである。どうやら、出雲国造らは、記紀神話に反発しているのではなく、可能な範囲内でとり入れようとはしていたのである。しかし、記紀神話に馴染むにはまだ時間が不足していたのである。

また、出雲大社についても次のように記している。

杵築《きづき》の郷。郡家の西北廿八里六十歩なり。八束水臣津野《やつかみづおみつの》の命《みこと》の国引き給ひし後に、天の下造らしし大神の宮を奉《つか》へまつらむとして、諸《もろもろ》の皇神等《すめがみたち》、宮処に参り集ひて杵築《きづ》きたまひき。故《か》れ、寸付《きづき》と云ふ。「神亀三年、字を杵築と改む。」

杵築宮を建造したのは八束水臣津野という神だというのであるが、これは、必ずしも記紀の歪曲とはいえない。八束水臣津野という神は、新羅や隠伎や越（高志）から土地を引き寄せて出雲国を造ったという国引き神話の主人公である。出雲の人びとから見れば、巨大な杵築宮を造ることができるのはこの神しかいないはずだ。そう考えて記したのであろう。まだ、中央で作られた記紀神話を、出雲の人びとが十分には読みこなしていない段階でのできる限りの配慮だったのではなかろうか。

このように、『出雲国風土記』は古代の出雲を知るためのきわめて貴重な史料であることは確かなのであるが、記紀の出雲神話の理解のためにはほとんど資するところがない。記紀の出雲神話は、現地とは無縁に中央で作られたものだったからである。

『出雲国造神賀詞』

もう一つは『出雲国造神賀詞《かむよごと》』で、これは、出雲国造が新任された際に奏上する神賀詞である。その奏上儀礼は、主に『延喜式』によると次のとおりである。まず、新任の国造は国司とともに上京し、太政官で任命の儀式が行われ、神祇官で金装横刀などの負幸物《おいさちもの》を賜る。出雲に帰って一年間の潔斎ののち、再び国内諸社の祝部《はふり》・子弟たちとともに国司に率いられて上京し、神宝献上と神賀詞の奏上を行う。そして、さらに一年の潔斎をしてもう一度上京し神賀詞を奏上するというものである。この厳重かつ荘重な行事の史料上の初見は『続日本紀』霊亀二年（七一六）二月丁巳条の出雲臣果安の場合で、儀式の意味するところは、神賀詞の解釈によってほぼ察することができる。以下、その概要を紹介し、成立年代についても述べておきたい。

① 出雲国造が申します。イザナキの最愛の子の熊野大神のクシミケノ・国作りのオホナモチ（大穴持）の二柱をはじめ一八六社の神々が天皇の御世の長かれと斎《いは》ふ吉詞《よごと》を奏します。

②A 高天原のタカミムスヒが皇御孫《すめみま》に大八嶋国の支配を委ねた時に、出雲国造の遠祖のアメノホヒが国見に派遣され、さらに、その子のアメノヒナトリにフツヌシを副えて遣わして荒ぶる神々を平定し、国作らしし大神オホナモチを媚《こ》び鎮めて、統治の大権を皇御孫にお任せになりました。

B そこで、オホナモチは「皇御孫の命《みこと》のお鎮まりになる大倭の国」と申して、己の和魂《にぎたま》を大物主クシミカタマと呼び大御和（大三輪）の神なびに、己の御子アヂスキタカヒコネを葛木の鴨の神なびに、事代主をうなてに、カヤナルミを飛鳥の神なびに鎮座させて皇孫の近き守神《まもりがみ》とし、自らは杵築の宮に静まりました。

C 皇祖のカムロキ・カムロミが「アメノホヒノ命は天皇の世を長くと斎ひ、栄えあれと幸へ《さきは》」と命じられたお言葉を、代々の国造が伝えてまいりました。ここに天皇の御世を祝福し、お祝いの神宝を献上いたします。

③ 献上する神宝は白玉・赤玉・青玉、御横刀《みはかし》、白馬、白鵠《しらみどり》、倭文《しづ》、大御鏡で、それぞれの品々がもつ霊威により天皇の長寿と天下の平安の実現を祝福いたします。

全体は①〜③の三段落からなるが、①は前置きで、出雲の神々が天皇の長寿を願う吉詞を出雲国造が謹んで奏上しますといっている。いわば最初の挨拶である。③は出雲国造が献上する神宝の目録である。だから、本文は②ということになる。以下、②についてAから順に解釈しておく。

Aは、国譲り神話を踏まえている。高天原のタカミムスヒが皇孫（ニニギ）に大八島の支配を命じた時に、出雲国造の祖のアメノホヒが事前の国見をし、さらに、その子のアメノヒナトリがフツヌシとともに派遣され、荒ぶる神々を平定し、国作らしし大神オホナムチをも媚び鎮めて、皇室の支配を実現したとする。出雲国造の祖が高天原の一員として活躍したことを強調している。アメノホヒは、記紀においては、アマテラスとスサノヲの誓約《うけい》の場でアマテラスの子として生まれた神であり、国譲り神話においては、オホナムチとの交渉に派遣されたが大国主に媚びて役目をはたさなかった神とされている。系譜上の位置も、国譲り神話での立場も記紀と矛盾はしないが、活躍の様子は記紀とは異なりより肯定的に扱われている。アメノヒナトリは記紀の国譲り神話には登場しない。

この記述を、霊亀二年という時点で考えた場合、天孫降臨神話はすでにタカミムスヒを司令神とするプロジェクトZの段階に達しており、それを踏まえた『古事記』も成立している。このAの記述は、明らかにすでに完成している記紀神話の全体像を認識した上で、出雲国造の立場を考慮してこれを改編しているのである。これより十数年ものちに成立した『出雲国風土記』が記紀神話を十分には理解していなかったのに対し、この『神賀詞』の神話認識は相当正確である上に政治的配慮も鮮やかといえる。これは、神賀詞奏上儀礼の成立事情によるところが大きいと思われる。というのは、この儀礼の主役は出雲国造であるが、それが行われる場は太政官および神祇官で、儀式はあくまでも中央政府の行事である。とすれば、この行事は、中央にいて、出雲の事情をも十分理解しうる人物によって構想されたはずだからである。

それにふさわしい人物がいる。もちろん、忌部子首である。古来、出雲の玉作を国造が神宝として献上する儀礼があった。それを中央で管理するのが忌部氏であった。忌部氏は、かつては蘇我王権に仕える霊媒師であったが、いまは、不比等に協力している。その忌部子首は和銅元年（七〇八）に出雲守となっている。実は、出雲臣果安が国造に就任したのも同じ年である。子首は、元来『日本書紀』の編纂メンバーのひとりでもあった。おそらく彼は、出雲に赴任してからも中央と往復しつつ、国造の果安らから現地の情報を手に入れながら、すでに持統朝に成立していた『日本書紀』の国譲り神話に手を入れ、単なる服属神話ではなく出雲神話独自の世界の構築を考えていたと思われる。『古事記』の大国主の物語はその最大の成果であろうし、この『出雲国造神賀詞』の作成も彼がその中心にいた可能性が高いのである。

忌部子首の任期がいつまで続いたかは確認できないが、霊亀二年四月に船連《ふねのむらじ》秦勝《はたかつ》が出雲守となったことが確認できるから、それまで子首の任期が続いていたと考えてもよさそうである。出雲果安の神賀詞奏上はその直前の二月であった。とすれば、子首がこの『出雲国造神賀詞』の作成にかかわった可能性は高いといえよう。というより、子首と果安の合作だったのではないか。その内容は、中央と出雲の双方の立場を微妙に尊重しつつ練り上げた絶妙の作品である。彼らの力量と努力の成果といえよう。

また、オホナムチを「国作らしし大神」と称するのは、『古事記』の「大国主」の意味と矛盾しないが、多少大仰な表現である。これは、杵築宮の大神が天皇を讃えるということで可能になったのであろう。そしてこれが、次の『出雲国風土記』の「天の下造らしし大神」というさらにエスカレートした呼称を準備しているのである。

次のBにはさらに驚くべきことが記されている。ここに出雲神話の本質がひそんでいるのである。国譲り神話で敗れたオホナムチが、今度は一転して自身の和魂の大物主を大和の三輪山に、御子神のアヂスキタカヒコネを葛木の鴨に、事代主をうなてに、カヤナルミを飛鳥において天皇を守護させ、自らは杵築宮に静まると宣言したのである。今日の通称の出雲大社は正式には杵築大社で、杵築の呼称はこれが初見である。記紀の段階では、ただ、国譲りをしたオホナムチに引退後の住まいを用意するというだけだったのを、ここで、杵築宮という正式な呼称を与えたのである。これにより、オホナムチという神の存在感を高めているばかりでなく、この神が象徴する過去の世界、すなわち蘇我王権に対する大きな配慮であったともいえよう。

それのみではない。重要なのは、ここにおいて、そのオホナムチという神の正体が明らかとなったことである。すでに、『日本書紀』の一書や『古事記』の一部に断片的には見えていたが、ここでその全体像が明確となったのである。ただ国譲りをするためだけに登場させられた『日本書紀』のオホナムチでもなく、出雲の玉作集団をモチーフにした『古事記』の大国主でもない、本来の蘇我王権を象徴するオホナムチが姿を現したのである。

そう考えるのは、先にオホナムチの和魂とか御子神とされた神々のゆえである。和魂にしろ御子神にしろ、いずれも神の分身を意味する。本来は一つだったが分化したということである。とすれば、オホナムチと大物主やアヂスキタカヒコネらの神々とは一体の関係にあったことになる。もちろん、これらの神々はもともと大和の神である。大和でオホナムチといえば、葛城地方の奥つ城にあたる吉野に大名持神社があり、この神社が大和国の最高の神格を有したことはすでに述べておいた。具体的には、貞観元年（八五九）に正一位を賜っている。その時、三輪山の大物主神は従一位であった。元来は葛城氏が祭っていたのであろうが、その下から台頭した蘇我氏が祭祀権を引き継いだのであろう。そのオホナムチが、神話のなかでは国譲りをしてすべてを失い、いまは滅びた過去の存在となっている。まさしく、これこそ、蘇我王権を象徴する神ではないか。そのオホナムチが杵築宮に祭られることになった。これが出雲神話だったのである。しかし、なぜ出雲なのかについては何も語られていない。

最後のCは、先祖のアメノホヒから伝えられた言葉に従って、天皇の長寿を祈り、国造が神宝を献上するというものである。これは、かつて蘇我王権の時代に行われていた神宝献上儀礼の復活といってもよいであろう。その意味については、菊地照夫氏の詳しい研究がある（菊地、一九九五）。

結局、この『出雲国造神賀詞』という史料は、霊亀二年という記紀神話が実質上完成した直後に、そのうちの出雲神話の位置づけを確定するためのものであったということができる。『日本書紀』の出雲神話だけでは、オホナムチはあまりにみじめである。ただ、服属を強要されるだけである。しかし、本来は蘇我王権を象徴する神であった。この『出雲国造神賀詞』で、それにふさわしい存在感を与えられることになったのである。杵築宮はその象徴といえる。また、この史料と呼応しているのが『古事記』の大国主の物語である。玉作集団をモチーフとして、おおらかで理知的な蘇我王権の時代の英雄を見事に描いている。

これらは、いずれも忌部子首のはたらきによると考えてよいと思うが、その結果、杵築宮の祭祀を司り、玉作集団を管理する意宇郡の出雲国造の地位が、著しく向上したことは確実である。おそらく、それを可能にしたのが出雲国造による神宝献上儀礼の復活だったのではないか。献上された玉などの神宝を中央で管理し大殿祭《おほとのほかひ》などの祭祀の場で利用するのが忌部である。とすれば、これら一連の事態は、忌部子首と出雲果安によって推進されたものではないか。

というのは、『出雲国風土記』によると、意宇郡に忌部神戸《かむべ》がおかれており、ここに玉作を専門とする集団がいたことがわかる。この玉作集団は古墳時代を通じて隆盛をきわめていたが、七世紀中葉頃に突然活動を停止する。おそらく、乙巳の変による蘇我王権の崩壊を画期とするものであろう。ところが、奈良時代になって復活するのである。これは『出雲国造神賀詞』に基づく神宝献上儀礼の成立によるものであろう。そして、その背後にあるのが出雲神話の成立であり、その立役者が忌部子首と出雲果安だったと思われるのである。彼らの手で、蘇我王権の時代の行事が復活したのである。それは、蘇我王権の時代に対する郷愁とその再評価だったといってもよさそうである。

さて、記紀神話に『出雲国風土記』と『出雲国造神賀詞』という二つの史料を加えて、出雲神話の正体に大分近づいたような気がする。しかし、なお、謎に満ちているのも事実である。そろそろ、文字どおり単刀直入にその謎に迫ることにしたいのだが……。

2　出雲神話の構想

ここまでの結論

やはり、出雲神話はなかなか難解である。天孫降臨神話のように単純な話ではない。重要なのは、出雲の人びとに伝えられた物語ではなく、中央で人為的に作られた神話だったということである。では逆に、なぜ出雲だったのか。ここには相当、複雑な事情がありそうである。それを解明するには、何よりも神話の物語の意味を正確に把握しておく必要があろう。その上で、なぜ出雲なのかと考えるしかあるまい。

ここではまずその前提として、すでに明らかになったことを確認しておくことからはじめたい。

① 記紀神話は王朝交代の物語である。乙巳の変を投影した国譲り神話を分岐点とし、先行する出雲神話が蘇我王権を、その後にはじまる天孫降臨神話が草壁系王家（皇室）の誕生を象徴している。

② 記紀神話全体を貫く基本構造が成立したのは持統朝である。この時期に、文武の即位を目的とする天孫降臨神話（プロジェクトY）が構想され、さらにその前史としての出雲神話も構想されたのである。

③ 出雲神話の目的は、その王朝交代を正当化し、皇室の誕生を必然化すること。そういう論理を構築することであった。

④ 神話の論理は、皇室の支配を正当化する根拠を示し、同時に蘇我王家に滅亡へと向かう宿命を負わせることであった。そのために創出されたのが、高天原と根の国という対概念である。高天原は皇室を、根の国は蘇我王家を象徴する。神話全体がこの対概念を忠実に説明しているのである。

⑤ 高天原のアマテラスは天に輝く太陽である。太陽そのものが皇室を正当化している。

⑥　根の国が何を意味するかは必ずしも明確ではない。ただ、神話のなかでは、高天原の対概念として設定されている。その場合、葦原中国をなかにおいて高天原と垂直の関係とすれば地下世界ということになるが、それよりも、時系列にして、高天原が未来に栄える皇室を象徴し、根の国は滅びた過去の世界を象徴していると考えるのがよい。もちろん、それが蘇我王権である。

⑦　アマテラスとスサノヲは、誕生するとすぐに、父のイザナキから行き先としてこの高天原と根の国を指示された。これにより、両者の運命が決まったのである。つまり、この高天原と根の国という対概念の設定それ自体が、すでに記紀神話の結論だったのである。アマテラスは天に輝く太陽として葦原中国の上に君臨する。スサノヲとオホナムチは滅びた過去の世界に追いやられる。『日本書紀』の編者は、あたかも客観的な国生み・神生みの一環であったかのごとく見せかけて、この政治的かつ意図的な設定を物語のなかに仕組んだのである。もはや、スサノヲとオホナムチは与えられた宿命をたどるしかない。それが出雲神話だったのである。

⑧　ただ、この宿命に抵抗した人物がいる。太安万侶である。蘇我王権への郷愁をもつ忌部子首の協力を得て、出雲の玉作集団をモデルに明るく勇敢なオホナムチ像を作り上げた。『古事記』の大国主の物語がそれである。さらに、忌部子首は『出雲国造神賀詞』の作成を通じて、オホナムチを大和の神々を率いて皇室を守護する大神にまで高め、その住まいを杵築宮と名づけることに成功した。実は、このオホナムチは本来、大和の葛城の神で、蘇我王権が祭っていた神であった。だからこそ、オホナムチは蘇我王権の象徴なのである。この二つの史料により、出雲神話は、『日本書紀』が語る重苦しい滅びた過去の世界ではなく、偉大な英雄の物語となった。それは、オホナムチが象徴する蘇我王権

の復権でもあった。

ほかにも多々あるが、一応、ここまでにしておく。これらをもとに、オホナムチとスサノヲという神の正体、またなぜ出雲が神話の舞台となったのかについて考えてみたいと思う。

オホナムチの原像

出雲神話は滅びた蘇我王権を象徴している。とすれば、主人公であるオホナムチやスサノヲは本来、出雲の神ではありえない。大和またはその周辺の神でなければならない。では、これらの神の正体は何か。まず、心ならずも国譲りを強要されたオホナムチから考えてみる。

オホナムチという神の正体を明確に示す史料がある。『日本書紀』の八－6の一書、その部分と対応する『古事記』、そして決定的なのは『出雲国造神賀詞』である。

これらによれば、オホナムチは国土を経営する国作りの神である。八－6の一書によると、はじめ、オホナムチはスクナヒコナと協力して天下を経営する。医療法や除災の禁厭《まじない》の法を定めて人びとに恩恵をもたらしたという。その後、スクナヒコナは熊野の碕《みさき》から常世郷《とこよのくに》へ行ってしまう。オホナムチは、さらにひとりで諸国をめぐり、国を造りながら出雲にいたる。そこで、ひとりの身を嘆いていると海を照らして近づいてくる神がある。ヤマトの三諸山の神であった。今度はこの神の協力を得ることになったというものである。もちろん、三諸山の神が出雲の海岸に現れるというのは不自然であるが、神話の舞台が出雲に移されてから書かれたのである。『古事記』にも、大国主の物語とは別に、これと同様の話がある。

この話をさらに具体的に記すのが『出雲国造神賀詞』である。それによれば、国譲りののち、オホナムチは杵築宮にいて、己の和魂を大物主クシミカタマと呼び大御和（大三輪）の神なびに、己の御子アヂスキタカヒコネを葛木の鴨の神なびに、事代主をうなてに、カヤナルミを飛鳥の神なびに鎮座させて皇孫の近き守神としたという。

右の記紀と神賀詞の記事は、一見異なるようであるが、同じ内容と見るべきである。天下を経営するのも皇孫（天皇）の守り神とするのも、当時の為政者にとっては同じことである。中心にいるのはオホナムチであるが、杵築宮にいるというのは神話の結論に従ったまでで、出雲神話が蘇我王権を象徴しているとすれば、葛城の奥つ城にあたる吉野の大名持神社の神と考えて差し支えない。『万葉集』（巻七－一二四七）に「大穴道少御神《すくなみかみ》の作らしし妹背の山を見らくし良しも」という歌がある。大穴道はオホナムチ、少御神はスクナヒコナのことである。これは「柿本人麻呂歌集」にあったもので、古い伝承に基づくものであろう。大名持神社は吉野川の北岸の妹山にあり、対岸には背山がある。先にも述べたように、この神は大和の最高位の神なのである。元来は葛城氏が祭っていたのを、下から台頭した蘇我氏が祭祀権を引き継いだものと考えてよいだろう。

その上で注目すべきは、神賀詞に見えるオホナムチ以外の神々である。そこでは、三輪山の大物主だけが別格で和魂とされ、ほかは御子神とされている。記紀と比較すれば、スクナヒコナに相当するのがアヂスキタカヒコネ、事代主、カヤナルミの三神ということになろう。それはどういうことか。これらを地図で示しながら説明する。

地図３　『出雲国造神賀詞』の諸神

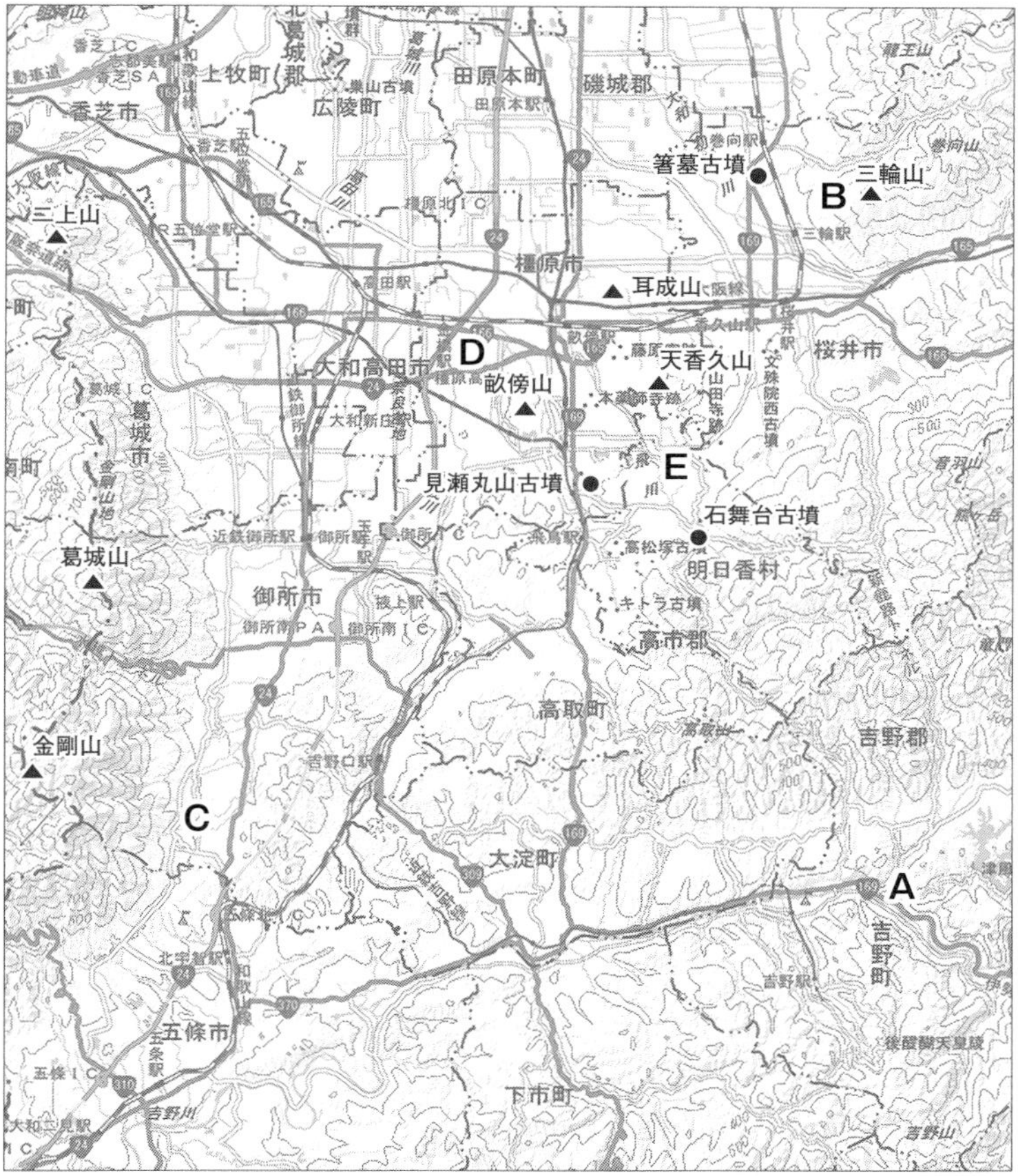

A 大名持神社　B 大物主（三輪山）　C アヂスキタカヒコネ（葛木の鴨）
D 事代主（雲梯）　E カヤナルミ（飛鳥）
（国土地理院発行の地図をもとに作成）

まず、アヂスキタカヒコネは、今日の御所市の高鴨神社に祭られている。この地は、巨大な豪族居館跡として知られる極楽寺ヒビキ遺跡など五世紀に栄えた葛城氏の遺跡が集中しており、のちに蘇我蝦夷が祖廟を立てたとする高宮も近い。また、多くの渡来人が集住しており、広大な南郷遺跡には鍛冶・ガラス・木工・武具などの工房跡がひしめいていた。アヂスキタカヒコネのアヂスキは勝れた鋤や刀剣を意味しているが、それは渡来人のもたらした技術に由来するものであろう。つまりは、この地は葛城地方の中心だったのであり、葛城氏が衰えた五世紀末頃から蘇我氏がその地位を引き継ぐことになったのであろう。

次の事代主は、元来は葛城の鴨都波《かもつば》神社（御所市）に祭られた神と思われるが、それが神賀詞ではうなて（雲梯）とされている。この地は、畝傍山の西北、忌部町に接し曾我町とも至近の地である。ということは、蘇我氏がこの地に進出した時に葛城から移したものであろう。おそらく、六世紀初頭、蘇我氏が継体新王朝の成立に協力し、大和における最大の勢力になった頃のことであろう。

さらに、飛鳥の神なびにカヤナルミを祭ったというのであるが、この神の所在は不明とされている。一説に音が近いから明日香村の栢森《かやもり》とするが、これは単なる語呂合わせにすぎない。重要なのは、出雲神話は蘇我王家の物語なのであり、飛鳥こそ蘇我氏が最終的にたどり着いた都だったのである。六世紀の中頃、蘇我氏は畝傍山を越えて飛鳥の地に進出したのである。とすれば、飛鳥の神なびは飛鳥寺に近い飛鳥坐神社の地とすべきである。鳥形山という地名であるが、神名備《かむなび》山とも称されている。

さて、このように見てくると、これら三神の位置は、葛城からはじまり畝傍山麓へ、そして飛鳥へと、蘇我氏の勢力の拡大の様子を示していることがわかる。これらの神々は、もともと蘇我氏の祭る神であった。だから、偉大なオホナムチに協力する子どもたち、スクナヒコナだったのである。

これに対し、三輪山の大物主は子ではなく和魂とされている。オホナムチと同格という意味である。もともと、大物主は、古き纏向王家の守護神であった。すでに、王家は崩壊し政治的には弱体化していたが、その数百年に及ぶ伝統、それに基づく宗教的権威は大きかったはずである。かつて、持統六年、伊勢神宮の創建を目的とした持統の行幸を大三輪高市麻呂が止めようとしたことがある。それほどに三輪山の大物主の権威は大きかったのである。その大物主がオホナモチに協力したという。これは、三輪山の大物主が、蘇我王権の成立を承認したことを意味するものであろう。

そこで、結論であるが、オホナムチは元来、葛城の神であり、神話の上では蘇我王権を象徴している、というよりも蘇我王家そのものであった。これが、オホナモチの原像である。

では、そういう葛城の神をなぜ出雲に移すことになったのだろうか。その理由は、相当複雑であろうが、一言でいえば、記紀神話の理念の赴くところ、ついに伊勢と出雲が必要となったということである。詳しくは予定している続編で述べることにするが、ただ、抽象的ながら、次のようにはいっておきたい。

記紀神話の目的は天皇制という政治秩序の構築、およびその正当化といってよい。そのためには、そういう政治秩序を支える政治理念が必要となる。高天原と根の国を対極とする世界観がそれである。高天原が皇室を、根の国が滅びた蘇我王権を象徴する。蘇我王権だけでなく、過去の滅びたものすべてかもしれない。その政治理念をビジュアルに示すことができれば記紀神話は完成する。その際、高天原と根の国というのは、天上と地下、生と死、未来と過去などさまざまな意味合いをもちうるが、高天原と比べて根の国の意味するところは深く屈折している。飛鳥や藤原京から見て、太陽が昇る東方の伊勢はわかりやすい。しかし、滅びた過去の世界をどこに求めたらよいのかは簡単ではない。おそらく、藤原不比等と忌部子首を中心とする編者たちは相当知恵を絞ったに違いない。ところが、絶妙の場所があった。それが、出雲だったのである。

スサノヲの原像

出雲神話は滅びた蘇我王権を象徴している。その場合、オホナムチが国を失った最後の王であるのに対し、スサノヲは初代ないし創業者に相当する。途中はない。滅びたものに歴史はいらないということであろう。

記紀本文では、高天原を追われたスサノヲは、なぜか出雲の簸川《ひのかわ》の上流に降り立つ。そこで妖怪ヤマタノヲロチを退治し、助けたクシイナダヒメと結婚してオホナムチを生む。そして、根の国へ向かうというものである。『日本書紀』はオホナムチの活躍をいっさい記さないから、スサノヲがいなければ、オホナムチが葦原中国の支配者である根拠がなくなってしまう。国譲り神話を成立させるためにもスサノヲの存在が必要だったのである。

元来、スサノヲは生まれた時から、父イザナキにより根の国行きという宿命を負わされていた。実は、このことが記紀神話のすべてだった。スサノヲは、それを不満として高天原で暴虐をはたらくが、これがかえってアマテラスを引き立て正当化する。その上、オホナムチを葦原中国の支配者として紹介する役まで任され、ついには根の国行きという宿命ゆえにオホナムチの国譲りをも必然化することになる。もともとスサノヲに、特定の神としての性格が備わっていたわけではない。ただ、与えられた役回りを正直に演じつづけているだけなのである。『日本書紀』の編者は、スサノヲを自在に動かして天皇制を正当化しているのである。所詮、敗者の運命は勝者に握られていたということであろう。

実は、スサノヲは、オホナムチと違い、どこかで祭られていた神ではない。『日本書紀』の編者によって作られた神である。その点はアマテラスと同じである。アマテラスの誕生については天孫降臨神話の成立として詳述しておいた。では、スサノヲはどのようにして作られたのだろうか。

繰り返すが、スサノヲは蘇我王権を象徴する神である。実は、その原像というか、のちに記紀神話の主人公となるスサノヲの成立過程を示す史料がある。『日本書紀』の一書、八-4と八-5である。すでに紹介ずみではあるが、もう一度述べておく。

まず、八-4であるが、スサノヲは高天原を追放された時、息子のイタケル（五十猛）をつれて新羅に降ったという。しかし、そこを嫌い、土で舟を作って出雲に渡り、簸川の川上でヤマタノヲロチを退治したとする。ヲロチ退治の部分は完成後の出雲神話をそのまま引用したもので、原像とは関係がない。ただ、土で舟を作ったというのは、新羅には木が少ないということであろう。一方イタケルは、天降った時に多くの樹種《こだね》をもっていたが、新羅には植えずに日本にもち帰り、筑紫からはじめて大八洲《おほやしま》国全土を青山としたという。これにより、イタケルは有功の神と呼ばれる。それが紀伊国に坐す大神であるという。この大神を名草郡の伊太祁曾神社とすることは諸説一致している。

八-5は、次のようなものである。スサノヲは、韓郷《からくに》には金銀がある、わが国には浮宝《うくたから》（舟のこと）がなくてはいけないといって、自分の身体の各所の毛を抜くと、鬚髯《ひげ》は杉に、胸毛は檜に、尻毛は柀《まき》

（槙）に、眉毛は櫲樟《くす》になった。また、その用途も定めて、杉と櫲樟は浮宝（舟）に、檜は宮殿の材に、被は棺にし、食用の実のなる木もたくさん植えたという。そののち、スサノヲは韓郷の熊成峰《くまなりのたけ》から根の国に入ったという。一方、イタケルは、妹のオホヤツヒメとツマツヒメとともに樹種を播きながら紀伊国に渡ったという。

以上の二つの一書はよく似ている。両方とも、イタケルが日本に樹種をもたらしたことを賞讃している。まさしく木国を代表する神である。伊太祁曾神社も有力であり、イタケルの存在感は大きい。それに対し、スサノヲについては不可解な点が多い。まず、高天原にいたスサノヲに息子がいたというのは記紀の本文からはありえない。だから記紀とは別のスサノヲである。記紀の本文にはイタケルは登場しないから、スサノヲとの関係を明示しておく必要があったということであろう。次に、高天原を追放されたスサノヲが韓郷に降ったというのであるが、これも高天原・葦原中国・根の国という記紀神話の枠組みからはずれている。しかし元来、天孫降臨神話のクジフルダケは伽耶神話を模倣しており、真床追衾も北方遊牧民族の影響を受けている。それどころか、神話全体を通じて中国の古典や仏典からの影響は多大である。だから、記紀神話全体が中国・朝鮮との交流のなかから生まれたといっても過言ではない。もちろん、そのうちでも朝鮮半島との人的交流がもっとも重要だったことはいうまでもない。そして、それこそがスサノヲの原像の一面だったのである。また、八－5で、スサノヲがわが国には浮宝が必要といい、自らの体毛をいろいろな樹木とする話は、単なる樹木の説明ではなく、スサノヲがイタケルと同じく樹木の神であることを示している。さらに、スサノヲが韓郷の熊成峰から直接根の国に行っているが、これは本来、スサノヲが出雲とは無関係だったことを意味している。

このように見てくると、二つの一書のスサノヲが、記紀本文のスサノヲとは相当異なる神であることに気づくであろう。その特徴は次の二点である。一つは、朝鮮半島との密接な関係。もう一つは、樹木の神である。しかし、それはイタケルそのものである。ということは、両者は父子だったのではなく、同一の神だったのである。その場合、実体があるのは伊太祁曾神社の祭神としてのイタケルである。だから、イタケルこそがスサノヲの原像ということになる。

ただし、イタケルは紀伊の大神と呼ばれる著名な神である。蘇我王権そのものではありえない。そこで、蘇我王権を象徴する神話の主人公として新たな神を創造する必要が生じた。それがスサノヲだったのである。その名称は、須佐の男という意味であろう。名草郡の隣の在田《ありた》（有田）郡には須佐の地名も須佐神社もある。海に面し、海人集団の祭る神である。実は、伊太祁曾神社の西隣の地にも須佐の地名があり、小さいながら須佐神社もある。ここに海人集団の根拠地があったのであろう。もともと、伊太祁曾神社と海人集団とは緊密な関係だったのである。しかも、その地名は中央では無名であったし、「須佐」は、「スサブ」「ススム」と語幹が共通し、激しく前進するという意味で、神話の主人公にふさわしかったのである。こうして、新しい神が創作されたのである。

出雲神話成立の諸段階

オホナムチとスサノヲの原像が明らかとなり、これにより出雲神話の全体像もほぼ明らかとなったといってよい。その基本構造は、プロジェクトYの時期、草壁没後にはじまり、軽（文武）の即位の

表5　出雲神話の成立過程

段階 出典 成立年代	オホナムチ	スサノヲ
第1段階（原像） 『書紀』一書（八－4・5・6） 持統3～5年	大和の葛城の大名持の神 スクナヒコナと天下を経営 大物主の協力で国作りを完成 蘇我王権を象徴する英雄	紀伊の伊太祁曾の神（イタケル） 新羅より渡来 樹木・造船の神 須佐（海部郡）の神による命名
第2段階 『書紀』『古事記』 持統6年～文武即位	タケミカヅチに敗れ国譲り 葦原中国のすべてを失う 滅んだ王家	出雲の簸川の上流 ヤマタノヲロチを退治 完璧な英雄
第3段階 『古事記』 712年以前	大国主と八千矛の神 葦原中国を支配する英雄 出雲の玉作集団がモデル	
第4段階 『神賀詞』 716年以前	「国作りましし大穴持命」 出雲の杵築宮 出雲国造が祭る神	

頃までに成立したことはすでに述べた。草壁の死は持統三年（六八九）四月、文武即位は六九七年の八月であるから、だいたい八年くらいの間に構想されたことになる。

その際、重要なことは、出雲神話といいながら、出雲の人びととは無関係に中央で創作されたことである。しかも、当初は、オホナムチは大和の葛城の神、スサノヲは紀伊の伊太祁曾の神であったが、のちに、神話の舞台がそっくり出雲に移され、われわれが知る出雲神話が完成するのである。つまり、出雲神話の成立は二段階だったことになる。

なぜ、出雲に移されたかといえば、高天原と根の国という神話の基本構造をビジュアルに示すためと思われる。アマテラスを東方の伊勢に、オホナムチを西方の出雲に祭り、その中心に君臨する皇室の権威を永久のものとする。そういう世界観の構築であった。といいながら、実質は、皇室を利用して藤原氏が覇権を確立するためであったが、それは、もう自明としよう。その具体化は、持統六年の二月に持統の伊勢行幸が発表されたことと無関係ではないであろう。とすると、先の第一段階は持統三年から五年頃まで。そして、持統六年頃から第二段階の構想がはじまったということになろう。

さらに、オホナムチに関しては、その後の展開もある。『古事記』の段階で意宇郡の玉作集団をモデルに大国主の神話が作られた。そして、さらに『出雲国造神賀詞』において「国作りましし大穴持命」と「杵築宮」という呼称が成立し、さらに『出雲国風土記』において「天の下造らしし大神大穴持の命」の呼称が成立した。これらについても、すでに詳しく論じたとおりである。いま、『日本書紀』の二段階に『古事記』と『神賀詞』を含めて四段階とし、これらを一つにまとめたのが前頁の表5である。

この表5を見ると、オホナムチもスサノヲも、神としてのキャラクターがめまぐるしく変化しているのがわかる。もちろん、全体として蘇我王権を象徴しているのは確かなのであるが、なぜ変化しているのか。その意味するところは何か。また、それぞれの作者は誰なのか。これらを明らかにする必要があろう。これらのうち、部分的にはすでに論じているのであるが、ここで最終的な結論を示すことにしたい。

変化の意味と作者

オホナムチとスサノヲの性格はなぜ変化したのか。それは誰の仕業なのか。まず、変化の意味から考えてみたい。

基本は第一段階と第二段階である。必ずしも厳密なものではないが、二〇二頁の表5を見ていると、それぞれのオホナムチとスサノヲが補完関係というか計画的に役割を分け合っているかのように感じられる。

まず、原像と称した第一段階では、オホナムチは、蘇我王権の奉じる葛城の大名持の神であり、スクナヒコナと大物主の協力を得て国作りにはげむ英雄である。まさしく、蘇我王権のたどった軌跡を示している。

これに対し、スサノヲは紀伊の伊太祁曾の神であるが、その特徴は新羅から渡来したこと、そして樹木と造船の神ということである。端的にいって、外交の神ということができる。これは、蘇我王権の存立の根拠が外交にあったことを示している。すなわち、この二人の神は、蘇我王権について、その成立の軌跡と存立の根拠というように説明を分担しているのである。

問題は、それぞれの作者であるが、おそらく編纂委員会のようなものがあり、そこで大枠の方針が決定され、その具体的イメージ作りは特定の人物に託されたのであろう。その場合、第一段階のオホナムチの原像は、蘇我王権との関係の近さ、および『出雲国造神賀詞』との連続性から考えても、忌部子首の発案だったと考えてよいであろう。これに対し、スサノヲの原像の作者は難しい。いったい、なぜ紀伊の伊太祁曾の神だったのか。別の角度から考える必要がありそうである。これについては、後述する。

同様に第二段階のほうも、両者は役割を分担している。重要なことは、どうやらここで高天原（最初は天ないし天上という呼称だったが）と根の国という対概念、さらには国譲り神話の構想が固まったらしいことである。神話の舞台も出雲に移されることになった。そこで、中臣鎌足ならぬタケミカヅチが刃物で脅してオホナムチから葦原中国をとり上げ、天孫降臨神話へとつなげる。そういう構想である。要するに、天皇制イデオロギーの神話の成立であるが、皇室を神格化するのが目的であるから、対立するオホナムチを徹底的に貶《おとし》める必要がある。屈辱的な目に遭わせるのである。こうして、みじめなオホナムチが誕生する。国作りの英雄などとんでもないというわけである。

その一方、スサノヲは英雄としての役割を一手に引き受けることになる。オホナムチが本来は偉大でなければ服属させる意味がない。その偉大さの根拠をスサノヲに求めたのである。ヤマタノヲロチ退治がそれである。スサノヲの登場する場面は印象的である。簸川の上流の草深い山村にひとりの英雄が飄然と降り立つ。そんなことがあろうか。まるで「さすらいのガンマン」か、あの西部劇の名作「シェーン」のアラン・ラッドのようだ。「木枯し紋次郎」でもよさそうだが、町の悪漢を退治して、また飄然と去っては行かなかったが、ともかくも、完璧な英雄である。明らかに、神話全体の枠組みのなかで役割を分担している。天皇制イデオロギーをわかりやすく説明するための役割分担であった。そういう編纂委員会の方針を、このように具体的に描いた人物がいたわけである。

この場合、オホナムチの国譲りとスサノヲのヲロチ退治は一体の関係にある。役割が補完関係にあるばかりでなく、ともに、出雲西部の簸川流域が舞台である。両者は同時に計画的に作られたのである。その場合、国譲りにはオホナムチ（記は大国主）とともに、やはり葛城の事代主（記は言代主）が子として一緒に服属している。その意味で、オホナムチも原像の葛城の大名持の神を引きずっている。

とすれば、ここも、作者としては忌部子首を中心に考えてよいであろう。その上でであるが、これらの物語は、基本的な筋書きは中央で政治的に構想されたものだとしても、国譲りが行われた現地の情景は出雲大社の創建を想定したものと思われ、現地を知る人物の協力がなければ描けなかったであろう。また、ヲロチ退治の際、スサノヲがヲロチの尾からとり出した剣は草薙剣《くさなぎのつるぎ》と呼ばれているが、それはヤマトタケルの物語から転用した語である。本来は神戸剣《かむどのつるぎ》（記では神度剣）だったかもしれない。これは、天孫降臨に先立って、オホナムチを服属させるためタケミカヅチより前に天稚彦《あめのわかひこ》が派遣されたが、オホナムチの娘の下照姫《したでるひめ》を娶《めと》って帰ってこない。若干の経緯ののちタカミムスヒが放った矢によって殺される。その殯の場で、死んだ天稚彦と間違えられたアヂスキタカヒコネが剣で喪屋を斬り伏せたのであるが、その時の剣が神戸剣と呼ばれているのである。鐙川上流は鉄の産地であり、神戸は出雲西部の神門郡のことで鐙川の下流で製鉄がさかんだったのである（森、一九九一）。このように見てくれば、中央で作られた筋書きをもとに、忌部子首が旧知の出雲の玉作集団や国造の協力を得て作った物語だったといえそうである。もっとも、国造や玉作集団は出雲東部の意宇郡で、神話の舞台は出雲西部の鐙川流域であるが、この段階では、東部の勢力が出雲全体を支配していたのである。ただ、持統朝当時において、現地の協力者が誰であったかは不明とするしかない。のちの国造の出雲果安かもしれないがわからない。

　そして、第三段階の『古事記』の大国主と八千矛の物語、それに第四段階の『出雲国造神賀詞』であるが、すでに詳しく述べておいたとおり、両者の成立は元明朝であった。その当時、和銅元年（七〇八）から霊亀二年（七一六）にかけての時期、出雲守は忌部子首、出雲国造は出雲果安であった。

彼らの真の任務は神話のビジュアル化、すなわち、出雲大社の創建だったのではないかと思うが、この両者に太安万侶が声をかけて創作したのが『古事記』の大国主と八千矛の物語であった。その目的は、在りし日の蘇我王権への郷愁と復権をはたすためであった。明らかに、天皇制とは異なる思いに満ちているということもすでに述べた。

ここまで三段階にわたるオホナムチ像の変容を見てきた。私見では、創作の中心は一貫して忌部子首と考えてきたのであるが、それにしては、なぜ、かくも激しくキャラクターが変化するのか、あるいはさせているのかが問題となろう。その答えは、忌部子首個人の問題ではなく、その都度の『日本書紀』の編纂方針にあったと見るべきである。

第一段階の原像は、客観的に蘇我王権を表現することが目的であった。第二段階の国譲り神話は、オホナムチを貶めるという藤原不比等の天皇制イデオロギーからの要請であった。そして、第三段階の『古事記』の大国主と八千矛は、太安万侶からの依頼ないし二人の相談の結果だったのであろう。というように、子首は、編纂者の依頼に基づいて忠実に表現しているのである。

そして、最後の第四段階の『出雲国造神賀詞』であるが、これは、忌部子首と出雲果安が協力し、蘇我王権の崩壊以来途絶えていた出雲の玉作集団が作る玉の献上儀礼を復活させた物語であった。ここには、それまでの三段階のオホナムチの特徴がすべて含まれている。第二段階の国譲り神話をベースにしつつ、第一段階の原像にあったオホナムチとスクナヒコナあるいは大物主ら大和の神々との国作りの物語を、天皇を守護する神々の話に置き換えている。そして、『古事記』の玉作集団をモデルにした大国主や八千矛の物語は、かつての玉などの神宝献上儀礼を暗示しているのである。こうして、

『神賀詞』によりオホナムチの物語が完結したのである。

しかし、なお、大きな難問が残されている。紀伊の伊太祁曾の神である。なぜ、そこでスサノヲが生まれたのかである。

3　紀伊国のスサノヲ

蘇我王権と伊太祁曾神社

スサノヲの原像は紀伊の伊太祁曾神社の祭神、イタケルと知れた。しかし、なぜ、この神が蘇我王権を象徴しているのだろうか。

これについて、当初、私は楽観的に考えていた。蘇我氏が台頭した理由は、葛城氏から引き継いだ外交における活躍である。古くは、葛城襲津彦《そつびこ》が伽耶・新羅を舞台に活躍したという伝承がある。蘇我氏はその葛城氏の下から台頭した。伝説とはいえ、蘇我稲目の祖父は韓子《からこ》、父は高麗《こま》という名である。朝鮮半島との関係の深さを示している。一般に、聖徳太子の功績とされる遣隋使の派遣も、事実としては蘇我馬子の外交だったはずである。配下に多くの渡来人集団がいたが、その最大のものが飛鳥の檜前《ひのくま》を本拠とした東漢《やまとのあや》氏で、飛鳥文化とは蘇我氏の文化であったと同時にまさにこの東漢氏の文化でもあった。

その外交を推進するためには良港と航海能力を必要とする。ヤマト王権にとってもっとも重要な港は淀川の河口の難波津であった。交通の要衝である。内外のあらゆる情報がここにもたらされた。この難波津を控えた淀川下流域を拠点に継体新王朝は成立した。中臣氏の本拠もここにあった。難波吉士一族が活躍したのもこの地である。しかし、大和盆地南部の飛鳥や葛城地方の場合、南へ風の森峠のゆるい起伏を越えて数キロ行くと水量豊富な紀ノ川があり、その水運を利用すれば容易に河口の紀《き》伊《の》水門《みなと》へ達することができる。ここは難波津に次ぐ港であった。そして、ここを本拠とする紀氏は、瀬戸内海の北側を押さえる吉備氏に対抗して南の四国側の航路に多くの同族を配しており、その先には北九州そして朝鮮半島があった（岸、一九六二）。『日本書紀』には、応神・仁徳朝に紀角《きのつの》宿禰、雄略朝に紀小《きのを》弓《ゆみ》宿禰・大磐《おいわ》（生磐）宿禰の父子、欽明朝には紀男麻呂宿禰らが朝鮮半島で活躍した様子が、かなりのフィクションを交えながら記されている。

一方、伊太祁曾神社の祭神のイタケルのほうは、新羅から渡来し、樹種《こだね》をもたらした木の神にして造船の神であった。海部の集団が祭る須佐神社とも密接な関係があった。明らかに外交の神である。

以上を勘案し、蘇我氏と紀氏および伊太祁曾神社との間には外交という共通項があるのだから、そこに特別な関係を想定することは可能である。その一つの証拠に、『古事記』の孝元天皇段にある建内宿禰系譜では蘇我氏と紀氏が同族とされている。このように考えていたのである。

ところが、そのうちに疑問が生じてきた。確かに、外交という共通項はあるのだが、といって蘇我氏と伊太祁曾神社とを直接結ぶ史料が見当たらないのである。建内宿禰系譜には、実は、私は、かねてから疑問を感じており、これだけを根拠とするのは危険であった。これでは、イタケルを『日本書紀』の編纂会議にもち込み、スサノヲの原像として提起した人物が不明となる。どうも、最初から蘇我王権と密接な関係のあったオホナムチとは事情が異なるようである。

発想を変えねばならない。蘇我氏と伊太祁曾神社は直接には結びつかない。それは認めたほうがよい。しかし、スサノヲの原像を紀伊の伊太祁曾の神とすることは動かしようがない。とすれば、両者はどこかで結びついているはずである。おそらく、簡単には目に見えない深いところで結びついているに違いない。それを明らかにする必要がある。そのための論理を構築せねばならない。誰が、何のために伊太祁曾の神をスサノヲとしたのかである。

紀伊大神が登場した時代背景

まず、何よりも伊太祁曾神社とは何かを確認する必要がある。

念のため述べるのであるが、神が人間を作ったのではない。人間が必要に応じて神を作ったのである。さまざまな集団が都合によりそれぞれの神を祭った。そのうち、有力な集団が出現すると、その集団が祭る神も大きな権威をもつようになる。そして、ついには中央の王権から特別な待遇を受け、さらには○○大神と称されるようになる。もちろん、そういう神は『日本書紀』のなかでも伊勢や出雲や住吉《すみのえ》の大神などわずかである。ところが、紀伊国の場合、紀伊大神と称される神が二つもあるのである。しかも、両者はわずか数キロという至近の距離にある。一つは、紀伊国造が祭る日前《ひのくま》・国懸《くにかかす》神社。そして、もう一つが伊太祁曾神社である。なぜ、大神が同一の居住圏に二つもあるのだろうか。どうやら、ここに、伊太祁曾の神の正体を知る手がかりがありそうである。

そもそも大神という呼称であるが、『日本書紀』には天照大神、大己貴《おほなむち》大神、大物主大神などの例がある。しかし、これらは神話という物語のなかで活躍する神々で、特定の神社と無関係ではないが、

地図４　瀬戸内海における紀氏関係要図

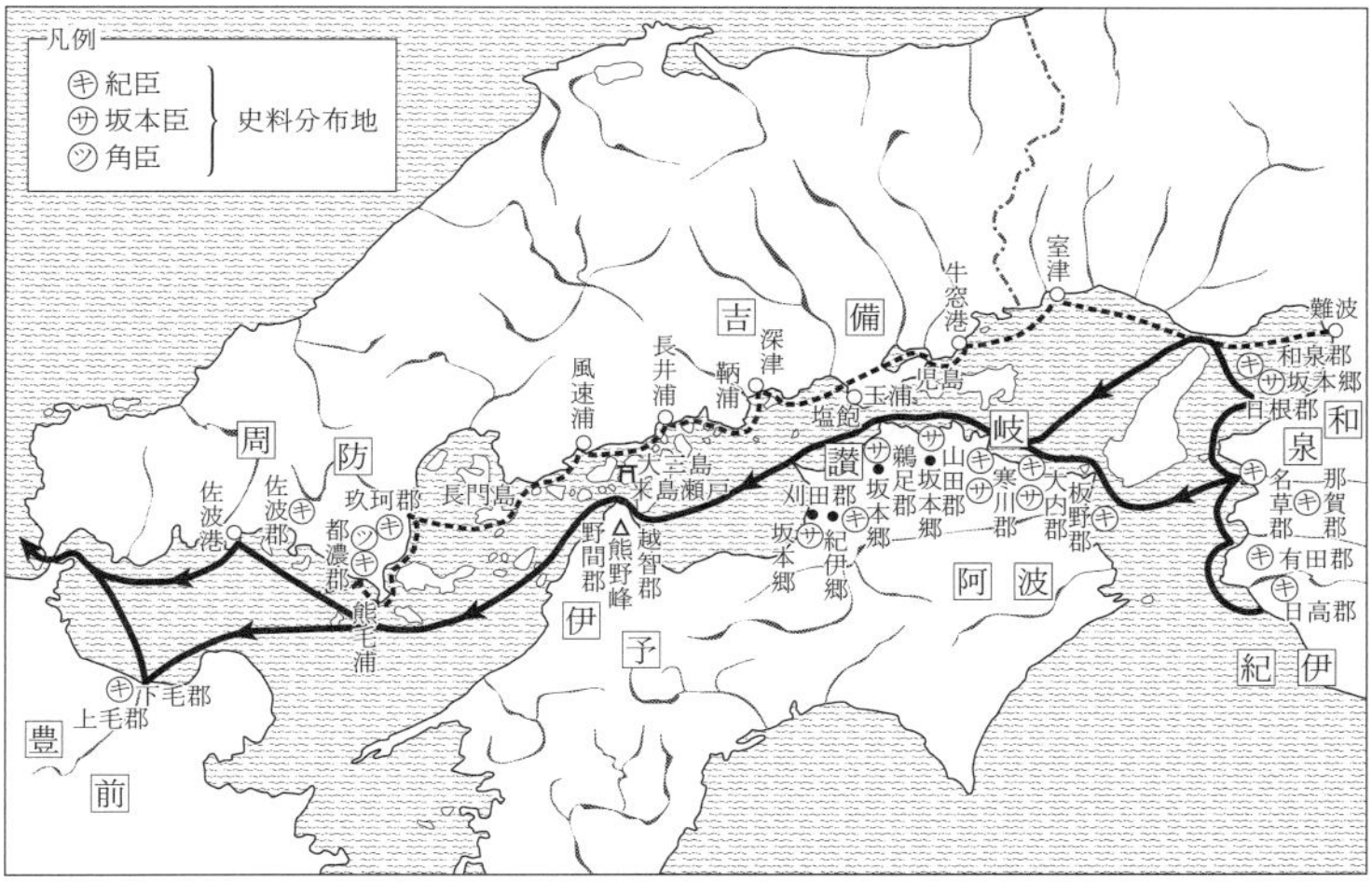

（岸俊男氏作成）

どこにでも自在に出現する。しかも、その神話自体が、これまで述べてきたとおり持統朝以後に新しく創作されたフィクションにすぎない。これに対し、ここでいう伊勢大神、住吉大神、紀伊大神などというのは、それぞれの土地で祭られている施設としての神社を指している。あちこち出歩く神ではない。こういう神の用例の初期のものを次に掲げておく。いずれも、出典は『日本書紀』である。

(1)朱鳥元年（六八六）七月五日条
幣《みてぐら》を紀伊国に居《ましま》す国懸《くにかかす》神・飛鳥の四社・住吉《すみのえ》大神に奉《たてまつ》りたまふ。

(2)持統六年（六九二）五月二十六日条
使者を遣して、幣を四所の、伊勢・大倭《やまと》・住吉・紀伊の大神に奉らしむ。告《まう》すに新宮《にひしきのみや》のことを以てす。

(3)持統六年十二月二十四日条

大夫等を遣して、新羅の調を、五社、伊勢・住吉・紀伊・大倭・菟名足《うなたり》に奉る。

(1)の記事は、こういった神の初見史料である。朱鳥元年の七月、天武の病篤く、もはや神仏を頼るだけとなっていた。その甲斐なく、天武はその二ヵ月後の九月九日に亡くなっている。(2)の記事の「新宮のこと」とは、藤原宮の地鎮祭が行われ造営が本格化したことを指している。(3)の記事の五社は大神と称されていない。ということは、大神という呼称は正式なものではなく、通称のようなものだったということであろう。

ここに見るように、天武朝末年頃から少数の特定の神社を選んで特別の奉幣をすることがはじまり、しかも、時に大神という呼称も用いたのである。一見、神を敬っているように見えるが、実はそうではない。それまで、神といえば、漠然と山や岩や木などの自然を依代とする目に見えないものであった。人間にとって、神はとらえどころのないものだったのである。ところが、ここにおいて、王権にとって特別な神の存在を意識し、その神のために建造物としての神社を作り、神をそこに固定し、幣を奉じて願いを確実に届けようという発想が生じたのである。わかりやすくいえば、自由であるべき神を、仏像のように建物のなかに閉じ込めて思いどおりに操ろうという考え方が生まれたのである。神に対する不遜な態度というべきである。

このような発想が生まれた理由であるが、やはり、天武十年（六八一）に律令や歴史書の編纂がはじまったことと無関係ではあるまい。これから創造するのは天皇制という新しい政治秩序である。天皇を神になぞらえ、その天皇を利用して藤原不比等が実権を握ることになる。天皇は神々の世界から降臨する現人神である。そして、藤原不比等に全権を委任する。簡単にいえばそういう政治システムである。そのためには、天皇を生み出す神々の世界を構想する必要がある。その場合、気まぐれで自在な神を必死で祈るなどという悠長なことではいけない。神々を管理し、それを自在に操って神話を作るのである。そういう役に立つ立派な神を作って手厚く扱う。そして、最終的には神祇令の編纂によって神々を国家の管理下におく。天皇制というのは、そのようにして成立するのである。ちょうどそういうタイミングで天武が不予となったので記録に残ったのである。伊太祁曾の神の問題は、こういった時代背景のなかで考えねばならない。

伊勢と大倭の大神

そこで、先の史料に戻る。気になるのは、(1)の「紀伊国に居す国懸神」と(2)と(3)の「紀伊大神」が同じか否かである。要するに、伊太祁曾の神の可能性はどうかという問題である。このことを順に考えてみよう。

まず、(1)と(2)・(3)の記事を比較するに、かなりの違いがあることに気づくであろう。紀伊の神は別にして、(2)・(3)では、(1)の飛鳥四社が消えて、代わりに伊勢と大倭《やまと》の大神が登場している。この変化の理由であるが、(1)の朱鳥元年の段階と(2)・(3)の持統六年の段階との間の政治状況の違いであろう。朱鳥元年七月にはまだ天武は在世中である。祭るべき神の選択は天武のために行われる。だから、居所の飛鳥浄御原宮に即して飛鳥四社が選ばれたのである。国懸神社の場合は、後述の紀伊忌部との関係であろう。ともかく、そういう基準で選択されたはずである。では、持統六年の場合はどうか。この段階では、草壁急逝のショックから立ち直り、不比等らは、中継ぎの持統を支えながらきたるべき軽皇子の即位に備えていたはずである。もちろん、その究極の目的は天皇制の構築である。そのためには、先に述べたように、神々を国家の管理下におき天皇制の正当化に利用する必要がある。そういう配慮で神が選択されたはずである。そこで選択されたのが伊勢と大倭の大神であった。この二つの神について説明しておこう。

伊勢の場合から考えてみる。(1)の朱鳥元年の段階では見えないが、持統六年の五月と十二月の段階では神々の筆頭に記されている。この伊勢大神とは何か。

もちろん、まだアマテラスという神は存在せず伊勢の内宮ではありえない。ここで想起すべきは、先に、天孫降臨神話を論じた時に、持統六年三月の伊勢行幸が伊勢神宮（厳密には内宮）の創建の準備だったとしたことである。そのことはプロジェクトYの段階の神話（九－1書）に反映されている。そこでは、降臨しようとするニニギの行く手に、突然、猿田彦大神が出現したが、この神が伊勢の内宮を準備することになっていたのである。猿田彦というのは、宇治土公《うじのつちぎみ》という伊勢の豪族の祖神で、内宮の地主神でもある。つまり、持統六年以前に、伊勢にアマテラスを祭ることが決定し、その準備というか根回しのために伊勢行幸が行われたのである。その当時、受け入れ先の伊勢における最大の豪族は度会《わたらい》氏であった。伊勢・志摩の磯部《いそべ》集団を支配する豪族である。いわば、伊勢湾の王者であった。その度会氏の祭る神は一般には度会宮と称されるが、これを特別に配慮して伊勢大神と呼んだのである。のちにアマテラスを祭る内宮ができると外宮と呼ばれることになる。神話のビジュアル化および在地への定着のためであった。

次に、大倭大神の場合であるが、ここにはこの神の特有の事情があった。
『日本書紀』において大倭大神というのはこの持統六年条が実質上の初見であるが、崇神および垂仁紀にも見え、そこでは主に倭大国魂《やまとのおほくにたま》神と呼ばれている。しかし、その倭大国魂という呼称からして中途半端である。常識的に考えて、大和の国の大神といえば、誰しも三輪山の大物主を考えるはずである。ところが、それとは別に大和の大国魂神と称したのであるが、大国魂という呼称は抽象的で、何とも人為的かつイデオロギー的である。そんなものが自然界にあるはずがない。事実、『古事記』にはいっさい見えない。その『古事記』には次のような話がある。崇神天皇の時代、疫病が流行して多くの人びとが死んだ。愁え嘆く天皇の夢に大物主大神が現れ、意富多々泥古《おほたたねこ》をもって私の前を祭らせば病は消え国も安らかになると告げた。そこで、意富多々泥古を探し出して祭らせたところ、疫病は止み、国は安定した。その意富多々泥古は大物主の子孫であった、というものである。

ところが、『日本書紀』はこの話を複雑に書き換える。思い切って簡略にすれば次のような話である。崇神天皇の五年、疫病が流行し多くの人びとが死んだ。翌年、天皇は、それまで天照大神と倭大国魂神をともに大殿で祭っていたが、それでは畏れ多いというので二神を大殿の外に祭らせた。実は、この二神が、ここで問題としている伊勢と大倭の大神と密接な関係があることに気づかねばならない。さらに、その翌年になって、大物主神が倭迹迹日《やまとととひ》百襲《ももそ》姫《ひめ》に神憑《かか》り、大物主の子の大田田根子をもって大物主を祭り、倭直《やまとのあたひ》の祖の市磯長尾市《いちしのながおち》をもって倭大国魂神を祭らせば天下太平ならんと告げた。そのように祭ったところ、疫病は止んだ。その後、垂仁二十五年になって、倭姫《やまとひめ》が先導して天照大神を伊勢国に導き、そこに祠《やしろ》を建て、さらに五十鈴の川上に斎宮《いつきのみや》を興した。祠が内宮の起源で、斎宮は倭姫の宮ということになる。一方の倭大国魂神のほうは長尾市が大市の長岡岬に祭ったという。

『日本書紀』の記述は煩雑なので結論だけを示したのであるが、『古事記』との違いに驚くであろう。その理由を考えるに、記紀に共通するのは大物主だけである。だから、本来の話は、かつて疫病が流行したことがあったが、大物主を祭ったところ治まったという伝承があっただけであろう。これに対し、持統朝の段階で、まず、天孫降臨神話を構想する過程でアマテラスを伊勢に祭ることを考えた。神話のビジュアル化のためである。しかし、高天原からいきなり伊勢に行くのは唐突である。そこで、いったん大殿に祭ってから伊勢に移すという物語を考えた。その導入に大物主の話を利用することにしたが、大物主を直接使うのは問題がある。というのは、古代人にとって三輪山の神の大物主ほど有名な神はいない。はるか昔、ヤマト王権の発祥の時から、大和の人びとに愛され敬われまた畏れられてきた神である。しかし、神々を国家の管理下におこうとしている不比等らにとって、そういう伝統と権威をおびた神は扱いにくい。神社に固定し、動くなとはいいづらい。ましてや、三輪山を祭る家柄の大三輪高市麻呂が持統の行幸に反対したように、天皇の権威すら認めようとはしない。新参者の息長王家や中臣氏とは格が違うという態度である。こういう神を祭るわけにはいかない。より従順な神を新たに作る必要がある。その結果生まれたのが倭大国魂神、すなわち大倭大神だったのである。物語の説得力を考えて大物主を登場させるが脇役にとどめておくのが安全である。『日本書紀』の編者はこのように考えたのである。これに対し、『古事記』のほうは簡単である。『日本書紀』を見て、その過剰な天皇制イデオロギーに辟易し、その部分を消してしまう。すると、単純な大物主の物語だけが残ったというわけである。

以上、まるで見てきたように語って恐縮ではあるが、持統六年に伊勢と大倭の大神が登場する意味はこう考えるしかないであろう。つまりは、持統朝における神話の構想が進むなかで、度会宮を伊勢大神とし、新たに大倭大神を創出する必要が生じたのである。それゆえ、(2)と(3)の奉幣の記事は、この二つの大神を世間に紹介、周知させるためのかなり露骨な行為だったのである。

なお、(3)に見慣れない菟名足の神が登場する。現在、平城宮の東院跡に宇奈多理坐高御魂《うなたりにますたかみむすひ》神社がある。平城宮の東院は首皇子のために作られた宮殿であり、道路を隔てて藤原不比等邸と隣接していた。そこに、のちに皇后となる光明子が育てられていたわけである。祭神がタカミムスヒであることといい、不比等の分身のような神であるが、いつからここに祭られたのか由緒には不明な点が多い。持統六年といえば、平城遷都より二十年近くも前のことである。上山春平氏は大きな関心をもっていたようであるが、私自身にはただちに扱う用意がない（上山、一九七七）。

土佐大神

また、もう一つ、看過しがたい大神がある。土佐大神である。天武紀四年三月条に「土佐大神、神刀《あやしきたち》一口を以て、天皇に進《たてまつ》る」とあり、さらに朱鳥元年八月条に「秦忌寸石勝《はだのいみきいはかつ》を遣して、幣を土佐大神に奉る」とある。

この土佐大神とは何ものか。結論的にいうと、この神は土佐国の神ではない。『釈日本紀』所引の「土佐国風土記」に、土佐郡の郡家の西に土佐の高賀茂の大社があり、その神の名が一言主尊《ひとことぬしのみこと》、一説に大穴六道尊《おほあなむちのみこと》の子、味鉏高彦根尊《あぢすきたかひこねのみこと》という、と記されている。この神は大和の葛城の一言主かアヂスキタカヒコネだというのである。さらに、『続日本紀』天平宝字八年（七六四）のこと、九月に恵美《えみの》押勝《おしかつ》の乱があり、藤原氏の権力が大きく後退し、実権が大臣禅師となった道鏡に移った。その十一月七日に高鴨神を大和国葛上郡に復し祠《まつ》った。道鏡の側近の円興の弟賀茂朝臣田守《たもり》がいうには、雄略天皇が葛城山に猟《かり》をした時、ひとりの老夫が天皇と獲物を争った。天皇は怒ってその老夫を土佐に流した。それが田守の先祖が主《つかさど》る高鴨神だったというわけである。そこで、田守に命じて本拠の葛城に復し祀ることにした。

不思議な話であるが、これら一連の史料によると、土佐大神とは、雄略朝に流された高鴨神のことで、その名は一言主かアヂスキタカヒコネである。そしていま、天平宝字八年に、道鏡の側近の円興の弟の賀茂朝臣田守が先祖の神を本拠の葛城に戻したのである。しかし、雄略朝の事件から天平宝字八年ではあまりにかけ離れている。これについて、上山春平氏は、これは文武三年（六九九）五月に伊豆国に流された役君小角《えんのきみをづの》のことではないかとする（上山、一九八五）。小角は高賀茂朝臣で、葛木山で鬼神を駆使したという伝説的な人物である。不比等が権力を確立するためには、この古き葛城の勢力を排除する必要があった。氏のいう神祇革命である。それを象徴するのが小角の追放であったという。そして、それを傍証する史料として『釈日本紀』巻十二所引の『暦録』に、雄略が不遜の神を土佐に流そうとしたが、神がすでに隠れたので祝《はふり》をもって代えたとあるにより、この祝こそ役君小角と考えるのである。結論だけをとり出せばこういう説である。

思うに、この上山説は、まことに大胆かつ巧妙ではあるが、やはり無理であろう。土佐大神は小角が流される以前の天武朝に存在するし、小角が流されたのは土佐でなく伊豆だったからである。

といって、断案といえるようなものではないのだが、私は、土佐大神の初見である天武四年の直前にあった壬申の乱との関係を考えたい。というのは、いうまでもなく土佐国は流罪の地である。事実、天武紀五年九月条に屋垣王が土佐に流されたという記事がある。いま、壬申の乱の結末を見るに、乱の処分として重罪が八人。中臣金《かね》が斬罪。蘇我赤兄《あかえ》・巨勢比等《ひと》とその子孫、中臣金の子と蘇我果安《はたやす》の子が流罪となっている。これ以外はことごとく赦《ゆる》されたという。問題は流罪とされたのが蘇我赤兄と巨勢比等らということである。中臣金の子を除くと、彼らの本拠はすべて葛城である。そこで考えるのだが、乱の処分が全体として著しく軽かったといえないだろうか。斬罪は中臣金だけである。あれだけの大乱に不可解ではないだろうか。どうも、壬申の乱にはいろいろ問題がある。そこで、思い切っての推測なのだが、蘇我赤兄らも、実質的には赦されたのではないか。その代わりに葛城の神が象徴的に流されたと考えてはどうだろう。天平宝字になって、高鴨神がもとの葛城に復したのは、藤原氏に代わって実権を握った道鏡が、葛城の神を祭る大和の有力豪族たちに示した配慮、いわば人気取りだったのではないか。

それはともかく、土佐大神は本来、大和の葛城の神であるということは事実であろう。しかも、土佐という僻遠の地に流された神である。そう考えた場合、この天武四年三月条と朱鳥元年八月条の記事は、次の二点で重要な意味をもっている。

一つは、天武四年条の記事が、特定の神を大神と呼んだ文献上の初見と思われることである。しかも、流罪に処せられた神を大神と称している。罪のある神を特別に敬っている。敬いつつ畏れている。畏怖の上に慇懃《いんぎん》であり無礼でもある。屈折した感情がある。この流罪を私見のように壬申の乱後の処分としてよければ、天武四年三月条の土佐大神の神刀献上は、葛城の神とその背後の人びと、つまり蘇我赤兄らが忠誠を誓ったことを意味している。そして、朱鳥元年八月であるが、天武がまさに死を迎えようとしていた時である。多数の僧尼を出家させ、観音経を読誦し、神祇に祈っている。その時、唯一固有名詞で土佐大神を示し、使者を派遣して奉幣しているのである。死の床に伏せる天武の脳裏に壬申の乱のトラウマが兆したのではないか。

以上は私の推測である。憶測といってもよい。ともかく、土佐大神が特殊な神であることは確かであろう。そういう特殊な神を大神と呼んだ。このことが、その後の神話の構想のなかで意味をもつようになったのではないか。大神という呼称の有効性に目覚めたのである。事実、神話のなかで多用されることになる。

もう一つは、神の流竄《るざん》という行為である。本来、神というものはとらえどころがないものだったはずである。捕まえて流罪に処すなどということは想定外のはずである。ところが、そういう実例がここに生まれた。神の流竄といっても、もちろん人間の代わりである。それが意外と有効だった。直接、人間を断罪しないで、その祭る神を追放すれば、政治的には永続的な効果を期待できる。上山春平氏の神祇革命である。アマテラスを伊勢に、オホナムチを出雲に放逐し、タケミカヅチを平城京の春日山に迎える。これにより、神話のビジュアル化が可能になったのである。それにより、藤原不比等の天皇制が鮮やかに実現することになったのである。

葛城の神を土佐に流すというアイデアを思いついたのは誰なのだろうか。粋なはからいだったといえよう。これが壬申の乱の処置であったとすれば、この微妙なはからいの背後に、壬申の乱そのものの微妙な意味合いを感じるべきであろう。

紀伊大神の登場

さて、紀伊大神に話を戻そう。先に見た(2)の持統六年五月条と(3)の同年十二月条の紀伊大神が、(1)の朱鳥元年条と同じ国懸神社を指すか、あるいは『日本書紀』の一書八−4の「紀伊国所坐大神」により伊太祁曾神社を指すかという問題である。それを解決した上で、紀伊大神が登場した意味を考えねばならない。

ここで、まず考慮すべきは、なぜ、持統六年という時期に中央政府が紀伊国に注目したかである。実は、持統は、伊勢行幸の一年半前の持統四年（六九〇）九月に紀伊に行幸している。在位中、女帝が畿外に行幸したのはこの紀伊と伊勢の場合だけである。伊勢行幸は伊賀・伊勢・志摩の三ヵ国にまたがる遠路の旅であったが、その日数は三月六日から二十日までの十五日間であった。これに対し、紀伊行幸の場合は、距離的にも近くしかも一ヵ国だけなのに、九月十三日から二四日までの十二日間をかけている。大三輪高市麻呂の反発のような事件がなかったから『日本書紀』の記事は簡略ではあるが、どちらかといえば、紀伊のほうが念入りな行幸だったといえないだろうか。

では、時の政府は持統を擁して何をしに行ったのだろうか。伊勢の場合は、天孫降臨神話のアマテラスを伊勢に祭るための準備であった。とすれば、紀伊の場合も神話の構想と無縁ではありえないであろう。

持統四年の九月といえば、草壁没から、まだわずか一年五ヵ月である。中継ぎで持統が即位し、政権はとりあえず安定した。しかし、究極的には草壁の遺児の軽皇子を即位させねばならない。そのための準備の一環として神話の作成が急がれていたはずである。直接には軽皇子を主人公とする天孫降臨神話であるが、その神話を正当化するためには、まず、蘇我王権の投影であるオホナムチの王朝があり、その国譲りを受けて天孫降臨が行われるというストーリーが必要である。そういう物語を高天原と根の国を対極とする世界観のなかに描く。いったい誰の発想だったのだろうか。藤原不比等を中心とする編纂会議が繰り返されたはずである。ともかく、そのなかで、蘇我王権を象徴する神としてオホナムチが確定し、国譲りを強要するタケミカヅチも構想されていた。

しかし、ここで一種不都合が生じた。高天原と根の国という対概念を基本とし、それぞれから派遣された神が地上に君臨するというのが神話の構造である。高天原からはニニギが、根の国からはオホナムチが登場するのである。両者は、国譲り神話をはさんで葦原中国の新旧の支配者である。その場合、高天原と根の国には、それぞれに君臨する主宰神がいなければなるまい。高天原にはアマテラスがいる。では、根の国はどうか。ここの主人がまだ決まっていないではないか。オホナムチはあくまでも地上の支配者である。根の国の王が必要である。その時、思いがけない人物の発言があった。蘇我氏といえば、その台頭の根拠は外交にあったはずである。そこでの功績は認めねばならない。実は、蘇我氏と直接の関係はないが、かつてのヤマト王権の外交を象徴する神がいる。葛城の南方、大名持神社の下を流れる吉野川が紀ノ川となり、さらに下った紀伊国の神、つまりは伊太祁曾の神である。この神に根の国を任せたらどうか。そういう意見だったはずである。ここに、伊太祁曾神社が神話の舞台に登場することになった。先に見た『日本書紀』の一書のイタケルである。この神を介して根の国を考えたらどうか。そういう提案だった。

以上のように考えて、私は、持統六年条の紀伊大神は伊太祁曾神社を指すと考える。では、伊太祁曾の神をスサノヲの原像として提起した人物は誰だったのか。もちろん、伊太祁曾神社とかかわりのある人物に違いない。それは誰だったのか。

紀伊国の諸勢力

そもそも、神は人間が都合により作ったものである。とすれば、紀伊国にはどのような社会勢力がいて、どのような神を祭っていたのかを見ておけばよい。伊太祁曾神社とかかわりのある人物が、神話の編纂会議に参加したか、あるいは会議の関係者に提案したはずだからである。以下、薗田香融氏の「岩橋千塚と紀国造」という著名な論文を参考にしつつ、日前《ひのくま》・国懸《くにかかす》神社と伊太祁曾神社とを対比させながら、検討を加えることにする（薗田、一九六七）。

なお、日前・国懸神社は、日前と国懸の二社ではあるが境内地を共有している。薗田氏によると、「日前」は地名で、「国懸」のカカスはカガヤカスで光輝照曜をいうもので神威が国にあまねく及ぶ意ということである。それゆえ、本来は「日前に坐ます国懸神社」と呼ばれたのではないかということである。その意味で、支障がない限り、略称として日前宮と呼ぶことにしたい。

山がちな紀伊国にあってまとまった平野としては、紀ノ川の下流の和歌山平野がある程度である。古くは名草郡と呼ばれていた。この名草郡を中心に、東に紀ノ川をさかのぼって那賀郡と伊都郡、南に在田（有田）郡、海岸沿いに海部《あま》郡があり、このあたりが紀伊国の主要部分といえる。そこに、どのような勢力がいたのか、次の地図5を参照しつつ列挙しておくことにする。

①紀直（紀国造）

紀伊国においても主産業は農業であった。地図を見ると、名草郡には三つの条里制遺構があるが、もっとも大きな条里制遺構は紀ノ川南岸の今日の和歌山平野である。これを河南地区と称する。これは、紀ノ川の中流から引いた宮井川（宮堰川《みやい》）という灌漑用水によって開発された平野である。この用水は平野の入口の音浦で堰により三方に分かれるが、その堰を管理し、一帯の水利権を掌握するのが紀直《きのあたえ》である。のちに紀国造を世襲することになる。六〇〇基に及ぶ岩橋千塚の古墳群はこの一族の墓地であった。宮井川は名草溝《なぐさのみぞ》とも呼ばれ、その開発は古墳時代初期までさかのぼり、以来、紀直は古代を通じて紀伊国の最大勢力を誇っている。この紀直が祭る神が日前宮で、音浦の堰の管理により、平野全体の農耕儀礼を支配していたのである。日前宮は、現地では音浦の分水設備を意味する名草溝口の神とも呼ばれており、もちろん、農耕神であった。

②紀臣

河南地区に次ぐ条里制遺構があるのが紀ノ川の北岸、河北地区である。ここに君臨したのが紀臣《きのおみ》である。この地の特徴は、農耕地帯というより、東西に走る南海道により、東は大和に通じていること。また、北に峠を越えれば和泉国で、その地には同族の坂本臣がおり、大伴氏ら畿内氏族とも密接な関係があった。さらに、西には瀬戸内海が開けており、海運にも有利であった。紀臣は、こういう陸海の交通の要衝という地の利を生かして積極的にヤマト王権や畿内の諸豪族と接触し、五世紀中葉から六世紀中葉にかけて、王権の外交政策に協力し、果敢に朝鮮半島に進出したようである。特に伽耶の

地図５　紀伊国名草郡周辺の地図

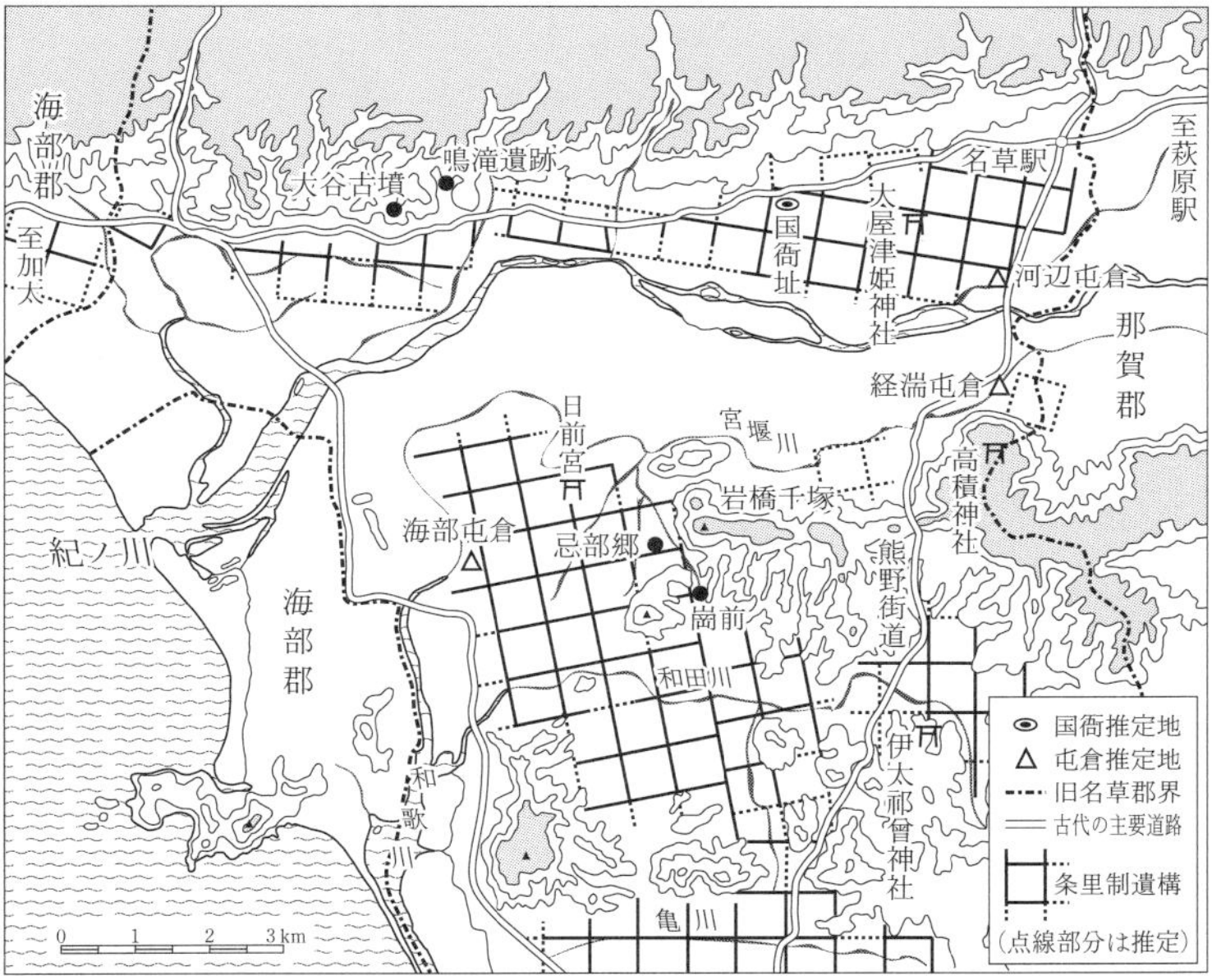

（薗田香融氏作成の地図に加筆）

卓淳国には紀州勢を中心とする日本軍が駐留していたらしい（薗田、一九七〇、一九七二）。そういう外交・外征の成果は発掘によって明らかにされている。大量の武器や甲冑に加えて半島直輸入の馬甲と馬冑などを出土した大谷古墳、周濠をめぐらした車駕之古址《しゃかのこし》古墳、また和泉の現岬町淡輪《たんのわ》には、一説に雄略朝に活躍した紀小弓宿禰の墓とされる西陵《さいりょう》古墳があり、その近くに宇土墓《うどはか》古墳もある。ともに全長二〇〇メートルクラスの巨大古墳である。これらの古墳は周濠の存在など畿内的で、膨大な半島系の副葬品という特徴もあった。さらには、五世紀中葉頃と推測される鳴滝遺跡の巨大倉庫群の存在もある。これらは明らかに王権との協力関係を物語っている。おそらく、この外交における活躍により、紀臣は莫大な富を確保し、また多くの渡来人を受け入れることにより半島の進んだ技術・文化を手に入れ、さらには、それを土台にして中央の王権との人脈も築いたに違いない。おそらく、臣というカバネ（姓）もその間に得たものであろう。

ただし、同盟関係にあった卓淳国が六世紀前半に新羅のために滅亡すると、紀臣の活躍は終わりを告げたようである。敏達紀十二年（五八三）七月条には、紀国造押勝が吉備海部直《きびのあまのあたひ》羽島《はしま》とともに火葦《ひのあし》北国造《きたのくにのみやつこ》阿利斯登《ありしと》の子の日羅を迎えに百済に派遣されている。これは、外交上の役割がすでに紀臣から紀直に移ったことを意味するものであろう。しかし、それまでの長い外交経験は、紀臣にとって大きな財産となっていたに違いない。

そういう紀臣であってみれば、外交の神である伊太祁曽神社の成立および運営に中心的役割をはたしたであろうことは想像にかたくあるまい。

③忌部

神話をテーマとする場合、忌部の存在はつねに重要である。紀伊国にも忌部が存在する。現在の和歌山市の井辺《いんべ》は忌部のことで、ここが古代の忌部郷で紀伊国忌部の本拠地である。そのすぐ北に忌部氏が祭った鳴神社がある。この地は、日前宮に近く、その意味で紀直との密接な関係が推測される。

中央の忌部氏が担当する重要な神事に大殿祭《おおとののほかひ》がある。天皇の御殿の造営とその安泰を言寿《ことほ》ぐ神事である。『古語拾遺』によると、神武即位の祭に紀伊国名草郡の忌部が畝傍橿原《かしはら》宮を造営したことに由来するという。材を採る忌部は御木《みき》郷、殿を造る忌部は麁香《あらか》郷にいたとされる。御木郷は現在の和歌

地図6　和泉・紀伊における紀氏関係要図

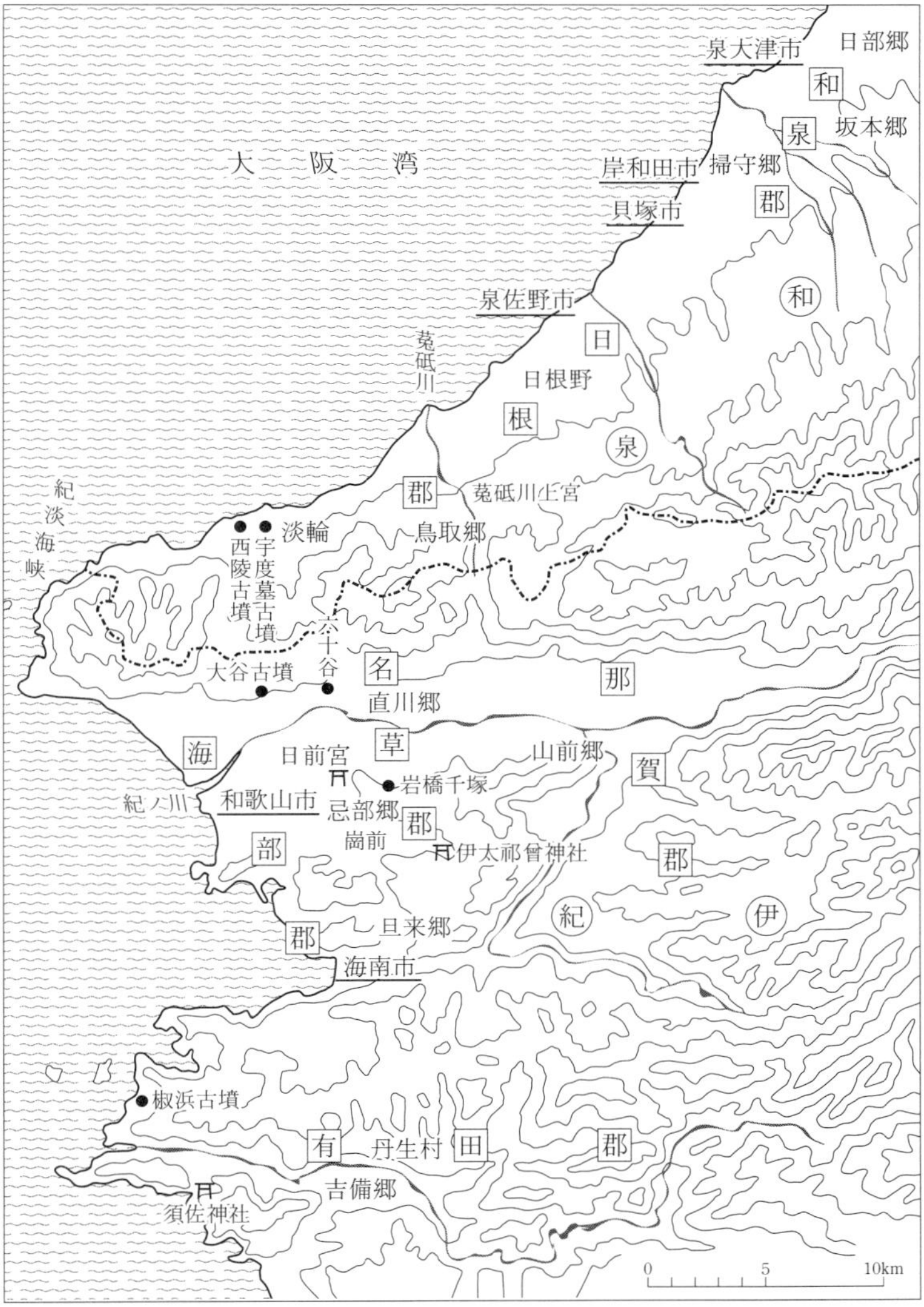

（岸俊男氏の図をもとに作成）

山市上三毛・下三毛の地、鹿香郷は『和名抄』の荒賀郷で、今日の和歌山市黒田付近とされる。御木郷が上三毛・下三毛でよければ、紀ノ川中流の貴志川と合流する地で、山からの採材に適している。また、鹿香郷の黒田付近は和歌山市中心部で紀直が祭る日前宮にも近い。紀伊国忌部は、紀ノ川中流の山中で採材し、紀直の保護下で朝廷の造殿に奉仕していたと推測してよいであろう。

ところで、この大殿祭の神事で呪具として使われる霊威のこもった玉がある。これは御富岐玉《みふきのたま》（御祝《みほ》ぎ）と呼ばれるが、実は出雲の玉作が進上するものである。とすれば、先に見た『出雲国造神賀詞』の神宝献上の場合と同じく、大殿祭もまた忌部子首による蘇我王権下の神事の復活と考えてよいのではなかろうか。なお、ここに出雲の玉作が関与するのは、出雲神話が出雲の地で完結する段階では重要な意味をもっているが、いまは述べない。

このように、紀伊国忌部は紀国造から中央の忌部を介して蘇我王権に奉仕していたのである。そのためであろうか、天の岩戸神話のなかで、日前宮が登場する話がある。『日本書紀』の一書七－1である。スサノヲの乱暴によりアマテラスが岩戸にこもってしまったので恒闇《とこやみ》となった。そこで、思兼神の思慮によりアマテラスの像を作って招き寄せようとした。その像として日矛を作ったがそれが紀伊国の日前神であるという。この日矛を『古語拾遺』は鏡とする。岩戸にこもったアマテラスを招き出すためにさまざまな幣を用意するというのは、元来は、忌部の祖太玉命が主導する祈禱の一部である。つまり、日前宮は、忌部氏につながっていたのである。

ともかく、このように見てくると、紀伊国忌部は中央の忌部氏を通じて蘇我王権に奉仕していたが、紀伊国内では紀直の配下にあり、日前宮ともかかわりがあったということになろう。ここまでは、伊太祁曾神社との接点は見られない。

しかし、翻って考えるに、木材の用途は建物だけではない。造船もあるはずである。ところが、蘇我王権が成立した六世紀中葉以後には、先にも述べたごとく、紀臣の外交は終了していた。そのため、蘇我王権直属の中央の忌部氏は、紀伊国の山の民を採材と造殿の専門家として組織したわけである。しかし、この集団が紀伊国忌部とされる六世紀中葉以前は、紀臣はヤマト王権に協力して積極的に朝鮮半島に進出していたのである。とすれば、木材の需要の中心は造船であったはずである。それこそが伊太祁曾の神ではないか。それゆえ、元来は、ヤマト王権の外交政策のもとで、紀臣、紀伊国忌部の前身の山の民、そして次に見る海部《あまべ》らが、一体となって伊太祁曾の神を祭っていた時代もあったと考えるべきであろう。造船はその後も必要とされたから、その技術と伝統は、紀臣や紀伊国忌部のなかに維持されていたはずである。

④海部《あまべ》

名草郡、在田郡の地の海岸地帯には、漁業や製塩を業とする集団がおり、彼らは海部と呼ばれ、その居住地は海部郡とされていた。彼らは海の民であり、紀臣の外交華やかなりし頃は、船を操る水手《かこ》として紀臣の外交の一端をになっていたはずである。その祭る神が在田郡の須佐にある須佐神社であった。海に面しており、裏山を登ると、遠く海の彼方に四国阿波の山々が見える。今日、伊太祁曾神社の西側にも須佐の地名が残り、小さいながら須佐神社もあるのは、この二つの神社が緊密な関係にあったことを示すものであろう。おそらく、海部の集団もまた、伊太祁曾神社の成立および運営に深く関与していたのであろう。

⑤渡来人

外交の最大の成果は、多くの渡来人を受け入れたことであろう。そのため紀伊国には多くの渡来人が居住していたようである。その最大のものは伊太祁曾周辺にいた秦氏で、ほかに、岡田村主《すぐり》、三間《み ま》名干岐《なのかんき》、武蔵村主などが『日本霊異記』に見え、『続日本紀』養老六年三月条には韓鍛冶《からかぬち》、鎧作《よろひつくり》の名も見える。こういう渡来系の人びとが伊太祁曾を中心として分布していたのである。彼らがもたらした技術は紀伊国ばかりでなく、日本全体の文化水準の向上に寄与したことであろう。彼らの結束と活動の中心に伊太祁曾神社があったことも想像にかたくあるまい。

⑥王権

紀伊国は、中央の王権の外交政策を支えてきた。だから、王権の側も特別な関心をもっていたようである。紀臣との密接な関係ばかりでなく、大伴氏など畿内氏族の紀伊への移住も少なくなかった。雄略紀九年条には紀岡前《きのをかさきのく》　来目連《めのむらじ》の名も見える。元来は伊予の久米郡の人で来目部となったが、主人の大伴氏とともに紀伊に移住したのであろう。また、直接、王権が紀伊国のなかに拠点を築くこともあった。安閑紀二年（五三五）五月条には経湍《ふせ》屯倉・河辺屯倉の設置記事がある（地図5参照）。経湍は和歌山市布施屋《ほしや》、河辺は同川辺である。和泉から雄ノ山峠を越えて紀ノ川に達した付近が川辺で、布施屋はその対岸である。ここは紀直が支配する和歌山平野の東にあたり、熊野街道に面した水陸の要衝であった。さらに、欽明紀十七年十月条には海部屯倉もおかれている。これは、和歌山市手平《てびら》で、『和名抄』の大宅郷にあたり、律令時代には名草郡家となる地である。この地は、当時は紀ノ川に臨み、さらに南北に延びる幹線道路にも面した水陸の要衝であった。このように、王権は、紀伊国の中枢部を押さえ、紀臣や忌部、海部らと協力しつつ、戦時のための動員態勢を築いていたのである。

とすれば、こういう王権が外交の神である伊太祁曾の神にも特別の配慮をしたことは推測にかたくないであろう。

さて、これまで名草郡を中心とする紀伊国の諸勢力について検討を加えてきたのであるが、その結果、これら諸勢力と日前宮、伊太祁曾神社との関係もほぼ明らかになった。それを、次にまとめておく。

日前宮は、紀伊国としては広大な和歌山平野を支配する紀直（紀国造）が祭る農業神であった。六世紀中葉頃に蘇我王権が成立すると、中央の忌部により山の民が採材と造殿を業とする紀伊国忌部として組織され、紀直の保護下に王権に奉仕することになったと思われる。この紀直と紀伊国忌部が中心となって日前宮を祭っていたと考えてよい。もちろん、紀直の勢力は紀伊国において圧倒的であり、忌部を通じて蘇我王権ともつながっていたとすれば、日前宮の権威も大きかったと考えてよい。

一方、伊太祁曾神社は、五世紀中葉以後、ヤマト王権とその外交政策に協力する紀臣、海部、採材と造船を業とする山の民らによって祭られたものと思われる。この山の民はのちに紀伊国忌部になる。さらに、外交の結果としてもたらされた渡来人も当然、伊太祁曾神社の周辺に集まっていた。紀臣の外交が華やかだった時代にはこの神社も相当な権威をもっていたはずである。しかし、六世紀中葉頃に紀臣の外交は終わりを告げた。外交そのものが途絶えたわけではないが、その後、栄光は次第に失われたと思われる。

このようにいうと、日前宮を祭る紀直の勢力と、伊太祁曾の神を祭る勢力との間に対立のようなものがあったかと思われるかもしれないが、私は、必ずしもそうではなかったと考える。確かに、古墳などを見ると、紀ノ川の北岸と南岸の岩橋千塚とでは相当の違いがある。しかし、紀直の一族の墓とされる岩橋千塚といえども、出兵と関係のある武具や馬具を多く出土しており、半島系の横穴式石室も比較的早く採用している。特に岩橋千塚には「岩橋様式」と呼ばれる特色のある横穴式石室があり、その玄室は正方形に近く、この地方に多い結晶片岩の割石を高く積み上げ、一定の高さの急勾配で内側にもち送っているため底面積に比し天井面積が著しく小さいという特徴がある。天井に近い部分の両壁を支える必要から補強用の石梁を多く用いるが、これは、壁体を直角に支えるつっぱり材で、構造船を作る技術と共通するという。このように、紀直一族の古墳といえども外交、外征と密接な関係があったのである。

そもそも、遠く海を越えた外交や外征が危険を伴うことは当然であるが、それによりもたらされる富は莫大だったであろう。河南の人びとがそれに無関心でいたはずはあるまい。六世紀中葉に紀臣が外交から離れたあと、敏達朝に紀国造押勝が百済に派遣されたのは、そういう経験と技術を紀国造も有していたからであろう。そういう意味で、紀伊国の人びとは、日前宮と伊太祁曾の神を時に応じて使い分けていたのであろう。巨大な王権の意向に合わせて、二つの神を祭り、その都度柔軟に対応していたのであろう。

イタケルの作者

かつて、勇躍、朝鮮半島に渡り、巨大な成果をもって誇らしげに帰国した男たちがいた。紀臣の一族である。それを象徴するのが伊太祁曾神社であった。そのことは、紀伊国の人びとの間に語り伝えられていたことであろう。だから、スサノヲの原像として伊太祁曾の神を提案し、イタケルという神を創造した人物がいるとすれば、紀臣しかありえないであろう。しかし、紀臣の外交は六世紀中葉には終わりを告げているはずである。では、その後、紀臣はどうなったのか。

ともかく、持統朝において、伊太祁曾の神を、政権中枢でひそかに進行しているはずの『日本書紀』の編纂委員会に提起した人物は誰だったのか。やはりというべきか、天武十年の詔に列挙された編纂メンバーのなかに紀臣は見えない。『続日本紀』和銅七年（七一四）二月条に紀朝臣清人が三宅臣藤麻呂とともに国史を撰することを命じられているが、時代が離れすぎている。

ところが、一見いないと見えて、実はいたのである。ただ、その人物は、実質的には紀臣なのであるが、今日流にいえば戸籍上は紀臣ではない。平群臣子首という人物である。もうひとりの子首がいたのである。というより、忌部子首も、一般には「子首」と記されるのであるが、この天武十年詔では特に「首」とされ区別されているのである。

では、なぜ、平群子首が実質的には紀臣なのか。実は、そのこと自体に複雑な事情があるのであるが、この人物には、それ以上に難しい事情があった。実は、平群《へぐり》子首が編纂メンバーのひとりとして登場する理由は、ほかならぬ藤原不比等から特別な使命を託されたからなのである。四七頁の天武十年詔を見てもらいたい。編纂メンバーを列挙したのちに、「帝紀及び上古の諸事を記《しる》し定《さだ》めしめたまふ」とし、さらに「大嶋・子首。親《みづか》ら筆を執りて以て録す」とある。大嶋は中臣大嶋、子首は平群子首である。歴史書の編纂を開始するからには、これからさまざまな史料を集め、関係者の思惑を調整しつつ歴史書としての枠組みを決めねばならない。ともかく、そういう作業の手順を相談する段階だったはずである。そんな段階で、いったい何を「親ら筆を執りて以て録す」必要があったのか。実は、それこそ不比等が、この編纂事業の大前提としてあらかじめ考えていたことであった。大嶋は不比等の同族である。気心の知れた仲間であった。平群子首は側近のひとりであった。その二人に特別な使命が託されていたのである。

ところが、その後まもなく天武が亡くなり、さらに草壁まで急逝してしまった。そこで、不比等らは、今度は軽の即位を実現するために神話の創作を本格化させる必要があった。このことは、もう何度も述べたことである。その持統朝の編纂会議において、まず、蘇我王権を象徴する神としてオホナムチが確定し、このオホナムチに国譲りを強要するタケミカヅチも決まった。その時、平群子首が、突然、スサノヲの原像について提案したのである。彼の本来の使命《ミッション》は神話ではなかったが、ここで、あえて発言したのである。だから、私は先に「思いがけない人物の発言があった」といったのである。といって、理由のないことではなかった。

神話の解明は難しい。まさか、平群子首を登場させるとは私自身も最初から考えていたわけではない。というより、登場させると説明が長くなるから避けようとしていたのである。しかし、いまとなっては必要な限りは論じねばなるまい。平群子首が、なぜイタケルを提案したのか。その経緯は複雑である。

まず、平群子首が、なぜ、実質紀臣だったのか。また、それ以前に、紀臣の外交は、六世紀中葉頃に終わりを告げていたはずである。その後の紀臣はどこへ行ったのか。その上で、なぜ平群子首なのかということになる。

同時に、そもそも、平群子首とは何ものか。また、なぜ、編纂メンバーに加わることができたのか。不比等から託された使命とは何だったのか。

論点は、山ほど残されている。順に解決していかねばなるまい。

4　平群子首の使命

紀臣の中央進出

六世紀中葉以後、外交という活躍の場を失った紀臣は、紀伊国において次第に存在感を失ったようである。薗田香融氏によると、律令時代以後、かつての本拠地であった紀ノ川北岸でさえ、紀直の勢力が圧倒的に優勢となっているという（薗田、一九六七）。ということは、紀臣一族の中心は紀伊国を離れたのである。

しかし、先にも述べたが、紀臣の一族は、長期にわたる外交活動により、莫大な財宝を蓄えていたばかりでなく、多くの渡来系の技術と文化を手にしていたはずである。象徴的にいえば、大谷古墳の副葬品だけでも想像を絶する財宝と技術の結晶であった。岸俊男氏によれば、その後の紀臣の特徴は、韓鍛冶の技術と学問であったという（岸、一九六二）。そのうち、とりわけ重視すべきは学問であろう。外交活動によって鍛えられた国際感覚。朝鮮半島はすでに中国文化圏にあったとすれば、そこで学んだ知識と教養。これらは紀伊国内にいては宝のもち腐れだったが、大和の権力中枢から見れば垂涎の的であった。当然、早くから中央に招かれることがあったはずである。

ましてや、外交活動が終わった六世紀後半以後となれば、紀臣一族は、氏族としての生き残りをかけて子弟教育に力を尽くしたことであろう。その結果であろうか。古い時代は不明であるが、奈良時代以後、先に和銅七年に国史撰上を命じられたとした紀清人は文章博士となり、養老五年には詔により退朝ののち山上憶良らとともに東宮に侍すことを命じられている。この時には、伊予国越智郡出身の越智直広江と紀伊国名草郡旦来《あさこ》郷出身の朝来直賀須夜も含まれていた。二人とも紀臣の同族である。また、『懐風藻』には紀麻呂・紀古麻呂・紀末茂・紀男人の四人の詩が収録されている。こういった人びとはみな漢籍・詩文に長じた当代一流の学者であった。もちろん、これらの人材が突然生まれるはずはなく、紀臣（紀朝臣）一族がつちかった長い伝統のたまものといってよいであろう。おそらく早くから独自の教育機関をもっていたのであろう。平安時代になり紀長谷雄や紀貫之らを輩出するのは偶然ではなかったのである。

同様に、韓鍛冶による武具・馬具製造の技術および半島出兵の経験も重視されたようであり、武人としての活躍も少なくない。紀朝臣諸人は和銅二年に征越後蝦夷副将軍、紀朝臣船守は藤原仲麻呂の乱で活躍し、ついには近衛大将となる。さらに奈良末期には紀朝臣広純が陸奥鎮守将軍、紀朝臣古佐美も蝦夷征討で活躍している。ただし、広純も古佐美も実戦での能力には問題があったようで、これにより、武人としての活躍は終わり、平安時代には純粋に文筆の家柄となったようである。

ところで、紀臣が、いつ頃から中央への移住を本格化したかは明らかではないが、当然六世紀中葉以後であろう。そして、七世紀前半には、すでに中央氏族の一員として活躍していたようである。舒明即位前紀の推古の遺詔をめぐる争いの記事に紀臣塩手が、大化二年の東国国司として紀麻利耆拖《まりきた》臣が、大化五年の蘇我石川麻呂滅亡事件では木臣麻呂らの名が見える。そして、天智十年正月の近江令官制では紀大人《うし》臣が御史大夫となっている。この時、太政大臣大友皇子のもとに、左大臣蘇我赤兄臣、右大臣中臣金連、そして御史大夫は蘇我果安臣と巨勢人臣に紀大人臣だったのである。もはや権力の中枢である。それでいて、壬申の乱では紀臣阿閉麻呂《あへまろ》らは大海人方の中枢にいたようであり、天武崩後の殯庭《もがりのにわ》では、紀朝臣真人が膳職《かしはでのつかさ》のことを、同弓張が民官《かきのつかさ》のことを誄《しのびごと》している。持統七年には、紀大人の子の紀朝臣麻呂が直広肆《じきこうし》、そして大宝元年には石上麻呂・藤原不比等とともに大納言となっている。とりわけ特筆すべきは、文武の即位直後に、石川朝臣刀子娘《とねのいらつめ》とともに紀朝臣竈門娘《かまどのいらつめ》が嬪《ひん》とされたことである。不比等が政治力の限りを尽くして擁立したのが文武である。その後宮に娘の宮子を夫人としたのは当然として、それに加えて紀氏と石川氏の娘を嬪としたのである。不比等の妻は石川氏である。竈門娘は紀麻呂の娘と思われ、のち、和銅六年に嬪の地位を除かれることになるが、この時点では、不比等から特別な信頼を得ていたのであろう。

　以上の記事のうち、舒明即位前紀の推古の遺詔というのは中国の模倣であり作り話にすぎない。しかし、大化の東国国司のひとりに紀臣がいたことは事実であろうから、紀臣の活躍は、やはり七世紀前半頃からと考えてよいであろう。つまり、紀臣は、外交活動を終えた六世紀中葉からさほど隔てることなく中央に進出し、七世紀中葉頃までには中央氏族の仲間入りをはたし、天智朝には紀大人が有力貴族の一員としての地位を築いたと思われる。とりわけ、乙巳の変後の台頭が目覚ましいのは、息長王家に接近したからと思われる。あるいは、紀臣の財力が息長王家を支えたのかもしれない。また、この時期は、朝鮮半島の情勢が緊迫しており、百済、高句麗が相次いで滅亡している。多数の亡命者ないし難民が渡来している。紀臣の学識や人脈が必要とされたのではないか。そういう事情もあり、その後も、紀臣（天武十三年に朝臣）は着実に地歩を固め、持統朝には大人の子の麻呂が藤原不比等の盟友という地位を手に入れ、娘を文武の後宮に入れるまでになったわけである。

現明日香村小山に紀寺跡とされる遺跡がある。小字名のキデラからこれを紀臣の氏寺としてよければ、『続日本紀』天平宝字八年七月条により天智九年（六七〇）の庚午年籍以前にさかのぼることができる。この地は藤原宮のすぐ南で、薬師寺と東西に対称に造営されている。都のまんなかに、ほかの氏族に先駆けて一族の氏寺を造営したのである。もはや、超がつく一流貴族といえそうである。

このように、紀臣一族がたどった運命は、成長する一つの生命体のようであった。その成功の背景にあったのは、何よりも五世紀から六世紀にかけての外交・外征の経験であった。まさに体を張った覚悟と勇気と努力と忍耐。それを知っているのが伊太祁曾の神だったのであろう。

紀臣と吉士集団

かつて、紀臣が拠点とした紀ノ川の北岸は、東西に走る南海道を東に向かえば大和であり、北に峠を越えるか海岸沿いを行けば和泉である。そこには外交活動をともにした大伴氏や同族の坂本臣がいた。雄略朝に伽耶で活躍した紀小弓宿禰が葬られたのは和泉の淡輪《たんのわ》であった。この地は、紀臣にとって、紀ノ川北岸の延長だったのである。もう一度、先の地図5、6により確認していただきたい。

また、紀臣らの外交活動により、伽耶をはじめとする半島諸国から多くの人びとが渡来したが、彼らはまず紀伊や和泉に居住した。そのなかで吉士《きし》というカバネをもつ集団の動きは特に活発であった。たとえば、紀伊国日高郡を根拠とした日鷹《ひだか》吉士は、雄略紀や仁賢紀によると、伽耶や百済・高麗（高句麗）へ派遣され、多くの手人（工匠）を日本に連れ帰ったという。しかも、難波日鷹吉士とも称されたごとく、難波津にも根拠をもっていたのである。

さらに、『日本書紀』の編纂メンバーのひとりであった難波連大形は、もと草香部吉士といい、この集団は、本来は和泉国大鳥郡の日部（日下部）郷を本拠としていたが、隣の和泉郡の坂本郷にいた坂本臣と確執があり、そのためここを追われ、河内湖に面した河内の日下に移住している。さらに難波の堀江の開削により難波津が整備されると、そこに拠点を移し、ついには、対伽耶・新羅の外交を担当するまでになったのである（加藤、二〇〇二）。『日本書紀』には、草香部吉士の側から、その間の確執の経緯、および坂本臣に対する恨みと誹謗に満ちた物語が延々と記されている。もちろん、それらはすべて事実ではなく、不比等の側近として編纂に従事した難波連大形の創作に違いないが、『日本書紀』という書物が、一面において、そういう編者の自在な裁量の集積の書であったことを如実に示している。

ただし、そういうフィクションが、何らかの事実を反映していると考えられる場合もある。吉士集団の人びとが、紀臣らの外交活動により日本に渡来し、まず紀伊や和泉に拠点を据えたこと。さらに河内、そして摂津の難波津へと活動範囲を広げ、その間にもさかんに朝鮮半島に派遣され、多くの技術者を日本にもたらしたということは事実と思われる。

ここで重要なのは、紀臣が、こういう渡来人集団と密接な関係があったということである。これらの渡来人を保護することによって大きな政治力をもつようになり、その結果として、中央の王権からも評価されることになったはずである。

紀臣と平群臣

ところで、このように中央で活躍する紀臣について、かつては紀伊国の紀直とは無縁で、大和国平群郡を本拠とする豪族と考えられていた。しかし、やはり、紀臣は本来、紀伊国出身であることを示したのが岸俊男氏であり（岸、一九六二）、さらに、紀ノ川北岸の紀臣ももともとは紀直と同族であったが、のちに大和国の平群谷に移住したと考えたのが栄原永遠男氏である（栄原、二〇〇四）。これが今日の定説となっており、私も、これに従って述べているわけである。おそらく、紀臣は、相当早くから、配下の渡来人集団を通じて、和泉・河内の両国、さらには摂津の難波津にも人脈をもっていたのではなかろうか。

ここで、話題を平群子首の出身母体である平群臣に移さねばならない。平群臣とはどのような氏族なのか。また、紀臣との関係はどのようなものだったのかである。

紀臣の外交活動が活発になったのは五世紀中葉頃からであるが、その評判は、紀伊ばかりでなく、和泉や河内にまで及んだであろう。外征に参加を志した人もあったかもしれない。また、その外交活動によって、伽耶や新羅から多くの人びとが渡来し、さまざまな技術をもたらしたことは大きな関心を呼んだことであろう。その際、平群谷は、大和とはいえ、その入口である。そこに、元来、大和の中枢部に関心をもっていた紀臣が進出するのは自然であった。

その平群谷は、大和川の北側の竜田川流域の小盆地である。この地の支配者は一応、平群臣と考えてよいが、どのような氏族だったのか。

『日本書紀』によると、始祖の平群木菟《つく》宿禰は武内宿禰の子で、仁徳と同じ日に生まれたが、その時、仁徳の産屋に木菟が、武内宿禰の子の産屋に鷦鷯《さざき》が飛び込んできた。そこで、これは奇瑞として、鳥の名を交換してそれぞれの子の名としたという。木菟とはミミズク、鷦鷯とはミソサザイという鳥で、仁徳の名は大鷦鷯である。その木菟宿禰であるが、応神三年に紀角宿禰らと百済に派遣され、日本に無礼があった辰斯《しんし》王を廃して阿花王を立て、同十六年にも加羅に派遣され新羅を討っている。そのほか国内では、住吉仲《すみのえのなかつ》皇子の乱の平定などがある。類いまれな忠臣にして英雄とされている。また、雄略朝から仁賢朝にかけては平群臣真鳥が大臣となり国政をほしいままにしたという。その子の鮪《しび》は、太子時代の武烈と物部麁鹿火《あらかひ》の娘の影媛《かげひめ》をめぐって争い、その結果、真鳥・鮪父子はともに誅殺されたという。影媛をめぐる物語は、『古事記』では争いの相手は袁祁命《をけのみこと》（顕宗）、娘子《おとめ》は菟田首《うだのおびと》等《ひとし》の娘の大魚《おふを》であったが、ともに歌垣における歌の掛け合いとして描かれている。これらの記事は、どれも華々しく、興味深いものである。

ところが、現実の平群氏はどうかというと、平群谷には前期古墳は皆無である。ということは、五世紀までは、まだほとんど豪族としての形さえ整えていなかったと考えてよさそうである。

とすれば、先の『日本書紀』の記事はすべてフィクションで、編者の創作ということになる。それが編纂メンバーとなった平群子首の仕業であることも容易に推測されるところである（笹山、一九七〇）。この場合は、歴史的な背景はなく、純粋なフィクションであり、編者に許された裁量の大きさを知る具体例といえる。

では、平群臣はいつ頃から存在するのか。それと紀臣との関係はどうかである。

わかりやすいのは古墳の存在である。前園実知雄氏の記述から、私なりに気になる部分を指摘すれば次のとおりである（前園、一九八二）。

この平群谷に築かれた最初の古墳は、五世紀中葉の剣上塚古墳で、竪穴系横口式石室という過渡期のものである。続いて五世紀末頃の椿井《つばい》宮山《みややま》古墳という径一七メートルの円墳があり、横穴式石室としては奈良県でももっとも古いものの一つということである。いち早い大陸文化の導入があったということになる。百済公州の宋山里《ソンサンリ》古墳群の横穴式石室と類似するともいわれる。その後も古式の横穴式石室は続き、六世紀後半頃に烏土塚《うどづか》古墳が出現する。全長六〇メートルの前方後円墳で、巨石を利用した横穴式石室の全長は一四・二メートル、玄室の長さが六メートル、高さが四・五メートルで、その規模は石舞台古墳に次ぐという。金銀装太刀や金銅装馬具など副葬品も豊富という。また、同じ頃に築かれた三里《みさと》古墳は、三五メートルほどの前方後円墳か円墳か不明ということであるが、横穴式石室の玄室の奥に石棚がつけられており、和歌山の岩橋千塚と共通の技術によるという。この技術の石室は奈良盆地ではこれ一つだけということである。この古墳の近くに、由来は不明であるが紀伊神社もある。副葬品としては金銅製馬具やガラス製の装飾品、武器類などという。そのほか特徴的な古墳として、七世紀中頃に終末期古墳の西宮古墳がある。一辺三二メートルの方墳で、横穴式石室の玄室の両壁、奥壁、天井石がすべて一枚の切石で架構されている。これは、明日香村の岩屋山古墳をモデルタイプとするもので、企画性が強く、各地域を支配し、なおかつ中央権力と密接に結びついた人物を葬ったものということである。岩屋山古墳は八角形の可能性があり、その場合は天皇陵とも見られ、斉明陵とする説もあるという。

以上、わずかの例をあげただけであるが、古墳から見る限り、すべて後期古墳とはいえ、先駆的な横穴式石室の採用、また烏土塚古墳の横穴式石室の巨大な玄室、三里古墳に見る岩橋千塚の技術、豊富な大陸系技術による副葬品、そして最後の西宮古墳のように、飛鳥の中央権力との密接な関係もうかがえる。

これらを総合的に考えるに、全体として、個々の古墳の規模は概して小さくマイナーな感はぬぐえないが、五世紀末に先駆的な横穴式石室を導入し、六世紀後半には巨大な横穴式石室を、そして岩橋千塚の技術をも導入している。これらは、明らかに平群谷を支配する平群臣の成立を物語るが、新しい技術に敏感で、岩橋千塚の技術もあるとすれば、一貫した紀臣の影響を考えることができそうである。重要な画期を烏土塚古墳と三里古墳により六世紀後半とすれば、それは、紀臣が本格的に中央への進出をはじめた時期である。紀臣は、その足がかりを以前から交流のある平群臣に求め、まずはここ平群谷に進出したのであろう。その支援により、平群谷に立派な古墳が築造されたのではないか。

また、七世紀中葉の西宮古墳の存在は象徴的である。岩屋山古墳と同じ企画によるものとすれば、乙巳の変によって成立した息長王家との直接的な関係を考えることができる。この頃、すでに中央氏族の仲間入りをはたしていた紀臣が、急速に台頭しつつあったことは先に見たとおりである。

このように見てくると、平群臣は、一貫して紀臣との交流によって成長していたことがわかる。しかし、中央における紀臣が順調にその存在感を高めたことは先に見たとおりであるが、平群臣のほうはさほどの活躍はしていない。そこが重要なのである。『日本書紀』により、その様子を見ておく。『日本書紀』に登場する平群臣一族はわずかである。先の木菟、真鳥、鮪の三人は論外とすれば、『日本書紀』に見えるのは数人にすぎない。

まず、用明紀二年（五八七）七月条に、平群臣神手が、蘇我馬子の物部守屋討伐軍のひとりとして見える。しかし、この事件は、崇仏排仏の争いとして記されているが、そういう物語自体がフィクションである（吉田、二〇一二）。また、この時に廐戸王が四天王寺を、蘇我馬子が法興寺を発願しているが、四天王寺は難波吉士一族の氏寺であったし、法興寺建立の契機となった百済からの僧や工人らの渡来はその翌年である。つまりは、物語の設定はすべてフィクションなのである。ただ、守屋討伐自体は事実と思われ、多数の軍勢が動いたとすれば、そのなかに平群臣がいたのかもしれない。そういう意味で、疑問符を付して平群臣の初見記事としておく。

次に、推古紀三十一年（六二三）是歳条に、新羅征討が行われ、副将軍のひとりに小徳平群臣宇志の名が見える。しかし、この記事も信憑性はまったくない。内容は複雑であるが、概要は次のとおりである。この年、新羅が任那《みまな》を伐ち、任那は新羅についた。それに対し、任那は日本の内官家《うちつみやけ》（朝貢国ないし支配の及ぶ地）であるとして、新羅を伐って、百済につけようとする意見があったが、反対の意見もあった。結局、吉士磐金《きしのいわかね》らを新羅に派遣することにしたところ、新羅王は任那を日本の内官家と認め、新羅と任那の調を日本に貢納することを約束した。ところが、磐金らが帰国する前に数万の征討軍が出発してしまった。新羅王は、軍勢を見て怖じけて服属した。その後、磐金らが帰国し、新羅・任那の調の貢上が報告されたので、大臣の蘇我馬子は、軍を派遣するのが早すぎたと後悔した、というものである。

まず、第一印象として、数万の軍勢の出兵にしては、話の展開が何ともお粗末ではないか。使者を派遣したのなら、その帰国報告を受けてから行動に移すはずである。慌ててうかつに出兵したなどということがありえるはずがないだろう。それに、出兵に関しても二人の大将軍と七人の副将軍の任命だけで、具体的な軍の編制、出港地と上陸地、行軍の進路などについての記述は皆無である。空虚な作り話というほかない。

それに加えてである。根本的問題としては、任那が日本の内官家とされていることである。任那とは、一般には伽耶といい、朝鮮半島南部の小国の連合体のような地域のことである。もちろん、伽耶諸国は小国とはいえ長く独立国であった。ヤマト王権が領有権を主張したり、朝貢を要求するようなことはなかった。それどころか、何しろ対馬の対岸という近さもあり、九州・瀬戸内・近畿の豪族たちはこぞって進出し、交易・移住・婚姻などさかんな交流をしていた地域である。紀臣が進出し、多くの渡来人を招いたのもこの地でもある。ただ、ヤマト王権の関心は百済・新羅、さらにその先の中国にあって、伽耶は西日本諸豪族に任せていたようである。ところが、六世紀前半、東西から新羅・百済が進出し、この地方を流れる洛東江を境に分割してしまった。その後、洛東江の東側はそのまま新羅領となったが、西側では百済に対する独立運動が起こった。しかし、伽耶諸国から見ると百済は強国だったので、うまくいかない。そこで、現地在住の日系人らの関与と伽耶諸国からの援助要請によってヤマト王権が出兵することになった。それが有名な近江毛野臣である。その現地部隊がいわゆる任那日本府なのである。ただし、その呼称は、『日本書紀』編纂時のもので、当時は「安羅《あら》に在《はべ》る諸《もろもろ》の倭《やまと》の臣《まへつきみたち》等（在安羅諸倭臣等）」（欽明紀十五年十二月条）と呼ばれていたようである。拠点とされたのが、歴史的にヤマト王権と親しかった伽耶南部の安羅（慶尚南道咸安）だったからである。ただ、日本の兵力はわずかな上、そのうちに百済が、高句麗、新羅に攻められて弱体化すると、ついに五六二年、伽耶全域が新羅に併合されてしまったのである。その間、五五四年に聖明王が新羅との戦いで戦死したのは、百済の弱体化を象徴する事件であった。以来、伽耶は、一貫して新羅の領土とされており、日本の何らかの利権が残っていたなどということはなかったのである。

　ところで、これらの経緯を記したのが『百済本記』という文献であったが、これは、百済滅亡後、亡命百済人が『日本書紀』編纂の資料として提出したものである。もちろん、その時、彼らが本国から持参した記録類を、日本人向けに書き直したわけで、そこに事実の歪曲もあったはずであるし、入手した『日本書紀』の編者による恣意的な解釈も加えられたであろう。私が、以上のような内容を論じたのは、もう四十年近く前のことである（大山、一九八〇）。

　さて、この『百済本記』を全面的に利用して継体朝から欽明朝にかけての外交記事が書かれたのであるが、その内容を意図的にねじ曲げて、先祖の功績を捏造した人物がいた。例の難波連大形である。もとは草香部吉士といった。彼が、草壁皇子の養育者にして不比等の側近だったことはすでに述べたところであるが（第2章）、そうとすれば、編者としての裁量権は限りなく大きかったはずである。

　まず、任那日本府なる官名を考案し、任那（伽耶）が、歴史的に日本の朝貢国を意味する内官家であったとする。六世紀中葉に新羅に滅ぼされるわけであるが、先祖がその復興のために尽力したという記事を大量に捏造したのである。そこでは、任那が内官家になった事情は次のように説明される。基礎にあるのは、六六〇年、百済が唐・新羅のために滅ぼされたが、斉明天皇と皇太子中大兄が百済再興のために出兵し、結局白村江で大敗を喫したという歴史的事実である。大規模な出兵と悲惨な敗北。強く記憶に刻まれていたはずである。ところが、『日本書紀』は、この経験を勝ったことにし、その顚末を神功皇后の三韓征伐として『日本書紀』に記したのである。四世紀末から五世紀初頭、高句麗好太王の時代に、倭の大軍が出兵して高句麗と戦ったという記録があった。『魏志倭人伝』には邪馬台国の女王卑弥呼がいた。これらに斉明の百済出兵を重ね合わせて神功皇后という人物を創作し、三韓征伐としたのである。神功皇后は応神天皇の母で、その名はオキナガタラシヒメといった。斉明女帝は息長氏の姫であった。その諡《おくりな》のアメトヨタカライカシヒタラシヒメには、ちゃんとタラシヒメの語が含まれている。ともかく、『日本書紀』という虚構のなかにおいて、その神功皇后の三韓征伐以来、任那は日本の内官家と主張することにして、六世紀にこれを滅ぼした新羅を責め、任那の調を代納させたという架空の物語を作ったのである。これが、任那の調の正体である。もちろん、その架空の物語における功績は大形の祖の難波吉士一族のものとされた。難波吉士というのは、難波津に集結した多くの吉士集団の総称であるが、その中心にいたのが大形の祖の草香部吉士だったのである。

つまり、任那の調などというのは架空のものなのである。それを根拠に数万の征討軍を派遣するなど、最初からでたらめな話なのである。

さらに、別の角度から述べておけば、当時の国際関係全体を見た場合、六一八年に隋に代わって成立した唐は着実に強大化しており、この唐を中心とする新たな国際秩序が成立しつつあった。事実、この新羅征討記事の直前の推古紀三十一年七月条には、新羅の使者が来日し、仏像・金塔・舎利などをもたらしたが、その時に、隋の時代に派遣されていた恵日らの学問僧も一緒に帰国し、朝廷に対し、唐にとどまっている留学生たちはすでに学業を成し遂げたから帰国させたほうがよい、大唐国は法式の備わったすばらしい国だから、つねに交流すべきです、と提言しているのである。祖先の功績を捏造するために、肝腎のこういう国際関係すら歪めているのである。

そこで、こういう記事のなかで、副将軍とされた平群臣宇志なる人物を実在の人物としてよいのかである。これもやはり大きな疑問符をつけるしかないであろう。

固有名詞として見えるのは以上の神手、宇志の二人だけであるが、ほかに、大化二年三月条に、東国国司に派遣され罪を犯したものとして平群臣がいる。固有名は「闕名」とされ不明である。ただ、この場合は、その前後に列挙された人物の信憑性は高そうだから実在と認めてもよいのかもしれないが、実名が記録にも記憶にも残らない程度の人物だったわけである。

結局、『日本書紀』に登場する平群臣はこれだけである。どれも、実在性に疑問符のつくものばかりであった。もちろん、国政に関与するような人物は皆無だった。そして、天武十年になり、平群臣子首が登場するのである。これをどう解釈するかである。

まず、はっきりいえることは、平群臣という氏族の存在感のなさである。権力の中枢にいる紀臣との差は限りなく大きい。雲泥の差といえる。ということは、平群谷の真の主人は紀臣で、平群臣は現地管理人程度の存在だったのではないか。それでも、紀臣のお陰で、在地における平群臣の地位は安定したはずで、それでよかったのであろう。

そういう関係ではあったが、紀臣と平群臣とは、平群谷での長い共生の間に交流・融合を重ね、両者の血を引く子孫も生まれたであろう。そのひとりが平群子首だったのである。彼の場合は、紀臣を母とし、紀臣としての教育も受けたのであろう。やがて、天武十年、その才能が発揮されることになる。

平群子首

天武十年（六八一）に『日本書紀』編纂メンバーとなったのは、王族が六人、臣下が六人であった。そのうち、王族の六人が何をしたのかわからないが、臣下のほうは、その一人ひとりが、不比等にとってかけがえのない人物であった。簡単に説明すると、上毛野君三千《みちぢ》はいうまでもなく不比等の東国人脈である。不比等の母方の車持君も上毛野君一族である。大宝令編纂メンバーの下毛野君古麻呂も上毛野氏と同族関係とされていた。ただ、三千は、まもなく天武十年八月に亡くなっており、後任は不明である。次の忌部連首（子首）は、蘇我王権時代の神事を伝える人物で、神話の構想には欠かせない人物であった。阿曇《あづみ》連稲敷は、淡路島をはじめとする瀬戸内から北九州の海部集団を支配している。イザナキ・イザナミの国生み神話のモチーフは海人の製塩と関係があるという。阿曇氏は、外交にも活躍している。その次が難波連大形であるが、もはや説明は不要であろう。渡来人の代表という意味もあった。次の中臣連大島は、もちろん不比等の同族である。このメンバーに入ったということは、気心の知れた存在だったのであろう。神話は忌部氏が中心となって構想されたが、同じ霊媒師として中臣氏の存在感も示す必要があった。以上の五人は、いずれも、重要な氏族あるいは勢力を母体としており、『日本書紀』の編纂に欠かせない人物ばかりだった。では、末尾に記された平群子首のメンバー入りの理由は何だったのだろうか。

実は、平群子首の場合は、ほかの五人とまったく逆の理由であった。出身母体の平群臣がマイナーな氏族であることはすでに述べた。いわば、平群谷の小土豪にすぎない。中央政界で活躍したことはない。しかし、それでいて母方の紀臣一族から受けた外交や漢籍の教養は豊かであった。いってみれば、しがらみのない教養人である。不比等は、そういう人材を求めていた。盟友の紀麻呂の推薦を受け、この平群子首を見いだしたのであろう。

元来、不比等には思惑があった。『日本書紀』編纂の目的は、天皇制の実現とその正当化である。天皇を神格化し、天皇を頂点とする権威秩序を構築する。普通は、それが天皇制だとされている。しかし、不比等は違う。そういう権威秩序を、さらに上からわしづかみにする。それが、不比等の考える天皇制であった。藤原氏のための天皇制なのである。

そのためには、藤原氏および不比等自身が、特別の存在でなければならない。ここが難しいのである。いま、国家を丸ごとわしづかみにするといったが、結果的にそうなるのであって、それを意図すると思われてはいけない。天皇を利用して権力を掌握するのであるが、それは私利私欲からではなく、天下国家のためだと誰もが信じるような人物でなければならない。そのための方法として、まず、天皇の真実の忠臣にして類いまれなる英雄、そういう人物のモデルを創造する。そして、それが藤原氏であり、不比等であると人びとに思わせるのがよい。そういう人物モデルの創作は、しがらみのある汚れた人物には頼めない。難波連大形のような人物に依頼したら悲惨な結果になるのは火を見るより明らかである。何しろ、私利私欲しかないのだから。もちろん、それなりの才能ではあったが。ここで必要なのは世俗的背景がない純真無垢に近い人物である。マイナーな平群氏ならちょうどよい。わずかに、平群氏の背後に紀臣がいるが、もともと紀臣は地方豪族である。その点でも、からみつくしがらみは小さいといえる。そう考えられたのであろう。

不比等の思惑と『日本書紀』の基本理念

いま、『日本書紀』に目を通してみて、その感想をいえば、編者つまり藤原不比等の価値観の根本にあるのは次の二点と思われる。

一つは、乙巳の変の重要さである。蘇我氏の権力を倒し、息長王家が成立した。その後に展開した大化改新が、古代国家の形成の基礎となった。その最大の功労者は中臣鎌足である。それが正しい歴史認識であったかどうかは別であるが、明らかに不比等はそう主張している。

それと、もう一つ。わざわざ歴史書としては不自然な神話を構想したのは、天皇の神格化、すなわち天孫降臨神話のためである。それは、息長王家のなかから草壁系だけをとり出して新たな王朝を構築することであった。アマテラスからはじまる天孫降臨神話が草壁王家の誕生の物語である。アマテラスは持統で、途中でタカミムスヒに役割を譲るが、そのタカミムスヒは不比等自身である。さらに、天孫降臨神話の前提として出雲神話と国譲り神話が構想され神話が完結する。ここに登場した神々が、以後、『日本書紀』全体を支配することになる。その『日本書紀』がその後の日本人を呪縛することになる。

簡単にいえば、前者は乙巳の変と中臣鎌足の功績を、後者は不比等による草壁王家の擁立を主眼としている。この二つが『日本書紀』の基本理念である。理念の中心にいるのは明らかに鎌足と不比等であった。いわば、天皇制は、まず鎌足、次に不比等という二段ロケットによって成立したということである。

先に、〝蘇我王権→乙巳の変→息長王家・草壁王家〟と〝出雲神話→国譲り神話→天孫降臨神話〟とはパラレルの関係にあると述べておいた。一方は現実の歴史であり、もう一方はその神話である。これこそが、『日本書紀』の基本理念だったのである。

天武十年段階に戻れば、不比等らにとっての課題は、この基本理念をどのようにして実現するかであった。このうち、後者の天孫降臨神話のほうは、先に詳しく論じたとおり、不比等自身が、忌部子首らの協力を得ながら、文字どおり陣頭指揮で実現したわけである。ただ、神話はまったくのフィクションであるから、案外、簡単だったのではないか。たとえどんなに奇想天外でも構わない。高天原から雲を掻き分け地上に降りてくるなどというのは、バカバカしい限りであるが、むしろ、そのほうが意味するところがはっきりしてよいとされたのであろう。天皇の神格化という理念がはっきりしているのだから、そういう方向で知恵を出し合えばよかったのである。

ところが、意外と難しいのは、前者の乙巳の変と中臣鎌足の描き方である。乙巳の変は六四五年で、『日本書紀』の編纂がはじまった天武十年（六八一）の三六年前にすぎない。まだかなりの程度、事実が知られていたはずである。真実の鎌足についても、相当程度知られていたことであろう。だからこそ、描くのが難しかったのではないか。何しろ、関係者が多すぎるのである。

この時、不比等は何とまだ二四歳である。どんなに才能があってもまだ若い。しかし、彼の将来を見越して、多くの人材が集まっていた。そういうなかで、鎌足と不比等自身を特別な人物に仕立てなければならない。

さすがに、不比等は天才である。最初からその困難を見抜いていた。だからこそ、平群子首を編纂メンバーに加えたのである。

不比等はこう考えた。中臣氏は名門ではなく、鎌足の功績は限定的である。本当は英雄ではなかった。その上、不比等自身は若すぎる。

問題は鎌足である。これを何らかの形で偶像化しなければならない。しかし、真実が知れている以上、直接には難しい。ならば、間接的に偶像化すればよい。鎌足の描き方は、常識的に型どおりの偉人にする程度にしておく。功績は蘇我入鹿暗殺だけで、ほかは適当でよい。実はなかったのだから。しかし、それとは別に、真の英雄像を作る。先にも述べた天皇と国家のためになくてはならない人物。絵のような本当の英雄である。その英雄と鎌足とを二重写しにすれば、鎌足の偶像化が可能となる。間接的な偶像化である。

このうち現実の、つまり世俗の鎌足を描くことになったのが中臣大島である。さすがに、中臣氏以外の人物に依頼するわけにはいかなかったのである。

そして、真の英雄の創造を託されたのが平群子首だった。天武十年三月の詔に「大島・子首、親ら筆を執りて以て録す」とある。早速とりかかったのである。

中臣大島の鎌足像

鎌足に関する史料としては、『日本書紀』以前のものは存在しない。つまり、不比等の監修下で中臣大島らが作った鎌足像がまずあり、その後、それを敷衍《ふえん》する形でさまざまな史料が生まれたのである。『日本書紀』の鎌足像が虚構に満ちていることは当然であろうから、われわれが直接、真実の鎌足像に迫ることは不可能に近い。とすれば、ともかく『日本書紀』の鎌足像を分析し、その虚構を丹念に暴き、その上で、真実を推測するしかない。

『日本書紀』の鎌足像については、第I部第2章で簡単に触れている。それを復習しておく。

最初は、皇極朝。横暴な蘇我氏に対し、皇室の将来を憂える忠臣として登場する。はじめ軽皇子（孝徳）に接近したが能力を見限る。次に蹴鞠の場で中大兄と出会い協力を誓う。ついに、六四五年六月、蘇我入鹿暗殺に成功する。これが乙巳の変である。息長王家が成立すると改新政府の内臣となる。天智三年に来日した唐の郭務悰に物を賜い、同七年には、新羅の金庾信のために船一隻を賜い、使者に託したという。そして、天智八年（六六九）十月に病で亡くなる。死の直前に、大織冠と大臣の位を授かり、藤原姓を賜った。結局、入鹿暗殺以外の国内記事はほとんどないのである。

このうち、何か真実があるかといえば、ほとんどない。忠臣というのは『日本書紀』編者の意図的な設定にすぎない。蹴鞠の場で中大兄と出会ったというのは、新羅の金春秋（武烈王）と金庾信のエピソードの安直な模倣である。改新政府の内臣になったということであるが、内臣は左右大臣のような正規の官職ではなく近侍の寵臣という意味の普通名詞である。単に忠臣と同じことである。職務はなかったのである（坂本、一九三八）。だから功績もない。藤原賜姓というのも、この段階では姓という制度がまだ成立しておらず、架空の記事である。姓は、庚午年籍（六七〇年）と八色の姓（六八四年）を経て成立するのである。大織冠と大臣の位を授かったというのも事実ではないだろう。なぜかというと、鎌足は、入鹿暗殺事件を除いて、いっさいの政策遂行や政治上の事件に登場しないからである。藤原仲麻呂の『藤氏家伝』（『大織冠伝』）など後世の文献にはいろいろあるにしても、それらは作り話にすぎない。

つまりは、正規の官職も、冠位も、藤原賜姓すらも事実ではなかったのである。功績は、入鹿暗殺だけである。中臣大島としては、不比等からいわれたとおりに、忠臣らしく描き、乙巳の変を最大限にドラマチックに仕立てたつもりであろう。その際、新羅の武烈王と金庾信のエピソードを模倣し、さらに官職・冠位・賜姓記事の造作により、真実味をもたせたのであるが、ドラマとしては、時代考証がでたらめだったわけである。

けれども、これで十分だったのである。ここは、型どおりの偉人としておけばよい。もともと大島に多くを求めていたわけではなかったのだから。

最後に、ここで、本当の鎌足について推測しておこう。見てきたように、彼は、政治の表面で活躍した形跡はほとんどない。裏の世界の人間だったからである。裏の世界とは霊媒師のことである。霊媒師とは、戦国でいえば軍師、軍隊でいえば参謀、一般の組織でいえば顧問の有識者といったところである。権力の陰に隠れているが、大事を決する時には的確な情報と鋭い判断を提供する役割である。時に、怪しげな人物である場合もあるが。先に、政治の表面に出ないといったが、唐と新羅の使者とは接触している。外国人とは会うのである。実は、これが霊媒師の鎌足の本質である。中臣氏は、表面上は、対馬・壱岐の卜部集団を支配して習得した亀卜によるが、実は、国内外に幅広い情報網をもち、類いまれな経験と知識を集積していた。常人を超える能力の根源がここにある。こうして、裏の世界の存在でありながら、人びとから頼られ、尊敬されていたのである。そうでなければ不比等が出現するわけがない。

ところが、この鎌足を、不比等は表の世界に出すことにした。自身が表で活躍するためである。裏の世界の人間が表に出るには名を変える必要がある。それが藤原賜姓だったのである。私は、鎌足をこのように推測している。

鎌足と武内宿禰

『続日本紀』によると、慶雲三年（七〇六）十一月、文武が病に倒れ、母の阿閉《あへ》皇女に譲位を申し出たという。その時、もしものことがあれば、遺児となる首皇子はまだ六歳だからただちに即位するのは無理である。とすれば、客観的に見て次の皇位にもっとも近いのは長屋王であった。文武の父の草壁皇子は日並知皇子尊《ひなみしのみこのみこと》と讃えられたが、長屋王の父の高市皇子も後皇子尊《のちのみこのみこと》と神格化されている。文武の母の阿閉皇女と長屋王の母の御名部《みなべ》皇女は同腹の天智の娘である。加えて、長屋王の妃は文武の妹の吉備内親王である。年齢はこの時三一歳であった。すべてにおいて適任と思われたが、不比等が皇位を草壁系から手放すはずはなかった。草壁系にはほかに男子はいないから、ここは中継ぎを立てるしかない。草壁没後、軽の祖母の持統を擁立したように、首の祖母の阿閉皇女を擁立するのである。しかし、根本的な問題があった。持統の場合は天武の皇后という地位にあったが、草壁が即位しなかったから、阿閉はただの妃にすぎなかった。皇后という地位は重いのである。そこで、不比等の権謀が発揮されることになる（大山、一九九三）。

翌慶雲四年の二月九日、五位以上の王臣に遷都のことを議せしむという詔が出される。藤原京遷都からまだ十三年に満たなかったが、これにより、国家的事業がはじまり、人びとの生活も激変することになった。もちろん、人びとの関心を文武の病からそらすためであった。続いて、四月十三日、草壁皇子の薨日を国忌に入れる。国忌とは、皇祖の命日に政務を廃し、追善供養をすることである。つまり、ここで、草壁を天皇待遇とすることによって、平行移動的に阿閉皇女を皇后に準じようとしたのである。

そして、その二日後の四月十五日に、歴代天皇に仕えてきた不比等の功績を讃えて封五千戸を賜うという詔が出されたのである。太政大臣でさえ食封《じきふ》は三千戸であった。結局、辞して、三千戸を減じて二千戸となったが、いったん五千戸とされた意義は大きかったに違いない。当時、不比等の上に知太政官事穂積《ほづみ》親王、右大臣石上《いそのかみ》麻呂がおり、大納言が不比等と大伴安麻呂だったが、実質的権力は不比等にあることが公然と示されたのである。不比等の権力の絶大さに人びとは驚嘆したはずである。詔はさらに続き、孝徳朝に不比等の父藤原大臣（鎌足）が仕えた様子は、建内宿禰（武内宿禰）と同じであるとする。つまりは、鎌足と武内宿禰を二重写しにした上で、さらに、その上に不比等を重ねているのである。武内宿禰は比類なき忠臣にして優れた英雄、神のごとき人物であった。

六月十五日に文武が亡くなり、七月十七日に阿閉皇女が即位する。元明女帝である。その即位詔では、天智天皇が立てたと称する怪しげな「不改常典」なるものを示し、これにより元明が即位するのであるが、もはや人びとは呆然と見守るしかなかったであろう。

ところで、この一連の権謀術数の核心にあったのは武内宿禰という人物であった。この人物こそ、『日本書紀』のなかで最大の人物。その人物と鎌足・不比等が等しいとされたのである。これでは、もう、誰も逆らうことなどできるはずがない。

その武内宿禰であるが、その人物像は私心なく歴代天皇に仕えた忠臣、その態度はつねに英雄的であった。欠史八代に属する孝元天皇の血を引き、景行朝に生まれ、以後、成務・仲哀・神功(皇后)・応神・仁徳の六代に仕えたとされる。もっとも有名なのは、新羅を討てとの神命を無視した仲哀が、神の怒りをかって没したのち、神功皇后にかかった神に神意を問いかける姿である。そして、皇后を助けて幼い応神を守り育てる、まさしく真実の忠臣であった。

もはや明らかかと思うが、天皇と国家のためになくてはならない人物、絵のような本当の英雄とは、この武内宿禰のことである。私見では、不比等は、草壁系皇統の不安定さを自覚していた。だから、こういう事態に備えて武内宿禰という人物像を用意していたのである。もちろん、それは、父鎌足を偶像化し、それを利用して自身の権力を確立するためであった。中臣大島に命じてそれなりの英雄の鎌足像を作成する。そして、平群子首に命じて真実の忠臣にして英雄の武内宿禰像を作成し、両者を重ね合わせて不比等の覇権の確立に利用しようというものであった。では、それはどのように行われたのか。

津田説の誤謬

武内宿禰に関しては、実は、私見とは大きく異なる理解が広く流布している。そこで、私見を述べる前に、これについて論評しておく。それは、津田左右吉からはじまる理解で、次のようなものである（津田、一九四七）。

『古事記』孝元段に武内宿禰（記は建内宿禰だが、紀の表記に統一しておく）に関する系譜が記されており、特に、その九人の子とその後裔氏族が重視される。子どもたちを列挙すると、波多八代《はたのやしろ》宿禰・許勢小柄《こせのをから》宿禰・蘇我石河《そがのいしかは》宿禰・平群木菟《へぐりのつく》宿禰・木角《きのつの》宿禰・久米能摩伊刀比売《くめのまいとひめ》・怒能伊呂比売《ののいろひめ》・葛城長《かつらぎのなが》江曾都毘古《えのそつびこ》・若子《わくご》宿禰である。このうち女子二人を除く七人の男子にはそれぞれ後裔氏族が記されている。さらに、末子を意味するだけの若子宿禰を除く六人について、津田は、みな大和の葛城地方の豪族であり、武内の「内」も葛城地方の宇智郡からきているとする。このうち、特に有力になったのは蘇我氏であるから、この系譜は、蘇我氏の全盛期に、蘇我氏の手によって作られたこの地方の豪族たちの同族系譜ではないかとし、さらに、神功皇后朝の武内宿禰は女帝である推古朝の蘇我氏の地位に対比しうるとするのである。この説は、その後繰り返し敷衍され、蘇我氏の全盛期なら蘇我馬子のはずで、そのため武内宿禰のモデルを蘇我馬子とする説が今日では有力となっているようである。

しかし、この津田からはじまる蘇我氏を中心とする同族系譜という理解はおよそ考えがたい説である。先にも述べておいたが、『日本書紀』の歴史認識の根本にあったのは乙巳の変であった。中大兄と中臣鎌足が蘇我入鹿を暗殺した。そこから新しい時代がはじまったという認識。その認識が過去を規定する。そのために作られたのが『日本書紀』である。そこでは、蘇我氏は明らかに敵役にされている。その蘇我氏を、神功皇后の忠臣の武内宿禰と重ね合わせてよいものだろうか。ことの本質がまったくわかっていない。

しかも、この系譜があるのは『古事記』だけである。『日本書紀』の場合、武内宿禰と系譜上つながるのは、母が紀直の遠祖菟道彦《うぢひこ》の娘の影媛《かげひめ》、それと唯一の子として仁徳と同日に産まれたとする平群木菟《つく》宿禰だけで、ほかに血縁のある人物はいっさい登場しないのである。また、よく考えれば、平群は大和盆地の西北、大和川の北側で到底葛城とはいいがたいし、紀伊はもともと大和ですらない。『日本書紀』の武内宿禰の伝承と葛城の豪族たちとは無関係なのである。

とすると、問題はむしろ、なぜ、『古事記』の建内宿禰系譜のようなものが存在するのかにあるのではないか。それは、史料的に、『古事記』と『日本書紀』のどちらの武内宿禰がオリジナルであるかにかかっている。

この点に関し、私は、本書において繰り返し述べている。すなわち、天武十年にはじまる歴史書の編纂とは『日本書紀』のことで、その目的は藤原不比等の考える天皇制の確立のためであった。これに対し、その後、太安万侶が長屋王の支持を得て、主に元明朝に、『日本書紀』の過剰なイデオロギーを忌避しつつ文学的技巧を凝らしたのが『古事記』であった。両者のイデオロギーの濃淡、文学性の有無は明らかである。

私は、こう考えているのであるが、武内宿禰伝承からも、両書の成立の前後関係を明らかにすることは可能である。

武内宿禰伝承の最後のエピソードで、仁徳天皇が、茨田堤《まむたのつつみ》で鴈《かり》が卵を産んだという話を聞き、長寿として名高い武内宿禰に歌で「たまきはる内の阿曾（朝臣）」と呼びかけ、そのようなことを聞いたことがあるかと問いかける。それに対し、宿禰が天皇を『日本書紀』では「やすみしし我が大王」と、『古事記』では「高光る日の御子」と呼び、聞いたことがありませんと答えている。

まず、両書とも、天皇が宿禰を「阿曾」と呼んでいる。阿曾は朝臣という姓《かばね》であるが、それは天武十三年（六八四）の八色の姓が初見でそれ以前の用例はない。また、『日本書紀』の「やすみしし我が大王」は比較的古く七世紀中葉以前にさかのぼるが、『古事記』の「高光る日の御子」は持統三年（六八九）に柿本人麻呂が草壁挽歌のなかで歌ったのが最初である。つまり、武内宿禰を長寿と讃えることのエピソードは、両書とも天武十三年以後でなければならず、さらに、『古事記』の場合は、明らかに『日本書紀』より新しいのである。

ここまでくれば、蘇我氏の全盛期に作られたというような理解が成立しないことは明らかであろう。では、両書の武内宿禰伝承は、いつ、どのようにして成立したのだろうか。実は、これについて、注目すべき研究がある。

岸俊男説

もうずいぶん昔、半世紀も前のことである。岸俊男氏の論文を読んで驚嘆したことがある。そのお陰で、私の古代史研究の方向性が決まってしまった。それが「たまきはる内の朝臣——建内宿禰伝承成立試論」（岸、一九六四）という論文であった。私にとって、驚くべき内容だった。

その論文のなかで、岸氏は、記紀の武内宿禰について、その人物像には独自のものはほとんどなく、ただ、繰り返し歴代天皇に近侍する忠臣として登場するだけであるとした上で、先の慶雲四年の詔を示し、宿禰と中臣鎌足との共通性をさまざまに指摘し、宿禰の人物像は中臣鎌足を介して理解すべきとしたのである。すなわち、『日本書紀』における中臣鎌足像の成立と武内宿禰像の成立とが深くかかわっていることを示したのである。これは、もちろん、本書の理解と同じである。私見は、岸説を継承し、発展させたものである。それを岸氏は半世紀も前に指摘していたのである。

その岸説であるが、まず、記紀の武内宿禰の人物像を次の三点にまとめる。第一が近侍の忠臣、第二が神事に奉仕する霊媒者ないし男覡、そして第三が長寿の人である。

このうち、第一の近侍の忠臣は、中臣鎌足の内臣に通じる。鎌足の内臣は正規の官ではなく、近侍の寵臣という普通名詞である。それは、武内の「内」に通じている。つまり、中臣鎌足の内臣から武内宿禰の呼称が生まれたとするのである。

次の霊媒者であるが、神意を無視した仲哀が神の怒りにふれて没したのち、神がかりした皇后と宿禰の問答が繰り返される。皇后は巫女《みこ》、宿禰は霊媒者で、それこそが中臣氏の職掌である。また、宿禰の弟に甘美《うまし》内《うち》宿禰というものがあり、武内宿禰が筑紫に赴いた折、兄に野望があると讒言《ざんげん》する。応神が使者を派遣して宿禰を殺そうとしたが、その時、壱伎直の祖真根子というものが身代わりとなって死んだ。その後、宿禰は大和に帰り、弟と盟神探湯《くかたち》で対決し勝利したという話がある。壱伎直は本姓卜部で、中臣氏の配下で神事を職としている。

そして、長寿の人というのは、何代もの天皇に仕えたということであるが、それには帝紀の成立が必須となる。歴代天皇が決まっていなければ物語が描けない。帝紀の前提には書紀紀年の成立を必要とする。そこで、当時の讖緯《しんい》説により、辛酉《しんゆう》革命と一蔀《ぼう》二十一元一二六〇年を採用し、推古九年（六〇一）を基準にさかのぼって神武即位元年辛酉を紀元前六六〇年と決めたのであるが、これにより、ヤマト王権の成立は千年近く古くなるから、既存の天皇の寿命を延ばしたり、大量の架空の天皇を新たに作る必要が生じる。どの天皇が新しいかを判断する場合、一つの基準として和風諡号がある。そこで、武内宿禰が仕えた六人の天皇（皇后）の諡号を見ると、景行（オホタラシヒコオシロワケ）・成務（ワカタラシヒコ）・仲哀（タラシナカツヒコ）・神功（オキナガタラシヒメ）の四人には「タラシヒコ（ヒメ）」が含まれる。実在の天皇でこの語を含むのは、舒明（オキナガタラシヒヒロヌカ）と斉明（アメトヨタカライカシヒタラシヒメ）で七世紀中葉である。だから、景行以下四人の天皇の成立はそれ以後ということになる。それに、武内宿禰の始祖がいわゆる欠史八代に属する孝元（オホヤマトネコヒコクニクル）であるが、その諡号のなかにある「ヤマトネコ」をもつ天皇の最初が持統（オホヤマトネコアメノヒロノヒメ）で、さらに文武（ヤマトネコトヨヲホヂ）・元明（ヤマトネコアマツミシロトヨクニナリヒメ）・元正（ヤマトネコタカミツキヨタラシヒメ）と続く。これによれば、孝元の成立は持統が亡くなった大宝二年（七〇二）以後ということになる。それゆえ、これらの天皇を含む帝紀の成立は、七世紀後半から八世紀初頭ということになる。当然、これらの天皇に仕えた武内宿禰も、その像が最終的に完成するのは八世紀初頭ということになる。蘇我氏の全盛期というような理解は意味を失い、その段階における武内宿禰像の成立ということであれば、慶雲四年詔からも、鎌足との関係が重視されるというものである。

　岸氏の論考は長文で、論旨は複雑であるが、本書との関係では以上の諸点を重視することができる。この岸説は多くの点で正鵠を得ており、私は、以下、これを積極的に発展させ、武内宿禰像の成立を完成させることにしたい。

平群子首の武内宿禰像

天武十年、『日本書紀』の編纂をはじめるにあたって、藤原不比等が最初に考えたことは乙巳の変と中臣鎌足の功績を歴史観の中心におくことであった。それにより不比等自身の権力が保証されることになるからである。そのためには、中臣鎌足自身とその分身である忠臣にして英雄の人物をどのように描くかが問題であった。「大島・子首、親ら筆を執りて以て録す」とあるとおり、中臣大島と平群子首はただちに構想を練りはじめたのである。

中臣大島の鎌足像は先に見たとおりであるが、やはり難問は鎌足の分身の創作であった。ある意味で、天皇制国家の成立の成否がここにかかっていた。少なくとも、不比等はそう感じていたことだろう。それを託されたのが平群子首であった。さて、どのように進められたのだろうか。

ことの重大性から見て、難波連大形のような野放図なものではなかったであろう。基本的な方向性は不比等から出ていたはずである。鎌足の分身とすれば、先に肝腎の鎌足像がなければいけない。だから、不比等の監修のもと、大島からの情報を得て、平群子首が構想を練るというものであったと思う。三人の合作ということであろう。

まず、呼称であるが、近侍の忠臣という意味では、すでに鎌足が「内臣」とされている。これを援用すればよい。英雄ならば「武《たけし》」である。これに尊称の「宿禰」をつけて「武内宿禰」の誕生である。

時代設定も重要である。鎌足の分身であるから、当然、仕える天皇は息長系である。斉明をモデルとする神功皇后（オキナガタラシヒメ）とその周辺ということになる。諡号にタラシヒコ（ヒメ）をもつ景行・成務・仲哀・神功（皇后）の四人は息長系ということになるし、タラシヒコをもたないが応神（ホムタ）と仁徳（オホサザキ）も神功皇后の子と孫なのだから息長系といってよい。鎌足が斉明や天智に仕えたように、宿禰もこれらの天皇に仕えるのである。

次に、出自を決めねばならない。その際、乙巳の変で成立した息長王家も中臣氏も近江出身であり、大和にあっては〝よそ者〟だったことを想起すべきである。といって、まったくの地方豪族ではいけない。何しろ天皇の側近なのだから。中央で活躍する地方豪族といえば、まさしく紀臣である。そこで、父方は架空の孝元天皇の血を引き、母を紀直の遠祖菟道彦《うぢひこ》の娘の影媛《かげひめ》とする。影媛とは、先に見た平群鮪が太子時代の武烈と争った娘の名である。平群子首の命名であろうが、子首にとって特別の女性の名だったのだろうか。ただ、紀直の娘といって紀臣の娘でないのはおかしいという人がいそうである。しかし、ここはこれでよいのである。というのは、この紀直は日前宮を祭る紀ノ川南岸の紀直ではない。菟道彦は宇治という地名に基づく名であり、現紀ノ川の南岸ではあるが、和歌山城の北方で現在の和歌川の西側にあたる地である。この和歌川が古代の紀ノ川で、その西側ということは日前宮のある条里地帯ではなく、北岸の一部で、紀臣の勢力圏だったのである。同様の例として、崇神紀に妃の一人に紀伊国の荒河戸畔《あらかはとべ》の娘が登場する。『古事記』には木国造の祖荒河刀弁《あらかはとべ》の娘とある。これは、那賀郡荒川郷の地で、紀伊国忌部の住む御木郷の上流で木材が豊富な地である。那賀郡には日前宮を祭る紀直は分布せず、紀臣はいるのである。すでに、薗田氏の指摘にあるとおり、紀伊国造系譜のうち、記紀に見えるウヂヒコやアラカハトベは『姓氏録』には見えず、逆に『姓氏録』に見える天道根命や大名草彦命は記紀に見えない。これは、紀ノ川南岸の紀伊国造（直）と北岸の紀臣との違いなのである。つまり、武内宿禰の母も崇神記の木国造も、系譜的にはのちに紀臣となる勢力だったのである。おそらく、紀臣という呼称は、五世紀中葉以後、ヤマト王権の外交に参加してからのことで、古い時代の場合は、南岸と同じ地方豪族としての紀直という扱いだったのであろう。

また、宿禰の唯一の子が仁徳と同日に産まれたとされる平群木菟宿禰であるが、この話も平群子首の創作であろう。母が紀直（実質は紀臣）で、息子が平群宿禰では、そう考えるしかないだろう。天下の聖帝たる仁徳と同日に産まれ、名を交換するなど大げさすぎる気もするが、先の真鳥・鮪と合わせて、子首が編者としての特権を行使したのであろう。ただ、ここは、木菟宿禰などどうでもよく、武内宿禰が応神と親密な関係にあったことだけが重要なのである。

そのほか、忠臣としての記事は多いが、岸氏の指摘にあるとおり、独自の話はなく、みな、とおり一遍のものばかりで、特徴のある話はほとんどない。ただ、それを六代にわたって繰り返すから印象に残るわけである。

そして、最後に、特筆すべきは不比等からの注文である。不比等は、この武内宿禰と鎌足を二重写しにするつもりでいる。慶雲四年の詔では、鎌足は武内宿禰と同じとされた。それにふさわしい武内宿禰をという注文である。具体的には、武内宿禰の人物像に中臣氏の職掌である霊媒師を入れることであった。

まず、先に見たとおり、仲哀没後、神功皇后にかかった神に問いかける武内宿禰の姿に霊媒師、男覡を見ることができる。実はそれだけではない。その場には、神がかった皇后と琴を弾く武内宿禰とともに中臣烏賊津使主《いかつおみ》も審神者《さには》となって控えていたのである。烏賊津使主は中臣氏の祖で、審神者とは神託を受ける者のことである。ここで、武内宿禰伝承のなかに、中臣氏の存在を強調しているのである。

また、宿禰が筑紫へ行った時、弟の甘美内宿禰の讒言により危うく殺されるところを、壱伎直真根子が身代わりになり、その後、都に帰って復権したという話であるが、壱伎直は本来亀卜をことする壱岐島の卜部で、中臣氏の神事の実務を担当する氏であった。『松尾社家系図』によれば、真根子は天児屋根命十二世の孫 雷《いかづち》大臣の子で、神功皇后の時、父に従って三韓に赴いたが、帰朝の際、壱伎島にとどまり三韓を守ったとする。これにより、子孫は、本姓を中臣とも卜部とも、あるいは地名により壱伎とも称したという。この系図の信憑性には問題があるにしても、壱伎直が中臣氏と同族であることは確かで、ここでも、武内宿禰と中臣氏との直接的な関係を強く暗示しているのである。

以上の二つの記事は、武内宿禰伝承のなかでとりわけ異彩を放っており、これにより人びとは武内宿禰が鎌足の分身であることを知ることができたはずである。おそらく、この部分は不比等の指示に基づいて記されたのであろう。

さて、こうして『日本書紀』の武内宿禰ができあがった。不比等の意向を汲み、中臣大島の助言を得て、平群子首が描いたのである。

これが、いつ頃までに完成したかはなかなか難しい。オリジナルの話は少なく、すでにある物語のなかに宿禰の名が挿入されるというものが多いから、『日本書紀』の編纂の進行に合わせて順次作られたのであろう。宿禰の男系の始祖は孝元天皇であったが、その諡号には持統からはじまる「ヤマトネコ」が含まれている。とすれば、宿禰の人物像の完成は、持統没後の文武朝ということになろう。そして、できあがるや、不比等はそれを貴族・官人たちに配布し、慶雲四年の詔に備えたのであろう。

『古事記』の武内宿禰像

もはや、武内宿禰といっても、『日本書紀』と『古事記』とではまったく違うものであることは明らかである。では、『古事記』の宿禰はどこが違うのか。また、それはどういう意図によるものだったのだろうか。もちろん、太安万侶の仕業に違いないが。

　第一に気づくのは、中臣氏にかかわる記事が完全に削除されていることである。仲哀没後に神功皇后が神がかった話では、中臣烏賊津使主の部分が削除されている。ただ、この時の武内宿禰の描写は、むしろ『日本書紀』よりも生々しく表現されている感がある。安万侶の文学的感性が刺激されたのかもしれない。また、甘美内宿禰の讒言に遭った顚末も削除されている。身代わりとなって死んだ壱伎直真根子が中臣氏と一体の存在だったからであろう。要するに、不比等に対する強いアレルギーである。

　第二に、平群木菟宿禰の誕生の話も削除されている。平群子首が不比等の側近だったからであろう。また、宿禰の母は、『古事記』では木国造の祖宇豆比古《うづひこ》の妹山下影日売《やましたかげひめ》とされる。宇豆では地名のウジと音が異なってしまう。影だから山下なのだろうが、微妙に変えている。

　そして、その代わりに『古事記』独自の武内宿禰系譜が登場するのである。その意味するところは何か。『日本書紀』は武内宿禰を〝よそ者〟として大和の外側に設定したが、ここでは葛城の豪族たちが子孫に名を連ねている。ここには、オホナムチを祭る葛城の世界がある。やはり、その中心にいるのは蘇我氏であろう。明らかに、蘇我王権の時代への郷愁がある。神話では、オホナムチは出雲に放逐されているのにである。

結局、不比等が利用するために作った武内宿禰像を骨抜きにし、逆に葛城の豪族たちの祖とし、追憶の蘇我王権のなかに迎え入れようという魂胆に見える。太安万侶が中心にいて、忌部子首が傍らにおり、その背後に長屋王の影が見え隠れするようである。蘇我王権の残照はまだ消えていないのである。

天皇制のビジュアル化

大分遠回りをしてしまったが、草壁が急逝した翌年にあたる持統四年（六九〇）のある日、藤原不比等を中心とする『日本書紀』の編纂会議において、スサノヲの原像である伊太祁曾の神を提案したのは平群子首であった。提案の理由およびその意義について説明しておきたい。

持統四年元旦、持統は正式に即位したことになっている。しかし、所詮は中継ぎにすぎない。不比等は、ゆくゆくは草壁の遺児の軽皇子を擁立し、安定した政権を作りたいと思っている。そのためには、軽の即位を正当化する神話を作成しなければならない。軽をニニギとする天孫降臨神話は当然として、その前提となる出雲神話（まだそう呼ばれてはいないが）と国譲り神話も構想する必要がある。もちろん、着々と進んでいる。その結果、高天原（この段階では天ないし天上だったがこのままとする）と根の国を対極とする世界観が誕生し、それぞれの神が地上世界すなわち葦原中国の支配権を争うという枠組みが成立する。まず、根の国のオホナムチが葦原中国の支配者となる。次に、高天原から派遣されたタケミカヅチがオホナムチからそれを奪う。そこに、アマテラスの孫のニニギが降臨し新たな王者になるというお馴染みの神話である。これが蘇我王権、乙巳の変、そして息長王家の成立を経て草壁王家の成立へという『日本書紀』の主張する歴史の流れに対応している。

ここで、問題が生じた。高天原と根の国には、それぞれ主宰神がいなければいけない。ところが、高天原にアマテラスはいるが、根の国には誰もいない。オホナムチはあくまでも地上の支配者、国作りの神である。どうするか。

その時、平群子首が発言した。蘇我氏の権力は外交と渡来人の力によるところが大きい。遣隋使の派遣も、本来は蘇我王権のものであろう。そういう外交の神が紀伊国にある。それが伊太祁曾の神である。これを根の国の王にしたらどうか、というものであった。いうまでもなく、この神には紀臣が歴史的に深く関与してきたことは、先に述べておいた。紀臣はすでに本拠を大和の平群谷に移しているが、なお、紀伊国には人脈があったらしい。栄原氏によれば、平安時代になっても、紀朝臣は紀伊国と特別な関係にあったという（栄原、二〇〇四）。

そこで早速、現地調査となった。それが、持統四年九月の紀伊行幸だったのである。その結果、おそらくは行幸中に、イタケルのままではまずいが、海部が祭る須佐神社の神におき換え、須佐の男という意味でスサノヲと名乗ればよいということになったものと思われる。ここに、根の国の王のスサノヲが誕生することになった。

その意義についても、述べておきたい。

高天原と根の国は対概念であると述べておいた。両方揃って意味がある。だから、持統四年の紀伊行幸によって伊太祁曾の神が根の国の神になり、同六年の伊勢行幸によって伊勢にアマテラスを祭ることが決まったことが重要である。これにより、日本神話には、高天原・葦原中国・根の国という垂直の軸が生まれ、さらに、大和を中心として、東に伊勢、西に紀伊という水平軸が出現したことになる。xとyの座標軸である。中心の原点にいるのは天皇である。しかし、よく考えると、数学では座標軸の原点はゼロである。そういえば、天皇も無力である。ゼロともいえそうである。しかし、それはただのゼロではない。この原点が決まらなければ、x軸にしろy軸にしろ、あらゆる価値が決まらないのである。そういう特異な世界観、すなわち天皇制が日本列島にビジュアルに出現したのである。その意義は小さくはあるまい。

その後、紀伊でいったん成立したスサノヲは、葛城のオホナムチとともに出雲に移されることになる。そして、忌部子首らによる出雲大社の創建が行われることになる。

ここに『日本書紀』の神話が完成する。

年表

時代	年代	事項
ヤマト王権	三世紀中頃〜	**纒向王家**（大和盆地東南部、東日本との密接な交流）
		葛城氏（大和盆地西南部、外交担当）の協力
	四〇〇頃	【高句麗好太王の時代】
		百済から楽浪系渡来人（東漢直・秦氏などの祖）が渡来
	四二一〜四七八	【倭の五王の時代】
		讃・珍・済・興・武（雄略）
		河内平野・淀川下流域の開発
		巨大古墳群（古市・百舌鳥）
	五〇七（書紀）	**継体新王朝**（近江出身、東海・北陸との密接な交流。淀川下流域に進出）
		蘇我氏（外交担当）の協力
	五三九〜五七一（書紀）	**欽明**（蘇我系？）
	五七二〜五八五（書紀）	**敏達**（母は宣化の娘の石姫）
		妃の息長広媛が押坂彦人大兄を生み、**息長王家が成立** 息長王家の拠点の押坂（忍阪）は纒向の南、東国への交通路支配

大和王権	
五八七	**蘇我馬子（蘇我王権）**
五八八	【隋の強大化】→東アジアの激動
五八九	蘇我・物部戦争。物部守屋滅亡
五九六	百済から**仏教伝来**→**飛鳥文化**の成立（書紀は五五二）
六〇〇	**【隋の統一】**→高句麗攻撃へ
六〇三	飛鳥寺（法興寺）完成
六〇七	第一回遣隋使
六一八	冠位十二階
六二〇	第二回遣隋使（小野妹子）、翌年裴世清来日
六二六	**【唐の建国】**
	天皇記・国記の編纂
六三〇	蘇我馬子没。この時代に飛鳥寺、嶋宮、下ツ道、横大路などが完成
六四三	**蘇我蝦夷・入鹿**（書紀はこの時代を舒明・皇極朝とする）
六四四～六四五	第一回遣唐使（犬上御田鍬）
	斑鳩王家（山背大兄王）滅亡
	【唐の太宗、高句麗出兵】

時代	年代		事項
天智の王権	六四五	大化一	**乙巳の変**（書紀はこの時代を孝徳・斉明・天智朝とする） **中大兄王・中臣鎌足**らのクーデター。蘇我入鹿暗殺 この事件は**蘇我王家から息長王家への王朝交代** のちに、**オホナムチ（大国主）の国譲り**として神話化される オホナムチ（大国主）は蘇我王権を意味する 刃物で脅す**タケミカヅチは中臣鎌足**で、のちに春日神社の祭神となる
	六四六		大化改新の詔
	六六〇		【唐・新羅、百済を滅ぼす】
	六六三		**白村江の戦い**で唐・新羅に大敗。**王権は失墜**、集団指導体制へ
	六六八		【高句麗滅亡】
	六六九	天智八	中臣鎌足没
	六七〇	九	**庚午年籍**
	六七一	一〇	近江令官制（**太政官の成立**、太政太臣は大友皇子）。天智没 【この年、唐・新羅戦争はじまる。両国の使者来日】
王権	六七二		**壬申の乱** 近江朝廷（大友皇子）は唐に加担し、半島情勢に介入を企図 白村江の敗北のトラウマ。諸豪族・民衆の反発により大友孤立化 挙兵を促された天武は山中を逃げまどう

時代	西暦	和暦	事項
天武の	六七九	天武八	天武に政治能力なく、政治は混乱 **吉野の盟約**。天武の後継者に草壁皇子（藤原不比等の画策？） 皇后（持統）・草壁の背後に**藤原不比等**。新しい権力中枢の成立
藤原不比等の時代	六八一	一〇	**【プロジェクトX＝草壁皇子の擁立計画】** ここから**天皇制がはじまる** 二月、**律令制定**、**草壁立太子**、三月、**歴史書の編纂**の詔
	六八四	一三	**八色の姓**
	六八六	朱鳥一	九月、天武没。大津皇子、謀反の疑いで死を賜う
	六八八	持統二	一一月、天武を大内陵に埋葬
	六八九		四月一三日、**草壁皇子没** 草壁の殯で、**柿本人麻呂の草壁挽歌**が詠われる **ここで持統を日女の命とする天上世界が構想され、のちに高天原となる** **さらに、日の皇子の降臨という天孫降臨神話のモチーフも成立する** しかし、即位しない草壁は日の皇子とはならなかった 六月、**飛鳥浄御原令**
	六九〇	四	正月、**持統即位**。七月、高市皇子太政大臣 **【プロジェクトY＝軽の擁立計画】** 草壁没時、遺児の軽は七歳だったため、藤原不比等は、祖母の持統を中継ぎとし、将来の軽の即位を展望する

時代	年代		事項
藤原不比等の時代	六九二	持統六	以後、**持統をアマテラスとし、軽をニニギとする天孫降臨神話が構想される** **アマテラス系神話の成立** さらに、**天孫降臨神話の前提として出雲神話と国譲り神話も構想された** 九月、紀伊国行幸→**紀伊国のスサノヲの誕生（伊太祁曾の神）** 三月、伊勢国行幸→**大日女（アマテラス）を伊勢に祭る構想** 当初はスサノヲの舞台は紀伊で、神話の東西の軸は伊勢と紀伊だった その後まもなく、高天原と根の国という概念が成立し、伊勢と出雲となる それは同時に、**伊勢神宮と出雲大社の創建**を意味した
	六九四	八	一二月、**藤原宮**に遷都
	六九六	一〇	七月、高市皇子没
	六九七	文武一	八月、持統譲位、**軽（文武）即位**。藤原不比等の娘宮子が妃となる **文武の即位詔で高天原と万世一系の理念が登場**。プロジェクトYの完成
	七〇一	大宝一	八月、**大宝律令制定** この年、**宮子が首皇子（聖武）を生む**。不比等と県犬養三千代との間に**光明子誕生**
	七〇二	二	六月、遣唐使出発（粟田真人・山上憶良・道慈ら） 一二月、持統没
	七〇七	慶雲四	二月、**遷都のことを議せしむ**。四月、**藤原不比等に五千戸賜封の詔** 六月、**文武没**。七月、**元明即位**

藤原不比等の時代

【プロジェクトZ＝首の擁立計画】

文武没時、遺児の首は七歳だった。不比等は、元明・元正を中継ぎにしつつ、娘の宮子が生んだ首の即位に向けて乗り出す

この頃、**不比等の分身として新たにタカミムスヒを創作し、娘の宮子が生んだ首をニニギとする天孫降臨神話を構想する。**そこでは、**タカミムスヒは皇祖**と呼ばれる

タカミムスヒ系神話の成立

七〇八	和銅一	一月、武蔵国和銅献上。和銅改元。三月、不比等右大臣となる
七一〇	三	三月、**平城京**に遷都
七一二	五	一月、太安万侶『**古事記**』撰上（**大国主の物語の誕生**）
七一三	六	五月、諸国に『**風土記**』の撰進を命ず
七一四	七	六月、首皇子元服、立太子
七一五	霊亀一	九月、元明譲位。**元正即位**
七一六	二	二月、『**出雲国造神賀詞**』を奏す（蘇我王権の時代の儀礼が復活） 八月、多治比縣守・藤原宇合らを遣唐使、吉備真備・阿倍仲麻呂・玄昉ら留学生
七一八	養老二	三月、長屋王大納言となる。一二月、遣唐使帰国。宇合・道慈帰国 この年、藤原不比等、養老律令編纂

時代	年代		事項
藤原不比等の時代	七二〇	養老四	五月、舎人親王『**日本書紀**』奏上。八月三日、**藤原不比等没** 藤原不比等は念願の首の即位を実現することなく没した。しかし『日本書紀』の神話の本文に彼の構想は残った
光明皇后の時代			**【藤原ダイナスティーの完成】** 光明皇后の願望は、不比等の遺志を継いで、権力の源泉となる皇位を藤原一族の掌中に収めることだった。ライバルは長屋王だった
	七二一	五	一二月、太上天皇（元明）没
	七二四	神亀一	二月四日、元正譲位。**聖武即位**。長屋王、左大臣となる
	七二七	四	閏九月二九日、光明子某王を生む。一一月二日立太子
	七二八	五	九月一三日、皇太子没
	七二九	六	二月一二日、長屋王自尽。吉備内親王・膳夫王ら自経（**長屋王の変**） 八月、天平改元。光明子立后
	七三三	天平五	一月、県犬養橘三千代没。五月、皇后枕席不安 この年、『**出雲国風土記**』成る（**記紀神話とは一致しない**）
	七三四	六	四月、大地震
	七三五	七	三月、遣唐使帰国。玄昉・吉備真備帰国 八月、大宰管内疫死者多数。一二月、法隆寺で聖徳尊霊のために法華経講読

光明皇后の時代

		この年、天下豌豆瘡を患い、夭死する者多し
七三七	九	四月、藤原房前没。七月、藤原麻呂、藤原武智麻呂没。八月、藤原宇合没
七三九	一一	この年、行信の奏上により法隆寺東院（夢殿）建立。
七四〇	一二	九月、藤原広嗣の乱。天皇東国へ避難
七四一	一三	三月、国分寺・国分尼寺の造営発願
七四三	一五	一〇月、盧舎那大仏造立を発願
七四九	天平勝宝一	七月、聖武譲位。**孝謙即位** 八月、光明皇太后のために紫微中台をおく。長官は**藤原仲麻呂**
七五一	三	一一月、『**懐風藻**』成る
七五二	四	四月、大仏開眼供養
七五六	八	五月、聖武太上天皇没
七五七	天平宝字一	七月、橘奈良麻呂の乱
七五八	二	八月、孝謙譲位。淳仁即位
七六〇	四	六月、**光明皇太后没**
七六四	八	九月、恵美押勝（藤原仲麻呂）の乱。**道鏡**、大臣禅師となる 一〇月、孝謙重祚（**称徳**）
七六六	天平神護二	一〇月、道鏡を法王とする
七六八	神護景雲二	この年、**鹿島神社のタケミカヅチを春日神社に祀る**（社伝だが疑問）
七七〇	宝亀一	八月、称徳没。同月、道鏡を下野に配流。一〇月、**光仁即位**

参考文献

上山春平　『神々の体系』中公新書、一九七二年
同　『続・神々の体系』中公新書、一九七五年
同　『埋もれた巨像——国家論の試み』岩波書店、一九七七年
同　『天皇制の深層』朝日新聞社・朝日選書、一九八五年
大山誠一　「所謂「任那日本府」の成立について」古代学協会編『古代文化』三二－九・十一・十二、一九八〇年（のち大山誠一『日本古代の外交と地方行政』吉川弘文館、一九九九年に収録）
同　『長屋王家木簡と奈良朝政治史』吉川弘文館、一九九三年
同　『天孫降臨の夢——藤原不比等のプロジェクト』ＮＨＫブックス、二〇〇九年
加藤晃　「我が国における姓の成立について」坂本太郎博士古稀記念会編『続日本古代史論集　上巻』、吉川弘文館、一九七二年
加藤謙吉　『吉士と西漢氏』白水社、二〇〇一年
菊地照夫　「出雲国造神賀詞奏上儀礼の意義」瀧音能之編『出雲世界と古代の山陰』名著出版、一九九五年（のち菊地照夫『古代王権の宗教的世界観と出雲』同成社、二〇一六年に収録）
岸俊男　「紀氏に関する一試考」橿原考古学研究所編『近畿古文化論攷』一九六二年（のち岸俊男『日本古代政治史研究』塙書房、一九六六年に収録）
同　「たまきはる内の朝臣——建内宿禰伝承成立試論」日本歴史学会編『歴史と人物』、一九六四年（のち前掲

『日本古代政治史研究』に収録）
栄原永遠男『紀伊古代史研究』思文閣出版、二〇〇四年
坂本太郎『大化改新の研究』至文堂、一九三八年
笹山晴生「たたみこも平群の山」『ぱれるが』二二五、一九七〇年
瀬間正之「「海宮訪問」と『経律異相』」『古事記年報』三三号、一九九一年（のち瀬間正之『記紀の文字表現と漢訳仏典』おうふう、一九九四年に収録）
薗田香融「岩橋千塚と紀国造」末永雅雄・薗田香融・森浩一編『岩橋千塚』和歌山市教育委員会、一九六七年（のち薗田香融『日本古代の貴族と地方豪族』塙書房、一九九二年に収録）
同「古代海上交通と紀伊の水軍」坪井清足・岸俊男編『古代の日本5 近畿』角川書店、一九七〇年（のち前掲『日本古代の貴族と地方豪族』に収録）
同「古代紀州における外来文化」『きのくに文化財』六、和歌山県文化財研究会、一九七二年（のち前掲『日本古代の貴族と地方豪族』に収録）
同「晒山古墳群と楠見遺跡――その歴史的背景」薗田香融・網干善教・河上邦彦・奥田豊編『和歌山市における古墳文化』和歌山市教育委員会、一九七二年（のち前掲『日本古代の貴族と地方豪族』に収録）
津田左右吉『日本古典の研究（上）』第三篇、岩波書店、一九四六年（のち『津田左右吉全集』第一巻、岩波書店、に収録）
同『日本古典の研究（下）』第四篇、岩波書店、一九四七年（のち『津田左右吉全集』第二巻、岩波書店、に収録）
土橋寛『持統天皇と藤原不比等』中公新書、一九九四年
中村明蔵『隼人と律令国家』名著出版、一九九三年

中村恵司　「日本書紀の成立について」『立正史学』第二六号、一九六二年
中村英重　「中臣氏の出自と形成」佐伯有清編『日本古代中世史論考』吉川弘文館、一九八七年（のち中村英重『古代氏族と宗教祭祀』吉川弘文館、二〇〇四年に収録）
前園実知雄　『日本の古代遺跡4　奈良北部』保育社、一九八二年
増尾伸一郎　「神仙の幽り居める境——常世国としての常陸と藤原宇合」井上辰雄編『古代東国と常陸国風土記』雄山閣出版、一九九九年（のち増尾伸一郎『日本古代の典籍と宗教文化』吉川弘文館、二〇一五年に収録）
森浩一　「日本海西地域の古代像」『海と列島文化2　日本海と出雲世界』小学館、一九九一年
護雅夫　『遊牧騎馬民族国家』講談社現代新書、一九六七年
山口博　「環濠を構え石窟に住む神、イツノヲハバリ（前編・後編）」『聖徳大学　言語文化研究所　論叢』一八・一九、二〇一一・二〇一二年
義江明子　「春日祭祝詞と藤原氏——氏神信仰についての一考察」『歴史学研究』五三七号、一九八五年
吉田一彦　「『日本書紀』仏教伝来記事と末法思想」名古屋市立大学大学院人間文化研究科『人間文化研究』七・九・十・十一・十三、二〇〇七〜二〇一〇年（のち吉田一彦『仏教伝来の研究』吉川弘文館、二〇一二年に収録）

あとがき

いつの時代も、日本の政治・文化の中心には天皇がいた。天皇はつねに日本人の価値観の中心にあった。それが、今日まで千数百年も続いている。ほとんど奇跡というべきであろう。では、その天皇とは何か、天皇という存在は何を意味しているのだろうか。

一般に、天皇は諸外国の王朝の皇帝や国王と同類のものと考えられているのではないだろうか。そこで、外国の王朝と比較してみよう。

日本以外の王朝においては、すべて、強大な軍事力により前王朝を倒し、一定の領域の人民を支配し、多くの場合、官僚を派遣して人民を管理し収奪している。手に入れた領土を守るため国境には常備軍を配し、主要都市には城壁をめぐらす。要するに皇帝や国王の権力の根源は軍事力だったのであり、その性格は第一義的に軍事指揮官であった。その軍事的支配をどの程度維持できるかは経済や社会の仕組み、周辺諸民族の動向によるが、すべていつかは滅びる運命にあった。事実、滅びた。

ところが、日本の天皇にはこのすべてが当てはまらない。日本は絶海の孤島にあり、十八世紀頃までは、日常的には他民族の侵入を想定していなかった。常備軍も明確にはあったとはいえない。都市には城壁がなかった。平城京といいながら城壁はなかったのである。もちろん、日本にも戦争はあったが、天皇自身は軍隊を持っていなかった。天皇に軍事的性格がなかったことは明白である。千数百年も続いたのは、戦争をしなかったからである。

はっきりいえば無力だったのであるが、それにもかかわらず、かくも長きにわたって続いている理由は何か。明確にはいえないが、特殊な権威であろう。そして、その権威を支える世界観があり、日本人全体がそれを受け入れているからであろう。

そういう世界観を示すものとしては記紀の神話以外には考えられない。結局、天皇の権威の根拠は記紀の神話なのではないか。一つの考え方としては十分ありうるであろう。

そこで、神話について考えることにした。今から八年前、まず、天孫降臨神話を論じた。天皇の権威の成立を直接示す神話だからである。その論旨は単純であった。藤原不比等が擁立する草壁系の皇子たちのために、不比等自身が中心となって創作したものであった。草壁自身は夭折して即位することはなかったが、その子の軽《かる》（文武）、孫の首《おびと》（聖武）のために作られた神話であった。パターンは同じで、高天原のアマテラスが、孫のニニギを地上に降臨させ、その子孫が皇室となり日本の正当な支配者となるというものであった。しかし、このストーリーは、あまりに単純にして強引なものであった。到底、世界観とか歴史観とかいえるようなものではない。不比等の強い願望があるだけであった。

当然にも、不比等たちは、これに説得力を持たせるためにはどうすればよいかを考えねばならなかった。要は、直線的で露骨ともいえる天孫降臨神話に膨らみを持たせ、皇室の誕生を必然とさせるような論理の構築である。おそらく、そのために構想され、創作されたのが出雲神話だったのではないだろうか。

では、その出雲神話に必要とされたものは何か。その当時、藤原不比等らは権力を掌握した勝者であった。だから強引な天孫降臨の論理を主張したのであるが、これでは本当の天皇の権威の証明にはならない。すべて、栄光は陰の部分に支えられてこそ際立つのである。そうすれば、日本人全体の世界観として定着することになる。出雲神話の役割は、その陰の部分をどう記すかであったはずである。出雲神話をどのように描くか、編者たちは日々額を寄せ合い、また議論をしたことであろう。発想や路線の違いも大きかったに違いない。ともかく、その結果として生まれたのが、まさに我々の眼前にある記紀の神話であった。

しかし、ここで、重大な問題に直面する。一言で記紀といっているが、『古事記』と『日本書紀』とではかなりの相違がある。特に、出雲神話の部分は相違が著しい。元来、この二つの書はほぼ同時に編纂され、しかも、同じ天武天皇の命令によるものとされている。それなのに、この違いはなぜなのか。

大きな謎である。しかし、謎の背後には重要な真実が隠されていることが多い。本書では、神話を論じながら、つねにこのことが念頭にあった。

その際、どちらかを偽書とするのは正しくない。この二つの書は、明らかに互いを意識しているし、ほかのさまざまな史料とも密接な関係があり、不確かな史料ではない。

なぜ、二つの歴史書があるのか。両者は、どのような関係にあったのか。本書では、神話の解明と同時に、この謎の解明をも果たしたつもりである。

なお、当初の計画では、神話の解明に続いて、そのビジュアル化としての伊勢神宮と出雲大社の創建についても論ずる予定であったが、すでに予定の紙数を超えたため続編に回すことにした。

二〇一七年　初秋

[著者略歴]

大山誠一（おおやま せいいち）

1944年、東京生まれ。東京大学文学部国史学科卒業。同大学大学院博士課程単位取得満期退学。現在、中部大学名誉教授。専門は日本古代政治史。

著書に『古代国家と大化改新』『長屋王家木簡と奈良朝政治史』『長屋王家木簡と金石文』『〈聖徳太子〉の誕生』『日本古代の外交と地方行政』（以上、吉川弘文館）、『聖徳太子と日本人』（風媒社、のち角川ソフィア文庫）、『天孫降臨の夢』（NHKブックス）、編著に『聖徳太子の真実』『日本書紀の謎と聖徳太子』（以上、平凡社）がある。

神話と天皇

発行日――2017年10月25日　初版第1刷

著者――大山誠一
発行者――下中美都
発行所――株式会社平凡社
〒101-0051 東京都千代田区神田神保町3-29
電話　(03) 3230-6583［編集］
(03) 3230-6573［営業］
振替　00180-0-29639
平凡社ホームページ　http://www.heibonsha.co.jp/
装幀者――奥定泰之
ＤＴＰ――矢部竜二
印刷――藤原印刷株式会社
製本――大口製本印刷株式会社

ISBN978-4-582-46910-3 NDC分類番号 210.3
四六判(18.8cm)　総ページ 288